易經

導讀及譯註

從六十四卦透視道家人生哲理

陳鼓應——哲學大家
寇方墀——易學專家

下經

一、《周易》古經的形成

《周易》古經是中國古老的根源性典籍中最重要的一部，也是人類文化寶庫中非常奇特的一部書，它有一套精妙的符號體系，模擬宇宙間天地萬物的結構和運行規律，同時又兼具一整套與之相配的文辭，揭示社會人事的吉凶悔吝。符號與文辭組合相配，給人以無窮的想像與智慧啟迪。對於《周易》的研究，最早在春秋時代已見肇端，可以說《周易》研究對整個中國學術發展史有深遠的影響。

上古原始宗教時期的巫卜文化到夏、商、周時期得以繼承、發展、演變和改進。殷、周之際，占卜的形式從殷人的龜卜逐漸轉向周人的占筮，出現了從象到數的過渡，占筮這一形式逐漸成熟，意味著人們抽象思維能力的提升。

《周易》古經源於卜筮，這部古經的形成經歷了長時期的由巫文化向史官文化的過渡。古經中卦、爻辭的主要素材來自於卜筮之辭，這些筮辭素材是夏、商及周初三代掌管卜筮的占人、筮人、太卜以及史官對於占筮的記錄。因而在古經中，既可以看到卜筮之辭，也可以看到古史人物及歷史事件，文辭古樸而意蘊幽深。

《周易》古經卦爻辭所記史事如王亥「喪牛于易」、「高宗伐鬼方」、「箕子之明夷」皆在周初，最晚是晉卦中的「康侯用錫馬蕃庶」，已是成王時期。因此古經的卦爻辭編纂成書的時間最早可能在西周成王之時。朱伯崑先生認為：「史官在古代兼管占卜之事。《周易》這部典籍的編纂，出於西周的史官之手，也是可信的。」（《易學哲學史》第一卷）

二、象辭結構與思想旨趣

《周易》古經雖源於巫卜，但經過歷代巫史對應天道人事的互參，對於長期積累的卜筮之辭、占驗之文、歷史事件與古史材料進行深入洞察與精心編纂，所完成的古經中已透露出明顯的主體意識與辯證思想。

《周易》古經六十四卦的卦序排列以兩兩成對出現，前卦與後卦的順序體現為相因或相反的關係，體現出既有自然演化之序又兼具辯證統一的思想內涵，是一種精微且奇妙的組合，其中所蘊含的兩兩對反、前後相因、相反相成、無往不復（如泰卦和否卦等）的結構安排，可以看出其中變化周流、物極必反、對立統一的特點。六十四卦開端是以乾坤打開門戶，最後兩卦則以「既濟」、「未濟」收尾，表達了《周易》看待事物生生不息、永不停滯且變易無窮的觀點，透顯出「推天道以明人事」的人文精神。

再比如損卦和益卦的結構組合，「損」與「益」是自然界和人類社會中常有的現象，而「損」、「益」作為一對範疇，在《周易》古經中已見端倪，兩卦以互為反卦的形式成對出現，體現了因損得益和因益致損的辯證關係。在損卦和益卦的卦爻辭中，損中有益，益中有損，損與益互相參差滲透，可謂雙行互補。就天道而言，天地陰陽之氣運行，損益盈虛，與時偕行，順應時宜，有節有利。古經內容既把握宏觀又注重細節，呈現出致廣大而盡精微的思想旨趣。

三、參證史實與主觀能動意識

《周易》古經既是一部筮辭編纂集，同時也是一部古史材料集，這是一個非常特殊的文化現象。卦、爻辭記載歷史事件是一種對歷史的認識和反映，古經中古風猶存的生活場景，將讀者帶回到那遠古質樸的先民生息的時代。

《周易》古經的卦、爻辭中包含了豐富的古史資料，涉及層面非常廣泛，包括政治、經濟、訴訟、軍事、祭祀、農耕、漁獵、商賈、民俗、倫理以及自然現象等。卦、爻辭多處以古史材料所記作為已呈顯於歷史的現象，揭示其中所隱含的規律，以取象比類的方式判斷當下人事吉凶的趨勢，指出趨吉避凶的方向，提出相應的規誡及應對策略。

殷代晚期，占卜活動實行「三卜制」、「習卜」[1]，通過多次占卜以滿足人的願望，表明殷人已經在固有宗教信仰中羼入了人的理念意識，已從盲目崇拜鬼神的精神世界中試圖有意識地擺脱出來。西周初年形成的《周易》古經，其形式雖保留了卜筮之辭的原貌，但隨著殷周之際的重大變革，卦、爻辭中人的主觀能動意識已更為彰顯，強調人的力量可以轉化和改變命運，可以做出理性的判斷和行動，而不是盲目迷信於卜筮的結果，這就為充分發揮人的主觀能動性留下了廣闊空間，使得《周易》古經成為天道人事

1. 胡厚宣、宋鎮豪，〈蘇聯國立愛米塔什博物館所藏甲骨文字考釋〉，《出土文獻研究續集》（北京：文物出版社，一九八九），頁一〇～五〇。

相參、可以經世致用的決策指導書。

歷代以來，讀易者在研易時，總是將古經的卦、爻辭與現實生活聯繫起來，把自身的處境擺進卦中去，以從中獲得安身立命的啟示。這種與現實生命息息相連的關係，也使得《周易》具備了歷久彌新的現代性。

四、對儒、道兩家學說的影響

從《周易》古經到《易傳》的歷史發展長達七、八百年之久，相當於一部先秦哲學史所經歷的時間。（余敦康〈從易經到易傳〉）在這七、八百年間，發生了重大的歷史變革，因而經和傳的思維方式、思想內涵和問題意識都有著相當大的差異。傳在經的基礎上作了卓越的發揮，將一本卜筮之書轉為哲學之書。而這個轉化的過程，也正是儒、道兩家及其他諸子學說先後出現並逐漸形成學派的重要歷史時期。《周易》古經之於儒、道兩家，是源和流的關係。儒、道兩家在從經到傳的轉化過程中，起到了承上啟下的重要作用。因而，在中國歷史中，《周易》既是儒家「五經」之首，也是道家「三玄」之元。

同出於《周易》古經的儒、道兩家，經歷了春秋末期「道術為天下裂」（《莊子・天下》）的分殊，發展到戰國中後期形成了以《易傳》為代表的並存相參局面。余敦康先生指出，儒、道兩家的人文主義與自然主義思想上接自伏羲以至《周易》古經的中國文化的古老的源頭，下啟「以人合天」與「以天合人」的結合、自然主義與人文主義的互補思想，最終形成了具有更大普遍性的《易傳》，提出了「天下同歸而殊途，一致而百慮」的著名命題，其所蘊含的思想精髓與價值理想代表了中國文化的根本精神。《周易》古經是儒、道的同一源頭，《易傳》則是儒、道在最深層的結構上的完美互補。（余敦康〈帛書《繫辭》「易有大恒」的文化意蘊〉）

五、經文中「貞」、「孚」兩個重要占辭的本義

隨著近代考古學的興起，甲骨文以及不同易經古本的出現，為近當代學者釋《易》提供了新的材料和證據。「貞」、「孚」兩字在卦、爻辭中極為常見且重要，對這兩個字的解釋，是甄別經、傳不同旨趣的重要依據。「貞」字出現一百一十一次之多。如此頻繁出現在卦、爻辭中，可見古經之辭來源於卜筮。朱伯崑先生認為：「甲骨文中的『貞』字，乃卜問之義。《周易》中的『貞』字，也是卜問之義。舊注訓『貞』為『正』，是一種誤解。」並且指出「宋朝朱熹說：易本為卜筮而作」這一論斷是可信的。（《易學哲學史》）

本書認為，《周易》古經中的「貞」字，皆當作「卜問」講。至於在七、八百年後

的《易傳》中，以「貞」字的引申義「正」為訓，則是針對周文疲弊時代社會人心的弊病，而將巫卜轉向人文道德指向的結果。這正體現了產生於不同時期《周易》經、傳之間差異性、同一性與時代性，就如同一個人的童年與成年。

「孚」字在《周易》古經中共出現四十二次，其中有二十六次是「有孚」。如果把《周易》古經中的「孚」與甲骨文、金文和戰國簡牘一起考察，皆可以徵兆和徵驗釋之，徵兆是一種卜兆出來時的事先的判斷，徵驗是事後的核驗。因此本書認為，「孚」兼有二義：一為卦兆、徵兆；一為徵驗、應驗。

六、本書的寫作

我對《周易》產生興趣始於上世紀八十年代，是受當時大陸學者重視《易傳》研究的影響。一九九四年我出版了第一部易學著作《易傳與道家思想》；一九九八年，我主編《道家文化研究》第十二輯學刊，即是以「道家易」為主題的專號；一九九八年，我與趙建偉教授合著《周易譯注與研究》在兩岸的商務印書館同時出版。臺大校園和北大校園是我一生學術活動的中心點；我在北大的時間，前後有二十多年，朱伯崑先生、余敦康先生、王博教授是北大當代易學研究的著名學者，我與三位學者均有學術上的切磋交流。

這本書的寫作，是我邀請余敦康先生的弟子寇方墀教授執筆完成的。方墀教授親炙余敦康先生教誨十餘載，於易學方面造詣頗深，《周易》主要有義理和象數兩個方面，我一向是側重在義理方面，而寇方墀教授義理純熟且兼知象數，主要著作目前已出版《全本周易導讀本》、《全本周易精讀本》等三卷本易學專著（中華書局）。

我們在北大校園中花了三年多的時間來討論和寫作這本書，初稿完成，受河北美術學院甄忠義院長邀請，由河北美院老莊研究中心主任李振綱教授安排，我們在美院的課堂上以本書為講義為學生講課。

本書的著眼點，在於探尋《周易》古經原貌，揭示《易》、《老》內在學脈關聯，鉤沉哲學思想與人文意識從未顯題化到顯題化的發展脈絡。同時，對卦、爻辭中明顯的儒家思想及其他學派思想也鄭重地進行賞析和討論，還有一些與考古新材料有關成果的議題，也予以積極採用。本書的文筆力求簡潔，不作繁雜冗長的訓詁和引用，以適合廣大普通讀者閱讀。

陳鼓應

二〇二三年八月

於北京大學人文學院哲學研究室

上經

乾 坤 屯 蒙 需 訟 師

比 小畜 履 泰 否 同人

大有 謙 豫 隨 蠱 臨

觀 噬嗑 賁 剝 復 无妄

大畜 頤 大過 坎 離

乾卦第一

乾下　乾上

乾①：元亨，利貞②。

初九③：潛龍，勿用④。

九二：見龍在田，利見大人⑤。

九三：君子終日乾乾，夕惕若，厲无咎⑥。

九四：或躍在淵，无咎⑦。

九五：飛龍在天，利見大人⑧。

上九：亢龍有悔⑨。

用九⑩：見群龍无首⑪，吉。

導讀

乾坤兩卦在六十四卦中居於重要的地位，其中蘊藏著《周易》的精髓，讀懂乾坤兩卦便打開了《周易》殿堂的大門，由此可以進一步去探尋《周易》的精闢與神奇。《周易》本是卜筮之書，古人常以天象及物象來表徵事物的狀況和動向趨勢，從而據此做出判斷並揭示吉凶。卦辭首先講明卦時和大勢，爻辭則提示在這樣的時勢之下，處於不同階段和位置的人應該如何通過辨識來判斷，最終做出選擇和決策。

乾卦六爻皆為陽爻，是純陽之卦，卦象為天。[1]卦辭「元亨，利貞」，首先表明乾卦是一個預示著大為亨通的卦。乾卦爻辭以龍之潛、見、惕、躍、飛、亢取象，描述了

1. 余敦康：西周時期，對卦畫的意義做了某種說明的，現存只有《尚書．洪範》中的一條材料，……龜兆有五種，筮兆僅有貞、悔二種。貞是內卦，悔是外卦，占問吉凶以卦畫所呈現的內卦和外卦的交錯關係為據。春秋時期留下的文字材料證明，這個時期出現了卦象說，把卦畫解釋成具有象徵性的意義。據李鏡池的研究，總計《左傳》、《國語》的記載，八卦的卦象有下列幾種：〈乾〉——天、光、玉、君、天子、父。〈坤〉——土、馬、帛、母、眾、順、溫、安、正、厚。〈坎〉——水、川、眾、夫、勞、強、和。〈離〉——火、日、鳥、牛、公、侯、姑。〈震〉——雷、車、輹、足、兄、長、男、侄、行、殺。〈巽〉——風、女。〈艮〉——山、男、庭、言。〈兌〉——澤、旗、心。余敦康，〈先秦關於《周易》的解說〉，朱伯崑主編《周易知識通覽》（濟南：齊魯書社，一九九三），頁一三九。

龍從沉潛、深蓄厚養，到奮力起動、一躍而出，經歷了挫折、磨礪、疑惑、彷徨及自我省思，最終突破重重難關，飛翔於高天之上，完美地展現了自我，實現了生命的巔峰時刻。在到達上九爻時，爻辭提醒人們，要防止過於高亢，以免生出悔恨。

乾卦六爻的爻象和爻辭是《周易》對天地間事物變化普遍規律地描述，並據此提出啟示和建議：事物的發展要經歷由少而長、由弱而強、由萌發到壯大，再由極盛而轉衰的過程。當少弱時，能力不足，所以要「潛龍勿用」，默默地積蓄力量和本領；當逐漸成長，得以入世見用時，世道反覆，不斷考驗人的意志和韌性，因此要「終日乾乾」、「或躍在淵」；當「飛龍在天」時，要「利見大人」，且應自我收斂，因為事物發展有物極必反的規律，要防止高亢，以免「亢龍有悔」。這其中蘊含著深刻的哲理。

乾卦充滿著蓬勃的生命動力，有著剛健進取的精神。把握乾卦精義，在人生中切實踐行，可得安身立命之道。

譯文

乾：大為通達，利於占問。

初九：潛伏之龍，不可急於見用。

九二：龍出現在田野上，利於拜見大德大才的貴人。

九三：君子白天勤勉不懈，夜晚惕懼省思，雖處危厲之地而不會有咎害。

九四：疑惑於是否一躍而出淵，沒有咎害。

九五：龍飛翔於高天，利於拜見大德大才的貴人。

上九：龍陽剛亢進（飛得過高），有悔恨。

用九：呈現群龍，都沒有陽剛過頭，吉祥。

注釋

①**乾**：卦名。《周易》古經每卦均由六個爻組成，分別以陽爻「⚊」和陰爻「⚋」

兩種符號表示。乾卦六個爻均為陽爻，是純陽之卦。上下皆為乾卦，是八純卦之一。純卦是指上下卦為同一卦，純而不雜，這樣的純卦共有八個，即：乾、坤、震、巽、坎、離、艮、兌。

②**元亨，利貞**：卦辭。大為通達，利於占問。「元」字在《易經》文本中出現二十七次，多訓為「大」。「亨」指亨通、通達，「利」指有利、利於。「貞」為卜問。高亨（一九〇〇—一九六八）注釋：「利貞，猶言利占也。筮遇此卦，舉事有利，故曰利貞。」[2] 朱伯崑認為：「甲骨文中的『貞』字，乃卜問之義。《周易》中的『貞』字，也是卜問之義。舊注訓『貞』為『正』，是一種誤解。這是近人注解《周易》的一大貢獻。」[3]「貞」為「卜問」，此乃其本義。[4]

③**初九**：六十四卦的每一卦有六個爻，六個爻都是自下而上逐次排列，讀的時候也應如此。陽爻用九來表示，陰爻用六來表示，加上爻位：初、二、三、四、五、上，共同形成爻的稱呼，「初九」代表位置在初爻位，性質為陽爻，此謂「爻題」。

④**潛龍，勿用**：爻辭。潛伏之龍，不可急於見用。「潛」指潛藏、隱伏，「龍」是古代傳說中的神獸，這裡借龍喻指陽氣。「潛龍」指陽氣潛伏於下，沉潛而積聚力量，

待時而興。「用」在《周易》中有時作動詞「行動」、「施為」、「使用」；有時作介詞「於」、「以」；有時作助詞或連詞。概言之，「用」謂可行，「勿用」則謂不可行。這句喻指人在低潮時要深蓄厚養、積蓄力量，不要急於表現。嚴靈峰（一九〇四－一九九九）訓「勿用」為「卜而不中而未可施行」[5]，頗合古義，可備一說。

⑤見龍在田，利見大人：龍出現在田野上，利於拜見大德大才的貴人。此爻辭中第

---

2. 高亨，《周易古經今注》（上海：上海書店出版社，一九九一），頁一。另，高亨《元亨利貞解》曰：「元、亨、利、貞之初義維何？曰：『元，大也；亨，即享祀之享；利，即利益之利；貞，即貞卜之貞也。』」高亨，《周易古經通說》（北京：中華書局，一九五八），頁八七。
3. 朱伯崑，《易學哲學史》第一卷（北京：崑崙出版社，二〇〇五），頁八。
4. 嚴靈峰：貞，具「卜問」之義，如：「利貞」，說利於卜問的；「可貞」，說可以卜問的；「不可貞」，說不可以卜問的；「利女貞」，說利女人卜問的。又如：「貞丈人吉」，也是說卜問丈人而得吉兆的。又如：「貞吉」，就是說卜問而得吉兆的。又如「利君子貞」，就是說有利於君子卜問的；「不利君子貞」，是說不利於君子卜問的。「小利貞」，是說頗利於卜問的。「利見大人貞吉」，是說欲見大人卜問而得吉利之兆的。「利艱貞」，是說利患難之卜問的。「利牝馬之貞」，是說利於牝馬之卜問的。又示貞正之義，如：「永貞」、「元永貞」，「天下之動貞夫一」之類就是。嚴靈峰，〈卜筮的方法和吉凶悔吝及「貞」、「用」的意義〉，《無求備齋易學論集》（北京：中國社會科學出版社，一九九五），頁一〇〇。
5. 嚴靈峰：「用」，就是「卜中」，則可施行。「勿用」，就是卜而不中而未可施行之謂。……「用」與「勿用」二詞，就已足夠判定吉、凶的趨向了。同上註。

一個「見」同「現」，指顯現；第二個「見」是見到。「田」指田野、地上；「見龍在田」是說陽氣由潛而顯，出現於地上，不再潛伏於下。「利見大人」是占斷之辭，筮得此爻，指利於見到大人；「大人」指具有大德大才、可以對自己有指導和幫助的貴人。

⑥**君子終日乾乾，夕惕若，厲无咎：**君子白天勤勉不懈，夜晚惕懼省思，雖處危厲之地而不會有咎害。「乾乾」形容勤勉不懈，「夕」是夜晚，「惕」指憂懼反省、謹慎自察，「若」是語助詞，「厲」指危險，「咎」指災禍，「无咎」是占斷之辭，指沒有災禍。

⑦**或躍在淵，无咎：**疑惑於是否一躍而出淵，沒有咎害，「或」通「惑」。「在淵」喻指龍本有所憑藉而可以向上躍出；「或躍在淵」是指陽氣向上漸進，猶似龍體欲飛，但有所疑惑，因而「无咎」。

⑧**飛龍在天，利見大人：**龍騰飛於高天，陽氣大盛，喻指事物發展暢達，到達了最高的位置。占得此爻，利於見到具有大德大才、可以對自己有指導和幫助的貴人。

⑨**亢龍有悔：**龍陽剛亢進（飛得過高），有悔恨。「亢」指高亢、亢進，超過了應有的限度，就會向反面轉化，必然會有悔恨，這是物極必反的規律。

⑩**用九：**《周易》六十四卦，每卦皆有六爻，惟乾、坤兩卦另各加「用九」、「用

六」以闡明《周易》用爻之法。這個用法出自古筮法，所謂「用」，有兩方面意涵：一是以變數「九」命名陽爻，以變數「六」命名陰爻。二是當占卦得到的六爻皆為老陽「九」的乾卦時（漢帛本作「迵九」，即「通九」），六個陽爻皆變為陰而成為坤卦，在這樣的情況下，應以「用九」這特殊的占斷之辭作為占斷的依據，即「見群龍无首，吉。」

⑪**見群龍无首**：「見」同「現」，「群龍」指乾卦六陽爻，「无首」指六個陽爻皆不可陽剛過頭。初九「勿用」、九二「利見大人」、九三「終日乾乾，夕惕若」、九四「或躍」、九五「利見大人」、上九「有悔」，都是在提醒陽爻不可陽剛過頭，如此可保吉祥。

賞析與點評

《易》、《老》之學脈關聯

《周易》本是卜筮之書。「卜」和「筮」不同，雖然都屬於古代的占術，但兩者使用的道具、占問的方法、應用的時代和其中蘊含的認識水準不盡相同。殷商主要應用「卜」，周代主要應用「筮」。殷人迷信龜卜，殷墟出土的甲骨文就是明證。周代用蓍草占筮的同時，也沿用龜卜，但龜卜逐漸衰落。筮的產生和發展相當久遠，[6] 判斷占問某事和吉凶的辭句，稱為筮辭，是占問某事時的原始紀錄。《周易》古經中卦辭、爻辭的主要素材來自於占筮的筮辭，這部古經的形成過程經歷了由巫文化向史官文化的過渡。[7] 這些筮辭素材是夏、商、周三代掌管卜筮的占人、筮人、太卜[8] 以及史官對於占筮的記錄。金景芳指出，三代的巫、史「不僅是卜的職業家，而且還擔當繼承、傳播與促進文化的責任。其中有不少人有極為廣博的知識。自今天看來，他們都是宗教家，又是文學藝術家、自然科學家，而且還活動於政治舞臺。實際他們是擁有沒有分化的全部科學知識。」[9] 所以在古經中，既可以看到占卜之辭，也可以看到古史人物及政治事件，並且意蘊幽深而文采斐然。

《周易》古經的卦、爻辭中包含了豐富的古史資料，涉及的方面非常廣泛，包括政治、經濟、訴訟、軍事、祭祀、農耕、漁獵、商賈、民俗、倫理以及自然現象等，卦爻辭以象徵的方式揭示這些事物運動變化的規律，判斷人事的吉凶，並提出應對策略，指出趨吉避凶的方向。當代易學家朱伯崑認為，史官在古代兼管占卜之事，據《左傳》所載，春秋時期從事占筮的人，有周史、史墨、史魚、史趙、史蘇、蔡墨等，他們都是周王朝和諸侯國的史官。《周易》這部典籍的編纂，出於西周的史官之手，也是可信的。[10]《周易》古經是華夏先民在漫長的歷史發展過程中所獲得的精神成果，是由巫、史長期積累、集體編纂、錘鍊而成的思想結晶。

祭祀與占卜這樣的宗教活動，在夏、商及周初惟王室可以進行。《周易》形成後，作為卜筮之書，由周王室的史官所掌管，而不及諸侯。[11]到春秋時期，禮壞樂崩，占卜活動才始見用於諸侯卿士之家，《左傳》的記載可為明證。老子是周王室的史官，《史

---

6. 陳咏明，〈《易經》與占筮〉，朱伯崑主編，《周易知識通覽》（濟南：齊魯書社，一九九三），頁二一。
7. 李零：人類早期的宗教職能本來是由巫覡擔任，後來開始有天官和地官的劃分；天官，即祝宗卜史一類職官，他們是管通天降神；地官，即司徒、司馬、司工一類職官，他們是管土地民人。祝宗卜史一出，則巫道不行，但巫和祝宗卜史曾長期較量，最後是祝宗卜史占了上風。李零，〈絕地天通——研究中國早期宗教的三個視角〉，二〇〇〇年三月二日在北京師範大學的演講，載於北京大學站「新青年／中國學術城」。
8. 《周禮．春官．占人》：「占人掌占龜，以八簭占八頌，以八卦占簭之八故，以眡吉凶。」《儀禮．特牲饋食禮》：「筮人取筮於西塾，執之，東面受命於主人。」鄭玄注：「筮人，官名也。筮，問也。」《周禮．春官．序官》：「太卜下大夫二人，卜師上士四人，卜人中士八人。」
9. 楊慶中，〈《周易》與中國哲學〉，刊於中國社會科學網，二〇二二年二月二十一日。
10. 朱伯崑，《易學哲學史．第一章》（北京：崑崙出版社，二〇〇五），頁一一。
11. 劉蔚華，《解讀周易》（濟南：齊魯書社，二〇〇七），頁六八。

記》、《漢書》都有記載[12]，古代的史官掌管包括卜筮之書的古文獻，並且承擔卜筮之職責。《周易》有「巽在床下，用史巫紛若」之辭，描述了早期史巫舉行筮占活動的相關場面。[13]身為史官的老子，熟讀並通曉「六經」，[14]對於「六經」之一的《易經》既熟知且善用，在其所著《老子》中可以看到豐富的《易》之思想旨趣。童書業（一九〇八－一九六八）指出：「老子是個史官，古代『史』、『巫』不分，《周易》是一部卜筮書，本來掌握在史官裡。」[15]老子把《易》中已經萌芽的辯證思想引入道論而成為其哲學體系建構中重要的方法論。關於《老子》同《易》的血緣關係，歷來的研究者多次提到過，宋人邵堯夫（一〇一二－一〇七七）曰：「老子得易之體，留侯得易之用。」（轉引自陳和祥評注《老子讀本．老子總論》）這裡所謂「老子得易之體」，揭示了《老子》對《易》的繼承關係。[16]

王博在〈老子思維方式的史官特色〉中論證了老子的哲學思想乃是由幾百年史官文化蘊育而成，形成了穩定的思維特徵，如「推天道以明人事」、「辯證思維」和「侯王中心的思考方式」[17]，而這些特徵也體現在《易》之中。李中華指出，老子作為一位有創見的哲學家，他提出以『道』為核心的哲學體系，並用『道』來說明宇宙萬物的本原變化，……而先秦，在哲學上可供老子吸收的資料，除《周易》古經外，其餘如《詩》、

《書》、《禮》、《樂》等材料都與哲學思維相距較遠。《周易》古經樸素的辯證思維和老子哲學中豐富的、自覺的辯證思維，即是《老子》與《周易》的內在的精神本質的聯繫。[18]在中國思想史上《老》、《易》並稱，這不僅因為《老》、《易》有著相同的研究對象、許多共同的概念範疇，而且因為《易經》是老子學說的源頭，而老子學說又極

---

12. （西漢）司馬遷，《史記．老子韓非列傳》（北京：中華書局，二〇〇六），頁二一三九。《漢書．藝文志》記載：「道家者流，蓋出於史官，歷記成敗存亡禍福古今之道，然後知秉要執本，清虛以自守，卑弱以自持，……易之嗛嗛，一謙而四益，此其所長也。」（東漢）班固，《漢書》卷三十（北京：中華書局，一九九〇），頁一七三二。
13. 林忠軍，《史學源流與現代詮釋》（上海：上海古籍出版社，二〇一二），頁三七一。
14. 《莊子》記載，孔子多次請教老子，主要問禮和六經等事，其中包含《易》在內。《莊子．天運》：「孔子謂老聃曰：『丘治《詩》、《書》、《禮》、《樂》、《易》、《春秋》六經。……』老子曰：『幸矣，子之不遇治世之君！夫六經，先王之陳跡也，豈其所以跡哉！』」
15. 童書業，《先秦七子思想研究》（濟南：齊魯書社，一九八二），頁一二〇。
16. 黃釗，〈論《老子》哲學同《易》的血緣關係〉，《廣西師範大學學報（哲學社會科學版）》第二期（一九八五，桂林），頁一五～二一、三一。
17. 王博，〈老子思維方式的史官特色〉，陳鼓應主編《道家文化研究》第四輯（北京：三聯書店，一九九四），頁四六～五三。
18. 李中華，〈老子與周易古經之闡釋〉，陳鼓應主編《道家文化研究》第十二輯（北京：三聯書店，一九九八），頁一〇八～一〇九。

大影響了《易傳》作者，使之成功地把卜筮學之書改造為哲學人文著作。[19]

《周易》之儒、道分殊與會通

《周易》在中國文化史上有著非常重要的地位和作用，既是儒家的「五經」之首，也是道家的「三玄」之一。唐明邦（一九二五—二〇一八）認為，許多人把《周易》看作代表儒學思想的一個重要方面，這是無可否認的。不過，將《周易》思想純粹歸結為儒家思想，在中國思想史上是不大符合歷史實際的。《周易》在中國文化史上的主要作用，在於它為中國古代科學家提供了一套易學象數思維模式，自然哲學是其主要內容之一，與儒學大異。[20]同出於《易》的儒、道兩家，經歷了春秋末期「道術為天下裂」（《莊子．天下》）的分殊，發展到戰國中後期以《易傳》為代表的並存相參，到兩漢逐步由衝突走向融合會通。

易學史家高懷民認為：「有兩支易學，與儒門易並立發展：一為舊勢力仍存在的筮術易；另一為老子的道家易。老子的道家易主要旨趣在於發揮易學的形上義，其思想指向與儒門易恰相反，故以「道」立名。後世以「道家」稱老子，其實老子之思想完全出於易，而且自老子之後，在易學演變中，道家易這一支始終是易學中重要的一個角色。老子與孔子二人正是分工合作，一向上開展，一向下開展，合力經營大易這門學術。」[21]

林忠軍在《易學源流與現代闡釋》中論述：「成書於西漢末的《易緯》，吸收了道家的觀念思想解說宇宙起源和象數產生，……其後漢末……援道入易。自此以後，易老、儒道相互資取、滲透、融合，形成了具有道家特色的易學文化或具有易學特色的道家文化。」[22]從《易經》到《老子》再到《易傳》然後經歷兩漢的融合會通，直到王弼（二二六—二四九）易學出現，道家易學經歷了萌芽、積澱、建構、發展、演變、成熟的漫長過程，王弼的易學詮釋既是道家易學的成熟體現，也是儒、道融合的思想成果。王弼易學對於之後的晉唐易學發展影響頗大，宋明易學中的義理派繼承和發揚了這一傳統，將古代易學哲學的發展推向了一個新的階段。[23]

19. 孫以楷主編，孫以楷、陸建華、劉慕方著，《道家與中國哲學（先秦卷）》（北京：人民出版社，二〇〇四），頁一三八。
20. 唐明邦、王繼紅，《易學源流舉要》（武漢：湖北教育出版社，二〇一九），頁六〇～六一。
21. 高懷民，《先秦易學史》（桂林：廣西師範大學出版社，二〇〇七），頁二一一～二一二。
22. 林忠軍，《史學源流與現代闡釋》（上海：上海古籍出版社，二〇一二），頁三九六。
23. 朱伯崑，《易學哲學史》第一卷（北京：崑崙出版社，二〇〇五），頁三三〇～三三一。

《周易》「尚中」的觀念成為老、孔思想重要的交匯點

在乾卦六爻中，二爻和五爻的爻辭最為吉利，一個是「見龍在田，利見大人」，一個是「飛龍在天，利見大人」，而這兩個爻分別是上卦的中爻和下卦的中爻，這種尚中的思想也體現在整個《周易》體系中。六十四卦、三百八十四爻，第五爻位沒有言「凶」的，二爻作為下卦的中爻位；直言「凶」的卦，也只有剝、頤、節三卦，而這三個卦是在特殊情況下，二爻不得「時」所致。所以，居「中」、行「中」是《周易》所宣導的最佳行為模式和價值標準。[24]

「中」字最初義是中心，先民集中舉辦集體事務時，在特殊區域插上旗幟作為方向標杆。唐蘭（一九〇一—一九七九）曾指出：「中者，最初為氏族社會之徽幟，而其所立之地，恆為中央，遂引申為中央之義，因更引申一切之中。」西周時期的「何尊」銅器銘文——「宅茲中國」，代表著王朝江山社稷以此為中，凝聚四方天地的核心。[25]儒、道皆重視「中」，儒家之「中」乃指不偏不倚，道家之「中」則為衷心、由衷之意。《論語・堯曰》「允執厥中」；老子的「守中」（五章：「多言數窮，不如守中。」）；莊子的「養中」（《人間世》：「託不得已以養中。」）更注重內心的持守、平衡的心境和修養功夫。道家與儒家，老、孔「尚中」思想內外交互，涵容相輔，體現了《周易》「尚中」的意旨。

《易》之君道，尚剛，還是尚柔？

在《易經》卦、爻辭中，二爻和五爻的位置各居於下卦和上卦之中位，這兩個中爻的配合，乃是一卦最為核心的勢能與力量，在天道中，代表著地與天的配合；在人道中，代表著臣與君的配合，那究竟是九五與六二的配合（即君剛臣柔）對雙方更為合理？還是六五與九二（君柔臣剛）的配合對雙方更為合理？經本書統計，六五與九二相配合的十六個卦中，這兩個爻辭中有二十個「吉」（其中十四個無條件的「吉」）、三個「凶」、三個「利」、五個「无咎」；在九五與六二配合的十六個

24. 寇方墀，《全本周易導讀本》（北京：中華書局，二〇一八），頁一九。

25. 沈建華，〈殷代卜辭中所見地理空間思想觀念〉，發表於中央民族大學二〇二二交叉研究項目「先秦宇宙論與地理學思想研究」系列講座第一場，二〇二二年五月二十一日，修訂於二〇二二年四月二十四日。

	六五與九二配合	九五與六二配合	六五與六二配合	九五與九二配合
吉（括號為無條件）	20（14）	17（9）	12（7）	8（5）
凶	3	2	2	2
利	3	1	5	2
无咎	5	2	3	7

卦中，這兩個爻辭有十七個「吉」（其中九個無條件的「吉」）、兩個「凶」、一個「利」、兩個「无咎」。另外還有六五與六二的配合、九五與九二配合，其判斷之辭「吉、凶、利、无咎」數目統計結果清單如上頁簡表。

從上表所示結果可見：一、上卦中爻與下卦中爻以陰陽相應為佳。二、柔中之君六五與剛中之臣九二的配合最佳，其次是剛中之君九五與柔中之臣六二的配合，再次是柔中之君六五與柔中之臣六二的配合，最後是剛中之君九五與剛中之臣九二的配合。

結論是，《易》之君道尚柔中，崇尚無為的慈柔之君，其次才是有為的剛中之君。

乾卦之「龍」——與時俱化

乾卦由潛而現以至高亢有悔，借由龍之潛、見（現）、惕、躍、飛、亢，闡發進退之道，其中蘊含著對於事物發展規律的理解和把握。《老子》的「道隱無名」、「進道若退」、「物壯則老」可分別對應於「潛龍」、「惕龍」、「亢龍」，老子的哲學命題與乾卦進退之道的思路有明顯的內在聯繫。

《莊子》中多處論「龍」，頗似隱括《易》之乾龍。如「屍居而龍見」（〈在宥〉），「屍居」對應初九之「潛龍」，「龍見」對應九二之「見龍」。又如「一龍一蛇，與時俱化……

一上一下，以和為量」（〈山木〉），「下」之「一蛇」為「潛龍」，「上」之「一龍」為「飛龍」，或蛇或龍，或潛或飛，因時動靜。在《莊子．逍遙遊》中，鯤潛於北冥的海底，深蓄厚養，積蓄力量，對應乾卦初九「潛龍」；當海運起了大海風的時候，巨鯤化為大鵬，借海風之力，奮翅起飛，對應「躍龍」；大鵬展翅高飛，直上九萬里高空，對應「飛龍」。鯤鵬由積蓄轉化而奮起高飛的過程，與乾卦之龍由潛而飛如出一轍，意涵相契。由此可見，乾卦不僅蘊含著自強不息、剛健進取的陽剛精神，同時也蘊含著時當潛則靜、時當現則動，從容不迫，蓄力高舉、久而通達的柔韌精神，可謂剛柔並濟。

坤卦第二

坤下　坤上

坤①：元亨，利牝馬之貞②。君子有攸往，先迷，後得，主利③。西南得朋，東北喪朋④。安貞，吉⑤。

初六：履霜，堅冰至⑥。

六二：直、方、大⑦，不習无不利⑧。

六三：含章，可貞。或從王事，无成，有終⑨。

六四：括囊，无咎，无譽⑩。

六五：黃裳，元吉⑪。

上六：龍戰于野，其血玄黃⑫。

用六⑬：利永貞⑭。

導讀

坤卦與乾卦陰陽爻相反，乾卦由六個陽爻組成，坤卦則是六個陰爻組成，六爻皆變，稱為變卦，[1]乾坤兩卦構成相輔相成的一對，互為變卦。坤卦的卦象象徵土地，有柔順、廣大、寧靜、深厚的特性。

坤卦的卦辭以「牝馬」為兆示之象，並斷定這是一個大為亨通之卦，但應以效法牝馬行走於大地的柔順涵容之德作為前提條件。卦辭呈現了一個旅人在大地上長途行旅的場景，行旅的目的是商旅貿易，希望能收穫錢財資糧。這場旅途的初期階段會迷失方向，後來能夠找到正路，向西南方向去可得貨利、向東北方向去會喪失財貨。卦兆顯示旅途安全、吉利。

坤卦的六個爻辭充滿了陰涼的氣息，天氣寒涼，道阻且長。出門就踩到了薄霜，說

1. 孔穎達《周易正義．序卦》題疏：「二二相藕，非覆即變。」「覆」是指將一個卦的卦象整體顛倒來看，比如將屯卦顛倒而成為蒙卦，因此稱為覆卦，六十四卦中這樣的覆卦關係有二十八對：屯和蒙、需和訟、師和比、小畜和履等。「變」是指有些卦顛倒後還是原來那個卦，但將這個卦的所有陰爻變陽爻、陽爻變陰爻後就形成了新的卦，因此稱為變卦，比如乾卦所有的爻都改變，就成為了坤卦，這樣的變卦關係有四對：乾和坤、坎和離、中孚和小過、頤和大過。

明旅人是在季秋之月起程，當大地凝結堅冰之時才到達，這時已是季冬。旅途中，要持守平直、方正、開闊廣大的品格；要有華采而不外露；幫助他人而不爭功；要懂得紮緊口袋；獲得成功時，雖富貴而能謙和。當旅途完成，旅人欲返程時，冬寒已窮盡，陽春正開啟。黎明遠望，天邊晨曦初露，曠野微茫，天地陰陽之氣沖和交融，如陽龍與陰龍在原野上交戰沖和，呈現蒼茫恢宏之色，天玄而地黃。

譯文

坤：大為亨通，利於占問雌馬之事。問卦的君子，有所前往，起先會迷路，隨後會找到正路，預示著將會有利。往西南方向會得到錢財貨利，往東北方向則會破財。占問平安，吉利。

初六：踩著霜起程，大地結了堅冰時到達。

六二：平直、方正、廣大（有如大地一樣的品格），就算前往不習熟之地也無所不利。

六三：文采含而不露，可以占問。或許可以追隨王公做些事務，個人沒有成就，但會得到好的結局。
六四：收束口袋，沒有災禍，也沒有榮譽。
六五：黃色的裳裙，大為吉祥。
上六：龍交戰混合於廣野，呈現玄青與深黃的天地混雜之色。
用六：利於占問長遠之事。

注釋

①**坤：**卦名。「坤」在馬王堆帛書《周易》中作「川」，形似水流，這是個象形文字，是水穿地而流的象形，象徵廣袤的河川大地。坤卦上下卦皆為坤，是八純卦之一。

②**元亨，利牝馬之貞：**利於占問乘駕母馬出行之事。「元亨」指大為亨通，「牝馬」指母馬，「貞」是占問。

③**君子有攸往，先迷，後得，主利：**君子有所前往，先是迷了路，後來找到了正路，

預示著有利。「攸」為助詞，指「所」。「先迷」指起先迷失了路，「後得」指後來找到了正路。「主」的本義為燈中的火炷，引申為照明，從而有了預示之義：「主利」指預示著將會有利。

④**西南得朋，東北喪朋**：往西南方向會得到錢財貨利，往東北方向就會喪失錢財貨利。「朋」在《易》中有二義，一為「朋貝」，是貨幣單位，古代以貝為貨幣，五個貝串到一起為一系，兩系為一朋；二為「朋友」。本卦此處指貨幣、錢財。

⑤**安貞，吉**：占問平安與否，吉。「安貞」即「貞安」，占問平安之事。

⑥**履霜，堅冰至**：踩著霜起程，大地結了堅冰時到達。《禮記．月令》記載：「季秋之月霜始降，……季冬之月冰方盛，水澤腹堅。」「履霜」說明季秋起程，「堅冰至」說明季冬才到。這是指商旅走了三、四個月，時長路遠。2

⑦**直、方、大**：平直、方正、廣大，這是大地的特性與品格。

⑧**不習无不利**：（如果人能夠有如大地一樣的品格，那麼）即便是到了不習熟的領域也不會有所不利。「習」指習慣、習熟。

⑨**含章，可貞。或從王事，无成，有終**：有文采含而不露，可以占問。或許可以從

事王公（公家）的事務，個人沒有成就，可以得到善終。「章」指文采。「有終」指可以得到善終，會有好的結局。

⑩**括囊，无咎，无譽：**收束口袋，沒有災禍，也沒有榮譽。「囊」是口袋，「括」指束住、打結，「括囊」指束緊口袋，實指保管好口袋裡的財物，也喻指人緘口不言或謹言慎行，以免招禍。「咎」是過失、災禍，「譽」是讚譽。

⑪**黃裳，元吉：**穿著中和華貴的黃色裙裳，大為吉祥。「黃」是中色，高貴華美；「裳」是下衣、下裙，古代上為衣，下為裳。「黃裳」象徵高貴且謙遜處下。

⑫**龍戰于野，其血玄黃：**龍交戰混合於廣野，呈現玄青與深黃的天地混雜之色。「龍」在此處指陰陽雌雄之龍，「戰」指交戰。另有解釋為：交接、交合。《說文・壬部》：「壬，位北方也。陰極陽生，故《易》曰：『龍戰于野。』戰者，接也。」

⑬**用六：**漢帛本作「迵六」，指「通為六」，坤卦六爻全部為陰爻。按照占筮法，

2. 李鏡池、曹礎基，《周易通義》（北京：中華書局，一九八一），頁六。

占卜而得到的六爻皆為老陰「六」時，則六爻全變，坤卦變為乾卦。在這樣的情況下，應以「用六」這一條特殊的占斷之辭——「利永貞」，作為占斷的依據。

⑭**利永貞：**利於占問長遠之事（即長遠有利）。「利永貞」即「利貞永」。「永」是長期、長遠。

賞析與點評

「利牝馬之貞」——老子尚雌崇牝觀念之淵源

「牝」的原意為「雌」、「母」。《周易》古經中「牝」字兩見，一處是坤卦卦辭「利牝馬之貞」，另一處是離卦卦辭「畜牝牛，吉」，皆為「牝」字原意。在《老子》一書中，「牝」字五見，除了五十五章「未知牝牡之合而朘作」的「牝」作「雌雄」之「雌」解，其餘均有其哲學意涵。老子將「牝」高度哲理化，進而可作為老子哲學最具代表性的概念。

其餘四處《老子》中的「牝」字說明如下：

谷神不死，是謂玄牝。玄牝之門，是謂天地根。（六章）

「玄牝」是化生天地萬物之本源，微妙的母體也是道體的寫狀，道生天地萬物，因其不可思議的生殖力，故命名為「玄牝」。

天下之交，天下之牝。牝常以靜勝牡。（六十一章）

「天下之牝」是指謙下不爭、厚德涵容。「牝常以靜勝牡」，強調其靜定與涵容。《老子》書中「母」字七見，其中主要表現為「萬物之母」、「貴食母」、「天地母」、「天下母」，皆喻指化生萬物並滋養萬物的「道」；另有一處「有國之母」，譬喻能夠保有邦國的根本之道。可見「母」有育、養、護祐之功，總的來說，即是「慈」。王博在〈老子與夏文化〉[3]一文中論證指出，從《老子》書來看，老子對「道」的描述之背後，正有著創世女神女媧的影子。老子常用「始」、「母」來指稱「道」，而始和母皆為稱呼

3. 王博，〈老子與夏文化〉，《哲學研究》一九八九年第一期（北京），頁五〇。

女性之詞。（《說文》：「始，女之初也。」）

女媧創世神話體現了華夏先民最初的世界觀，《老子》在其對道的闡述中吸收了創世神話的因素，以「她」來喻指「生而不有，為而不恃，長而不宰」的「道」。坤卦中的「牝馬」含有母性因素，賦予了坤卦整體柔中寓剛的女性氣質，這也是《老子》一書所蘊含的典型氣質。

李中華認為，由「牝」到「雌」，由「雌」到「母」，牝——雌——母三位一體的概念，終於成為老子哲學的基石。由牝、雌、母的象徵意義，必然引發出對牝、雌、母的本質屬性之追求。於是，老子沿著這一路向，在其哲學中抽象出屬於牝、雌、母本質屬性的「虛」、「靜」、「柔」、「素」、「謙」、「儉」、「順」、「下」、「不爭」、「生」等一系列重要哲學範疇，標誌《老子》哲學體系的完成。[4]

「西南得朋，東北喪朋」——符合殷周時期的歷史背景和生活場景

卦辭中說到「西南得朋，東北喪朋」，往西南方向會贏利，往東北方向就會破財，這是為什麼呢？《周易》本為卜筮之書，卦辭是古代卜筮之官對卜筮所得卦兆進行解釋之辭，並且把占過的事和結果記下來，以便年底複查占驗多少，經年累月，便有大量的

卜筮之辭積累下來。李鏡池（一九〇二—一九七五）指出，卦爻辭的材料，大部分是周民族還在從遊牧到農業時代的記錄。我們看到，坤卦所描繪的畫面是商旅之人行走在廣袤的大地上，長途遠行去進行商旅貿易。這個場景的歷史背景應在殷末周初，主人公是周人。周人西南多友邦，跟隨周武王伐紂的就有庸、蜀、羌、髳、微、盧、彭、濮八國（見《書．牧誓》），多在周朝西南，所以周人到西南各國去能賺錢；而在東北卻有個強敵鬼方。殷周聯軍伐鬼方，打了三年才戰勝（見既濟卦、未濟卦）。到強敵處做生意，往往被人搶劫，所以會喪朋。[5] 坤卦卦辭符合當時的歷史背景和生活場景。

「履霜，堅冰至」——察微杜漸

初六爻辭「履霜，堅冰至」的傳統解釋是：腳下踩到了霜，預示結著堅硬厚冰的嚴寒季節將要到來。喻指觀察到事物發生的徵兆，就可以按照事物發展的規律，推測出將

4. 李中華，〈老子與周易古經之闡釋〉，陳鼓應主編《道家文化研究》第十二輯（北京：三聯書店，一九九八），頁一一三。
5. 李鏡池，《周易探源》（北京：中華書局，一九七八），頁三八。

要出現的趨勢。這種趨勢「其端甚微，其勢必盛」，因此要提高警惕，謹慎行事，提前做好預防措施。這個由現象而推導出的解釋，有防微杜漸之意。對比這前後兩種解釋，可以看出從具象到抽象並逐漸哲理化的演進過程。老子引《易》入道，有「微明」之說（三十六章），在六十四章說：「其安易持，其未兆易謀；其脆易泮，其微易散。為之於未有，治之於未亂。」皆意指觀察到事物發展的規律，發現機先之徵兆，從而提前做出判斷以決定行為。

「直、方、大」——大地般的品格

六二爻辭「直方大，不習无不利」，以大地平直、方正、廣大的品格特性來象徵，具備這樣胸襟品格的人能夠「不習无不利」。老子吸收《易經》坤卦中「直、方、大」的概念，並將其哲理化，體現在《老子》一書中。

大：老子以「大」名「道」。「吾不知其名，強字之曰道，強為之名曰大。」（二十五章）「大」是「道」的特徵，呈現在逝——遠——反的全部歷程中，包含了一切事物流轉的規律性。「大」形容「道」的潛藏、化育、涵容、生成、總攬、保全之功。書中有「大成若缺、大盈若沖、大直若屈、大巧若拙、大制無割、大方無隅、大象無形、大音希聲、大器晚成」等，是指以「道」之「大」包容了一切事物自身的所有部分（包括它的對立面）。生動地體現了「道」的廣大包容，廓然大公。

直：老子有關「平」、「直」之言。「往而不害，安平泰」、「直而不肆」、「大直若屈」、「枉則直」。平靜安泰，無所傷害，是老子所希望的社會狀態，使這種狀態成為現實的過程中，要正直而不放肆。最為正直者反而看上去好像是彎曲，彎曲之中有其堅定的正直。《易》坤卦描述商旅之人行走在大地上，要到遠方去做生意，人在旅途，要效仿大地的平直、方正、廣大，平直並不是說要像磨刀石那樣堅硬平直，《墨子·親士》說：「其直如矢，其平如砥，不足以覆萬物。」像箭一樣直，像磨刀石一樣平，那就不能覆養萬物了。大地總體品格是平直開闊的，但具體的自然地貌卻包含著山川溝壑，有著連綿不斷地起伏，因而它是生動和豐富的，這就是直和曲的關係，人的品格也當如此。《易》坤卦六二爻，居於下卦的中爻位置，是能行中道者，曲和直的關係能夠處理恰當。老子對於「直」的辯證理解符合坤六二爻旨。

方：老子言「大方無隅」、「方而不割」，最為方正者沒有棱角，方正而不會割傷別人。當「直」與「方」趨近於「大」時，格局、胸襟、視野，擴大到無所不包、涵容廣闊之境，就接近大地的品格了，也就接近「道」了，以這樣的精神品格處理事物時，即便「不習」又有什麼不利的呢？

六三爻辭「含章，可貞」，乃內懷美德，老子描述為「被褐懷玉」。（七十章）

六四爻辭「括囊」，老子引申為「不言之教」。（二章、四十三章）

乾坤並建——乾坤對待統一，並非乾剛獨大

上六爻辭「龍戰于野」，是坤卦發展到極致向乾卦發展的節點。來知德（一五二六—一六〇四）解釋說：「以『龍戰于野』言之，陰極則變陽矣。」[6]在坤卦爻辭所示的語境中，表達冬末與初春的交接點，陰陽之氣交戰交融。坤陰與乾陽既凝結而統一，又「龍戰」而鬥爭，還可以相互轉化。在中國傳統思維中，乾元和坤元不是孤立存在的，乾和坤是對待流行、對立統一的關係。

歷來學者解《易》，多認為《周易》以乾為首，是崇陽抑陰。事實上，《周易》的實質是「乾坤並建」，並非獨尊乾陽。王夫之（一六一九—一六九二）《周易內傳・卷一》寫道：「周易之書，乾、坤並建以為首，易之體也；六十二卦錯綜乎三才四象而交列焉，易之用也。純乾純坤，未有易也，而相峙以並立，則易之道在，而立乎至足者為易之資。屯、蒙以下，或錯而幽明易其位，或綜而往復易其幾，互相易於六位之中，則

天道之變化、人事之通塞盡焉。」[7]他在解釋乾卦時說：「周易並建乾坤為太始，以陰陽至足者統六十二卦之變通。」

朱伯崑在《易學哲學史》中對王夫之「乾坤並建而統易」進行了大篇幅深入地介紹和闡發。[8]李振綱在《儒道匯融大生命視域下的《周易》哲學研究》一書中寫道：「《周易》陰陽和合創生的思想，王夫之概括為『乾坤並建』幽明互涵。」[9]乾和坤、陰和陽是相輔相成、對待流行、並建互與的關係。

---

6. （明）來知德撰，張萬彬點校，《周易集注》（北京：九州出版社，二〇〇四），頁一六二一。
7. （明）王夫之，《船山全書．周易內傳》（長沙：岳麓書社，一九八八），頁四一。
8. 朱伯崑：《周易》以乾坤兩卦並立為體，以六十二卦爻象變化為用。只有乾或只有坤則無有易。乾坤至純，既相對峙，又不可分離，方有易之道。自屯蒙以下各卦都具有乾坤卦象，其不同在於爻位的變化，或錯或綜，或幽或顯，或往或復，相互變易於六位之中。易就是乾坤兩卦的爻位互相推移和摩蕩，天道和人事之變易皆在其中。朱伯崑，《易學哲學史》第四卷（北京：崑崙出版社，二〇〇五），頁七六。
9. 李振綱，《儒道匯融大生命視域下的《周易》哲學研究》（北京：人民出版社，二〇一二），頁一一五。

屯卦第三

䷂

震下　坎上

屯①：元亨，利貞，勿用有攸往②，利建侯③。

初九：磐桓④，利居貞⑤，利建侯。

六二：屯如邅如⑥，乘馬班如⑦。匪寇，婚媾⑧。女子貞不字，十年乃字⑨。

六三：即鹿无虞⑩，惟入于林中⑪，君子幾，不如舍，往吝⑫。

六四：乘馬班如，求婚媾。往吉，无不利。

九五：屯其膏，小，貞吉⑬；大，貞凶。

上六：乘馬班如，泣血漣如⑭。

導讀

屯卦是繼乾坤母體卦之後的第一個派生卦，充溢著草創的熱情與開拓的艱辛。卦辭「元亨，利貞」，表明了創造前景廣闊，有大為亨通的未來。然而當下卻需要做最基礎的建造，穩紮穩打地奠定根基。「勿用有攸往」與乾卦初九「潛龍勿用」的意思類似，居處於初位，不宜有所前往，不要急於顯露和見用，而是要做積聚力量、創建基業的工作。兩者不同處在於「潛龍勿用」側重在個人的蓄養和修為，屯卦「勿用有攸往，利建侯」則側重在奠基和創業，進行從無序到有序的合理組織。屯卦爻辭表現了建造房屋、出外打獵、到另一部落搶婚等古代生活場景。

譯文

屯：大為亨通，利於占問。不要有所前往，利於建國封侯。

初九：以大石為根基，立起木柱。利於占問安居之事，利於建國封侯。

六二：行進受阻而難以前行，騎著馬盤旋不前。不是要來劫掠的強盜，而是前來求婚的馬隊。女子占問（結果是）不嫁，要等十年後才嫁。

六三：追逐一頭鹿，卻是在沒有任何準備的情況下，那頭鹿跑進了山林之中。君子已經非常接近（鹿）了，不如捨棄，如果繼續前往追逐則終將憾恨。

六四：乘著馬盤旋不前，準備去求婚，前往吉祥，沒有不利。

九五：屯積膏脂，小量屯積，占問為吉；大量屯集，占問為凶。

上六：他們乘著馬匹盤旋，有人在哭泣淚水漣漣。

注釋

①**屯**：卦名，在《易經》中的讀音讀作ㄓㄨㄣ。「屯」有聚集義，若用為動詞謂「聚」；用為名詞則謂「聚落、村落」。

②**勿用有攸往**：不要有所前往。「用」在《易經》中有時作動詞「行動」、「施為」、「使用」，有時作介詞「於、以」，有時作助詞或連詞，此處為助動詞。「勿用」即「勿要」，

「用」謂可行，「勿用」則謂不可行。「攸」指所。

③利建侯：利於建國封侯。此處指創業之初，建邦立國。

④磐桓：以大石為根基（建造房屋），（在建起的房屋旁）立起木柱。象徵創業安基，奠定堅實的基礎。何楷注（一五九四—一六四五）：「磐，大石也。桓，柱也。」

⑤利居貞：利於占問安居之事，表示占問安居的結果有利，宜於安居穩固下來。「利居貞」即「利貞居」。

⑥屯如邅（ㄓㄢ）如：行進受阻而難以前行的樣子。「屯邅」即「迍邅」，「如」是表示動作或事物的狀態。

⑦乘馬班如：騎著馬盤旋不前的樣子。「班如」是迴旋的樣子，焦循曰：「班，旋也。」[1]此句描述許多騎馬的人聚在一起，欲進不進，來回兜圈子。[2]

---

1. 高亨，《周易古經今注》（上海：上海書店出版社，一九九一），頁一四。
2. 唐明邦主編、評注，《周易》（武漢：長江文藝出版社，二〇一八），頁一一。

⑧**匪寇，婚媾（ㄍㄡˋ）**：不是要來劫掠的強盜，而是前來求婚的馬隊。「匪」即非，「寇」為入侵、劫掠，「婚媾」意為婚配、求婚。

⑨**女子貞不字，十年乃字**：女子占問的結果是不嫁，要等十年後才嫁。「字」是許嫁。

⑩**即鹿无虞（ㄩˊ）**：在沒有任何準備的情況下發現並追逐一頭鹿。「即」指追逐、靠近，「虞」是謀度、準備。

⑪**惟入于林中**：所追之鹿逃進了山林中。「惟」是句首助詞，無義。

⑫**君子幾，不如舍，往吝**：君子已經非常接近鹿了，但是在沒有做好準備的情況下不如捨棄，如果繼續前往追逐則終將有憾恨（進入山林會迷路）。「幾」作動詞時，指接近；作副詞時，類於幾乎、差不多。「舍」是捨棄，「吝」是憾恨。

⑬**屯其膏，小，貞吉；大，貞凶**：屯積膏脂。小量屯積，占卜得吉；大量屯集，占卜得凶。（或解為：占問小事吉，占問大事凶。「小貞」為小事之占，「大貞」為大事之占。）「膏」指膏脂，引申為財物、恩澤。

⑭**乘馬班如，泣血漣如**：這是古代掠奪婚的寫照，騎馬的人聚在一起，要帶著女子

離開，女方的親人淚水漣漣。《禮記》尚有「嫁女之家，三夜不息燭」的說法，亦是女方被搶後親人思念的寫照。[3]

賞析與點評

屯卦的當務之急——安家創業

屯卦的六個爻緊扣卦辭所示的主題，展現出一系列生機勃勃安家創業的畫面。先要建造根基穩固的房屋，有安居之地，然後吸引賢能之人，封國建侯。接下來，創業者要娶妻聯姻，這對於部落、邦國的創建和穩固根基非常重要。創業本就艱難，想要締結良緣、娶到賢妻也並不是容易的事，要有耐心和勇氣。打獵是必須要掌握的本領，既能練習獲取獵物的勇敢，也增長把握時機、判斷吉凶以決定取捨的智慧，當然最為根本的是，以此來保障部落成員有肉吃。從創業的角度來看，「婚媾」象徵著合作，「虞」象徵專業人士的指導，「鹿」象徵著利益，「屯其膏」則象徵著創業者對於戰利品的態度，

3. 陳鼓應、趙建偉，《周易今注今譯》（北京：中華書局，二〇二〇），頁五三。

反映出胸襟和格局的大小，這幾點是決定創業成功與否並能否持續發展的重要因素。

盤桓——高以下為基

屯卦初爻「盤桓」，是指以大石為根基建造房屋。「盤」通「磐」，是指堅實的磐石，用以奠定房屋穩定堅實的根基。「磐石」之象在《老子》三十九章有所示現，亦與奠定根基相關：「故貴以賤為本，高以下為基。是以侯王自稱孤、寡、不穀。此非以賤為本邪？非乎？故至譽無譽。是故不欲琭琭如玉，珞珞如石。」老子用詩一般的語言，讚歎「珞珞如石」的堅實樸質。《易》屯卦初爻為陽爻，堅實地居於全卦之初位，雖位置卑下，卻是最為重要的根基之地。從整體而言，一切高高在上的顯貴，無不從低賤開始，只有在最底層打下堅實的基礎，才能夠建立起高大的建築。老子就此意象而引申言之，貴以賤為根本，高以下為基礎，因此侯王自稱為「孤」、「寡」、「不穀」。屯卦初爻爻辭描述從「盤桓」定基到「居貞，建侯」的過程，老子則從「高以下為基」到「侯王自稱」的展開，體現了思路脈絡的一致性。由此可見，老子此章正是對於屯卦初爻易象的引申與發揮。

匪寇，婚媾——古代的搶婚習俗

《周易》古經爻辭裡所謂「匪寇，婚媾」，既載於屯卦第二爻，也載於賁卦第四爻和睽卦第六爻，而以屯卦的描述更為形象、感人。這裡透過允婚前馬兒的「屯如邅如」、徘徊不前，既是現實情況地描寫，同時也形象地表達女子心中的猶豫不定；再借助「乘馬班如」、車馬止步不前的形象描繪，烘托了女子臨嫁前「泣血漣如」、悲痛流淚的惜別心情。搶婚這種民俗是從母系氏族社會向父系氏族社會過渡時期的產物，在母系氏族社會裡，婚後生活是男從女居，而在父系氏族社會則隨著男人社會地位的提高而轉變為女從男居。[4]

4. 袁行霈總顧問，張慶利主編，《中國文學史話・先秦卷》（長春：吉林人民出版社，一九九八），頁七八。

蒙卦第四

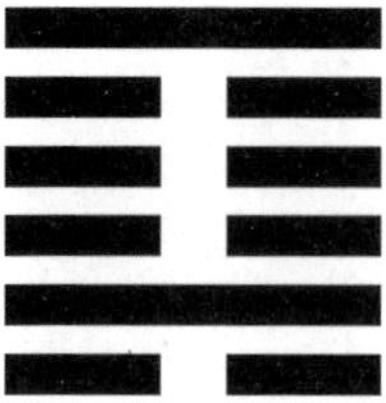

坎下　艮上

蒙①：亨。匪我求童蒙，童蒙求我②。初筮告，再三瀆，瀆則不告③。利貞④。

初六：發蒙⑤，利用刑人，用說桎梏⑥，以往吝⑦。

九二：包蒙，吉⑧。納婦，吉，子克家⑨。

六三：勿用取女⑩。見金夫，不有躬⑪。无攸利。

六四：困蒙⑫，吝。

六五：童蒙⑬，吉。

上九：擊蒙⑭，不利為寇，利禦寇。

導讀

蒙卦的卦象是屯卦顛倒過來，傳統易學稱這樣的卦象關係為「覆卦」，屯卦與蒙卦互為覆卦（請見坤卦註釋[1]，頁四七）。「蒙」字的本義是被雜草植被所覆蓋遮蔽的狀態，受蒙蔽的主體暗昧難明。蒙卦由坎卦和艮卦組成，坎為水、艮為山，山下出泉，泉水剛流出來時，不知將要流向何方，因此有蒙昧之象。蒙卦的卦辭和爻辭的主題則是要改變這種蒙蔽的狀態，揭除遮蔽和覆蓋，使受蒙蔽者從蒙昧走向文明，謂之發（啟）蒙。

譯文

蒙：不是我去求蒙昧無知的孩童，是蒙昧無知的孩童前來求我。初次占筮會告知結果，一而再、再而三地反覆占筮就是褻瀆，褻瀆就不再告知。占問有利。

初六：啟發蒙昧。利於施用刑罰教戒之，以脫除其蒙昧枷鎖。如果任其發展下去將來會有憾惜。

九二：包容蒙昧，吉利。給兒子娶媳婦吉祥，兒子能夠成家並肩負起家庭的責任。
六三：不要娶那個女子。見到有錢或陽剛有力的男子，就失其本分。無所利。
六四：困於蒙昧，有憾惜。
六五：童真無邪的孩童，吉利。
上九：打擊蒙昧，不利於如同敵人，而利於共同抵禦敵人。

注釋

①**蒙：**卦名。「蒙」指蒙昧，本卦各爻探討如何啟蒙，去除蒙昧。

②**匪我求童蒙，童蒙求我：**不是我去求蒙昧無知的孩童，是蒙昧無知的孩童前來求我。「我」在此處指筮；「童蒙」指求筮者，原始卜辭如此，後來常喻指蒙昧的兒童來向師者求教。

③**初筮告，再三瀆，瀆則不告：**初次占筮會告知結果，一而再、再而三地反覆占問就是褻瀆，褻瀆就不再告知。「告」指筮者告之以吉凶休咎的占斷結果。「再三瀆」指

對所告知的結果不信，接二連三地反覆要求，這是一種褻瀆的態度。

④**利貞：**占問有利。「利貞」即「貞利」。

⑤**發蒙：**啟蒙。「蒙」是啟發的對象，「蒙」有多種，有稚幼之蒙，有愚昧癡鈍之蒙，有傲慢之蒙，有野蠻觸犯刑律之蒙等，對待不同的「蒙」，當以因材施教、因事制宜的方式啟發教戒。

⑥**利用刑人，用說桎（ㄓˋ）梏（ㄍㄨˋ）：**利於施用刑罰於人，以脫除其蒙昧的桎梏。「刑」在此處用作動詞，指以刑罰對人進行教戒。「說」同「脫」，「桎梏」指古代拘繫犯人的刑具。

⑦**以往吝：**這樣任其發展下去將來會有憾惜。「吝」是憾惜、遺憾。

⑧**包蒙，吉：**包容蒙昧，吉利。

⑨**納婦，吉，子克家：**給兒子娶媳婦吉祥，兒子能夠成家並肩負起家庭的責任。《說文》：「克，肩也。」以肩任物曰克。「克家」指能夠肩負起家庭的責任。

⑩**勿用取女：**不要娶那個女子。「取」通「娶」。

⑪**見金夫，不有躬：**見到陽剛的男子，就失去了自身的本分。「金夫」是男子美稱，

指有錢或是陽剛有本領的男子，虞翻（一六四—二三三）注「陽稱金」。「躬」指自身，引申為自身的原則、本分。

⑫**困蒙**：困於蒙昧。六四爻的周圍都是陰爻，得不到陽剛者的啟蒙，因而困於蒙昧之中。

⑬**童蒙**：童真無邪的孩童。如果前來問筮者為成人，筮得此爻則勸其放下機心，要像孩童那樣抱有真誠赤子之心。

⑭**擊蒙**：以打擊的方式去除蒙昧。此爻告知欲去除他人蒙昧，不可用簡單粗暴的方式像敵人一樣打擊蒙昧者，而應通過合理的方式與蒙昧者共同抵禦「蒙昧」這個敵人。

賞析與點評

啟蒙與教化

天地開闢之初謂之鴻蒙，物生之初謂之初萌，道德智力開發之初謂之蒙昧。引而申之，所有愚昧、野蠻、未開化的狀態都是蒙，需要得到啟發和引導，以揭除蒙蔽。

蒙卦卦辭顯示可以達至亨通，說明蒙昧只是暫時的，經過啟蒙與教化，蒙昧者將會逐漸走向清朗通達。卦辭中蒙昧的孩童有主動求知的願望，「我」（筮人）則以占問之辭相告，初問時講明白了，如果一而再、再而三地輕率褻瀆，就不再告知。這在後來占卦的規矩中，被稱作「卦不過三」。蒙卦的六個爻辭分別從發蒙、包蒙、勿取、困蒙、童蒙、擊蒙六種不同的啟蒙教化方式，進行了分述和對錯吉凶的評判，從中也可以看出內在的秩序性及每種情況的特殊性，反映了古聖先賢在啟發民智、實行教化、由去蔽向澄明方面的自覺努力及經驗總結，其中蘊含著明確的人文價值取向：六爻的爻辭中共出現了三個「吉」，分別是第二爻的「包蒙，吉。納婦，吉」和第五爻的「童蒙，吉」，說明蒙卦提倡包容、接納和保持童真無邪、沒有機心，在第四和上爻的爻辭中則明確地反對困蒙和擊蒙。

聖人處無為之事，蔽而新成

關於教育啟蒙，老子和孔子都有所討論。孔子認為要根據學生的情況適時予以啟蒙和指引，即「不憤不啟，不悱不發」（《論語・述而》）；老子宣導「聖人處無為之事，行不言之教」（二章）的方式，以順任人性自然的態度來指引，以潛移默化的方式來教導，以自身的行為來垂範。孔子、老子的教育思想可謂殊途同歸，與蒙卦的包蒙、童蒙的思想相契合。

《老子》十五章云：「古之善為士者，微妙玄通，深不可識……孰能濁以靜之徐清，孰能安以動之徐生？……故能蔽而新成。」[1]強調善為士者順應天道自然的規律，不斷去故更新，使渾濁者變得澄明，使長久安於沉靜者生動起來，如此方合於生生日新、無所凝滯的大化流行。善為士者，即是善於為「無為」的人。能夠這樣順應天道自然而為，必能使蒙昧者逐漸去除蒙蔽，達到蔽而新成。

1. 根據易順鼎和高亨的說法，將通行本的「不」字訓為「而」字，「敝而新成」指不斷去故更新。

需卦第五

乾下　坎上

需①：有孚②，光亨③，貞吉。利涉大川④。

初九：需于郊，利用恆⑤，无咎。

九二：需于沙，小有言，終吉⑥。

九三：需于泥，致寇至⑦。

六四：需于血，出自穴⑧。

九五：需于酒食⑨，貞吉。

上六：入於穴，有不速之客三人來⑩，敬之終吉。

導讀

西周早期「需」字的金文字形上部是「雨」，代表天在下雨，下部是「而」，是一個人的形狀，可見「需」字本義是人要出行卻遇到雨天，只好停在那裡等待，所以「需」有滯留、等待的意思。

事物的發展進程不會總是一路暢通，也常會有道路曲折和條件欠缺的時候，這就需要等待，等待時機成熟了再繼續前行。需卦就是講如何在等待中前行、並在前行中等待的一個卦。卦辭說，有徵兆顯示會廣大亨通，占問吉利，利於涉越大河。說明這是一個吉卦。在爻辭中，則分別以需於郊、需於沙、需於泥、需於血、需於酒食，最終入於穴這樣六個階段的場景，分別描述在不同情況下等待。是停頓還是前進，動靜之間的選擇，關鍵在於對「時」的把握。

譯文

需：有徵兆顯示，廣大亨通，占問吉利。利於涉越大河。

初九：滯留於郊外。利於有持守的恆心，沒有咎害。

九二：滯留在離危險更近的沙灘上，遭到了口舌是非的議論，但這些並沒有造成災禍，最終還是吉利的。

九三：滯留在泥濘中，招致入侵者到來。

六四：滯留於溝坎，乃自洞穴逃出而至此。

九五：滯留於酒食中，吉利。

上六：進入穴中，有不請自來的三位陌生客人到來。恭敬謹慎地接待，終獲吉祥。

注釋

①需：卦名。「需」有滯留、等待義。

②有孚：「孚」有二義，一為卦兆、徵兆；二為徵驗、應驗。[1]此云「有孚，光亨、貞吉、利涉大川」，是說此卦兆會有應驗，大通順、占問有利、涉險渡川順利。帛書「孚」作「復」，《周易》卦爻辭中的「孚」、「有孚」都應是筮占用語。[2]「孚」字反應了卦爻辭出於占卜的本質。

③光亨：廣大亨通。「光」通「廣」。

④利涉大川：利於涉越大河。經文屢見「涉大川」、「利涉大川」、「不利涉大川」，「川」指河流，「涉川」含有涉險之義。

⑤利用恆：利於持之以恆，沒有咎害。「用」指採用。此句指利於採用持之以恆的態度和行為。

---

1. 陳鼓應、趙建偉，《周易今注今譯》（北京：中華書局，二〇二〇），頁六九。
2. 張玉金：甲骨文中的「孚」主要是卜兆出來後的推測，是一種事先的判斷，而不是事後的記錄。相應地，《周易》卦爻辭中的「孚」、「有孚」也是卦象出來後的一種事先的推斷，所以往往是將然語氣。張玉金，〈《周易》「有孚」新探——兼論《周易》卦爻辭的性質〉，清華大學出土文獻研究與保護中心編，《出土文獻第三輯》（上海：百家出版社，二〇一二），頁二三九～二四八。

⑥需于沙，小有言，終吉：滯留在離危險更近的沙灘上，遭到了口舌是非的議論，但這些並沒有造成災禍，最終還是吉利的。「有言」在《易經》多指「有怨懟、指責、是非議論、譭謗」等，此處指有了口舌是非的議論。

⑦需于泥，致寇至：滯留在泥濘中，招致入侵者到來。「泥」指泥潭，危險而不能拔足之地。「致」是招致，「寇」本為動詞，入侵、劫掠，此處用作名詞，指入侵者。

⑧需于血，出自穴：滯留於溝坎，乃自洞穴逃出而至此。「血」通「洫」（ㄒㄩˋ）[3]，指溝坎「穴」指洞穴，藏身之地。

⑨需于酒食：滯留於酒食中。此爻所示的物質條件優裕，有志者當在此時蓄力，擇機出離坎境。

⑩入于穴，有不速之客三人來：進入穴中，有不請自來的三位陌生客人到來。「不速之客」指不請自來的客人。「三」這個數字，在《易經》中屢屢出現，有時實指為「三」，有時虛指為「多」。

賞析與點評

需待的次第

「需」是滯留，是等待。爻辭中的郊、沙、泥、血、酒食象徵所滯留的不同環境。「需于郊」是說停留在廣闊的郊野中，要有持久等待的恆心，做好長期停留的打算，不要急於前行，這樣做是有利的。「需于沙」是說滯留在沙灘上等待，行走不易，但是這裡不會陷進去，最終會吉利。「需于泥」是說滯留在泥坑裡等待，陷於泥淖會招致入侵者趁機而來，要做好防範的準備。「需于血」是說從洞穴出逃而來，卻又滯留在溝坎中，情況不利，需要耐心等待，不要失掉信心。「需于酒食」是說滯留在酒食中，有吃有喝，條件優裕，但總體的環境還是處在上卦坎卦之中，需要蓄力以待，當時機成熟時，再一舉脫離坎境。上六爻講到「不速之客」的到來，指需卦到達上爻時，即將脫離需待的卦時，將由等待變為行動，此時會有外客來訪，是由靜轉動的試探和契機，當以恭敬謹慎的態度接待，終獲吉利。

---

3. 尚秉和：血，洫之省字。古文如此者。不可勝數。且溝洫亦坎象也。尚秉和，《周易尚氏學》（鄭州：中州古籍出版社，二〇〇八），頁八四。

《易》、《老》之「三」數的內在關聯

需卦上九爻辭之「不速之客三人來」，其中的「三」，可實指三人，亦可形容多人。《周易》古經經文屢次出現「三」[4]，有時確為實指「三」，如「再三瀆」、「王用三驅」等，而更多情況下是用於虛指，形容時日或數量之多，這是因為《周易》經卦（或稱單卦）是由三個爻組成，兩個經卦相重而成為六爻的別卦（或稱重卦），三爻的經卦原本是一個整體，因而以爻數達到「三」為多。

老子從運動變化的觀點出發，提出了「道生一，一生二，二生三，三生萬物」（四十二章）宇宙生成說，這即是受《易》的啟示，也是對《易》變易觀念的發揮。老子以「三」為多數，合於《周易》古經。《易》的演化過程是由簡而繁的，是以陰（--）、陽（—）為基本要素，先搭配成「四象」，然後在此基礎上演成八卦和六十四卦。這個過程本身就內含有一分為二的變化法則。故《周易．繫辭》曰：「《易》有太極，是生兩儀，兩儀生四象，四象生八卦。」

「《易》有太極」，如《老子》「道生一」；「兩儀」即陰陽，如《老子》「一生二」的「二」；「四象」指陰陽爻相配合所得的少陽、老陽、少陰、老陰，是從太極到兩儀再到四象的第三層，對應於《老子》的「二生三」的「三」；「四象生八卦」則對應於

《老子》的「三生萬物」，其對應關係如下圖：

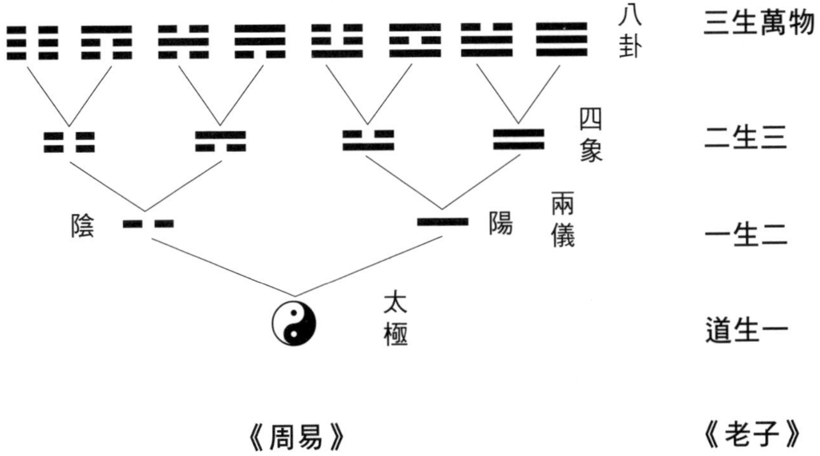

4.《周易》古經經文中「三」這個數字頻出，如蒙卦卦辭「初筮告，再三瀆」、需卦上六「有不速之客三人來」、訟卦九二「其邑人三百戶」、上九「終朝三褫之」、師卦九二「王三錫命」、比卦九五「王用三驅」、同人卦九三「三歲不興」、蠱卦卦辭「先甲三日，後甲三日」、坎卦上六「三歲不得」、晉卦卦辭「晝日三接」、明夷卦初九「三日不食」、解卦九二「田獲三狐」、損卦六三「三人行，則損一人」、困卦初六「三歲不覿」、革卦九三「革言三就」、漸卦九五「婦三歲不孕」、豐卦上六「三歲不覿」、巽卦六四「田獲三品」、九五「先庚三日，後庚三日」、既濟卦九三「三年克之」、未濟卦九四「三年有賞於大國」。

訟卦第六

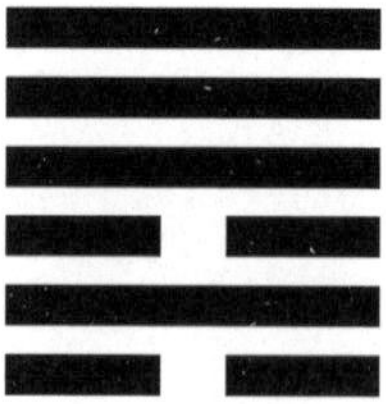

坎下　乾上

訟①：有孚，窒惕②，中吉③，終凶。利見大人④，不利涉大川。

初六：不永所事⑤。小有言⑥，終吉。

九二：不克訟⑦。歸而逋，其邑人三百戶，无眚⑧。

六三：食舊德⑨，貞厲，終吉⑩。或從王事，无成⑪。

九四：不克訟。復即命⑫，渝，安貞，吉⑬。

九五：訟。元吉⑭。

上九：或錫之鞶帶，終朝三褫之⑮。

導讀

訟卦是《周易》古經中最先涉及到訴訟的一卦，卦中記錄了古代爭訟、打官司的情況。卦辭説明訟的原因，產生爭訟是因為「窒惕」，人與人之間的關係閉塞、溝通不暢、產生矛盾對立無法達成和解，因而內心產生怵惕（恐懼不寧），因此提起訴訟。訟卦六爻涉及了在六種不同情況下的爭訟，總體上以息訟為主要指導思想，爻辭給出了中肯的建議。

譯文

訟：有徵兆顯示，因窒塞而怵惕，過程吉利，最終凶險。利於見到貴人，不利於涉險渡河。

初六：不去長久地糾纏於爭訟之事。稍有一些爭辯的口舌是非，最終吉利。

九二：不能贏得訴訟。返歸而逃亡，封地采邑中的三百戶人家，沒有災禍。

六三：享用舊的恩德（「吃老本」），占問危險，最終會吉利。抑或從事王公事務，無所成功。

九四：爭訟沒有勝訴，返回後服從判令。改變（爭訟的態度），占問平安與否，吉利。

九五：訟事，大為吉利。

上九：或許（因為強訟而）得到官服革帶的賞賜，（但在）一天之內被搶奪多次。

注釋

①**訟**：卦名。如同屯與蒙以覆卦關係成對出現一樣，需與訟的卦象互為倒置，也是以覆卦的關係成對出現。

②**窒惕**：因窒塞而怵惕。

③**中吉**：中間過程吉利。

④**大人**：具有大德大才、能夠提供指導和幫助的貴人。

⑤**不永所事**：不去長久地糾纏於爭訟之事。「永」指長久，「事」是爭訟之事。

⑥**小有言**：稍微引起爭訟的口舌是非。

⑦**不克訟**：不能贏得訴訟，猶言不能勝訴。「克」指勝。

⑧**歸而逋（ㄅㄨ），其邑人三百戶，无眚（ㄕㄥˇ）**：返歸而逃亡，封地采邑中的三百戶人家，沒有災禍。「逋」是逃亡，「邑」指城邑，貴族領主的封地。「眚」的本義為眼睛長了遮蔽視線的病，後引申為災禍、災難。

⑨**食舊德**：「食」是享用；「舊德」指祖上留下的蔭祿，或者過去自己積累的福祿。

⑩**貞厲，終吉**：占問危險，最終會吉利。

⑪**或從王事，无成**：抑或從事王公（公家）的事務。「无成」指不會有成就。此爻辭可對應坤卦六三爻「或從王事，无成有終」，抑或可以從事王公的事務，個人沒有成就，但可以得到善終。

⑫**不克訟，復即命**：爭訟沒有勝訴，返回服從判令。「即」是就，「即命」指就命，意謂服從判決的結果和命令。

⑬**渝，安貞，吉**：改變（爭訟的態度），占問平安與否？吉利。「渝」指改變。

為吉利。

⑭**訟，元吉：**這場訟事，大為吉利。九五是主持訟事的決訟斷案者，主持訟事，大為吉利。

⑮**或錫之鞶（ㄆㄢˋ）帶，終朝三褫（ㄔˇ）之：**或許得到官服革帶的賞賜，一天之內被剝奪多次。「錫」通「賜」，「鞶」帶指官服革帶，「褫」意謂剝奪。此文講因強訟而受賜，不會長久。

賞析與點評

訟者，言之於公

訟卦全卦有五個「吉」，一個「凶」，可見並不一定認為訟是一件凶事，反而認為是解決矛盾的一個必要手段和途徑。主要矛盾在於當事人（或集體）內心「窒惕」，堵塞且恐懼，所以要以強訟的面目出現，卦辭「中吉，終凶」是講掌握度的問題，中道處訟，恰當地運用訟可以得到吉，過分依賴訟而過分強訟就會終凶。從古代的歷史條件而言，遇到爭訟的問題，往往要去求助於有智慧經驗、德高望重的人，「利見大人」能得到好的裁決。「不利涉大川」是說爭訟這樣的事，只能用於解決當前的矛盾，不利於涉險爭訟。

慎訟與不爭

成書於西周初期的《周易》古經，其訟卦立足於修德、謙讓來平息爭端。正如周初虞國與芮國的故事所示，這兩個國家因爭田而訴訟，連年不決，後來受西伯（周文王）謙讓仁厚之風的感動而停息了爭訟。[1]訟卦秉持這樣的理念，在六爻的爻辭中，對於不同情況下的爭訟給出了指導。初爻指出，對於那些小的口舌是非，人和人之間發生小的摩擦，只要互讓一下，就會轉變局面，化解矛盾，避免擴大事態。二爻指訴訟不贏，不要陷入其中，棄訟而回歸封邑，能保家族平安。三爻遇到訟事，因有以前積累的舊德，能渡險而終吉，或者去從事公家的事務會得到好的結局。四爻沒有勝訴，於是放棄爭訟，平安吉利。五爻是訟而大吉的爻，可以是指主持爭訟者因公平公正而使訴訟得到圓

1. 《史記．周本紀》：「虞、芮之人，有獄不能決，乃如周。入界，耕者皆讓畔，民俗皆讓長。虞、芮之人未見西伯，皆慚，相謂曰：『吾所爭，周人所恥，何往為？秖取辱耳。』遂還，俱讓而去。」

滿結局，也可以是指訴訟這件事本身獲得了大吉的結局，根據卜卦占問者的情況而定。上爻是過分強訟的例子，就算勝訴獲得了判決的賞賜，但這種強訟而得的榮耀還會被剝奪。綜而觀之，六爻均承認和肯定世上有爭訟之事，也不反對爭訟，但是卻主張恰當地把握分寸，不要過度，否則不但不利於解決問題，還可能會損失更大，甚至演變為災禍。因此，訟卦的主導思想是，事有不通，出現爭端，要收斂、節制、慎訟。

《老子》一書中，反覆強調「不爭」：使民不爭（三章）；水善利萬物而不爭……夫唯不爭，故無尤（八章）；夫唯不爭，故天下莫能與之爭（二十二章）；以其不爭，故天下莫能與之爭（六十六章）；是謂不爭之德（六十八章）；不爭而善勝（七十三章）；聖人之道，為而不爭（八十一章）。從三章到八十一章，「不爭」的思想貫穿全書。即便是有理，也不強責於人，天道無所偏愛，常與善良的人在一起：「是以聖人執左契，而不責於人。有德司契，無德司徹。天道無親，常與善人。」（七十九章）

強訟者，必有所矜

訟卦上九爻「或錫之鞶帶」，以強訟獲勝，得到官服革帶的賞賜。王力（一九〇〇—一九八六）說：「凡不能守柔，不善下而好爭者，必有所矜也。黷武者，矜其國富兵強；健訟者，矜其賂重援廣。雖然，矜善遊者恆溺，矜善騎者恆墜。是矜者，事之賊也。」[2]好爭而且強爭的人，一般來說是有所仰仗，那些窮兵黷武的國君，仰仗國富兵強；而那些強訟的人，仰仗能夠用賄賂打通關節，能有更多關係和後臺的支持。但是，《老子》說「企者不立，跨者不行……自矜者不長」（二十四章），這種仰仗特權而強爭的行為，即便一時得逞，決不會長久。訟卦上九爻強訟所得的官服革帶，很快就被「終朝三褫之」，此足以為自矜而強爭者戒。

2. 王力，《老子研究・道用・非戰》（天津：天津古籍書店，一九八九），頁九四。

師卦第七

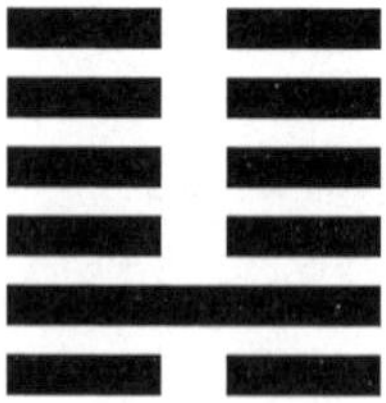

坎下　坤上

師①：貞，丈人吉，无咎②。

初六：師出以律，否臧，凶③。

九二：在師中，吉，无咎。王三錫命④。

六三：師或輿師，凶⑤。

六四：師左次，无咎⑥。

六五：田有禽，利執言，无咎⑦。長子⑧帥師，弟子輿⑨屍，貞凶。

上六：大君有命，開國承家，小人勿用⑩。

導讀

師卦的主題是軍事、戰爭。當爭訟沒有按照慎訟、息訟的方式得到及時化解，致使矛盾衝突進一步升級，就會爆發戰爭。戰爭是政治博弈的延續，是以武力對抗的方式，雙方兵戎相見，以兇殘血腥的互相殺戮為代價。師卦由下卦坎和上卦坤組成，坎為水、為險，坤為地、為眾，組合在一起，是水在地中之象，也是兵在民眾中之象。

師卦卦辭是在戰言戰，戰爭發生，將帥準備帶兵出征，要先向天占問，如果符合天道正義，得到吉兆，出征才可以无咎。師卦六爻則分別論述了戰爭自始至終的全過程中，六個階段應遵循的原則。

譯文

師：占問，大人吉利，沒有咎害。

初六：軍隊出兵必須嚴守軍紀，如果軍紀得不到嚴格執行，會有凶險。

九二：在軍隊中，吉利，沒有咎害。得到君王多次嘉獎賞賜的詔命。
六三：軍隊或會出現用車運載戰死士兵屍體的狀況，凶。
六四：軍隊退守駐紮，沒有咎害。
六五：田中有禽獸侵犯，利於拘捕擒縛，沒有咎害。長子統帥軍隊，弟子用車子運載屍體，占問有凶險。
上六：君王頒布詔命，（賞賜有功者）或建國封侯，或立家封為大夫，小人不可任用。

注釋

①**師：**卦名。「師」是師旅、師眾。古之民，無戰事則為農眾，有戰事則為兵眾。「師」字原指古代軍隊編制單位，如《說文》云：「二千五百人為師。」後泛指軍隊，引申指眾、眾人。

②**貞，丈人吉，无咎：**占問，大人吉利，沒有咎害。「丈人」在《子夏易傳》作「大

人」，軍旅堅守正道，紀律嚴明，首領（丈人）必受擁護，故无咎。[1]

③**師出以律，否（ㄆㄧˇ）臧，凶：**軍隊出兵必須嚴守軍紀，如果軍紀得不到嚴格執行，會有凶險。「律」指軍紀、紀律。「否」是否定詞，指「不」，帛書本即作「不」。「否臧」意謂不善，指失律、軍紀廢弛。

④**王三錫命：**得到君王多次嘉獎賞賜的詔命。「錫」通「賜」，「命」是詔命。

⑤**師或輿尸，凶：**軍隊或會出現用車運載戰死士兵屍體的狀況，凶。「或」是或許、或然，「輿」指車，此處用作動詞，表現以車運載。此爻表現了戰爭的殘酷，己方或會傷亡慘重，呈現凶象。這裡的「或」字表示一種可能性，戰爭的勝敗取決於彼此雙方以及外在的綜合因素，在敵方更差或者天時變化的特殊情況下也可能免禍，但本爻辭指出，己方的行為是取凶之道，慘敗輿屍的可能性更大。

⑥**師左次，无咎：**軍隊退守駐紮，沒有咎害。古代以右為上，與之相對的「左」則

---

1. 唐明邦主編、評注，《周易》（武漢：長江文藝出版社，二〇一八），頁二一。

有處下退避之意。「次」指臨時駐紮。此爻說明在形勢不利的情況下，不可違背常規一意孤行，而應進退有度，保存實力，方可无咎。退守也是用兵的通常之法。

⑦**田有禽，利執言，无咎：**田中有禽獸侵犯，利於拘捕擒縛，沒有咎害。「田」指己方的田地、領地，「言」是文言助辭，同「焉」。此爻表明當有外敵入侵領地的時候，利於果斷地派軍隊去擒縛凶敵。

⑧**長子：**陽剛有能力的軍事統帥。

⑨**弟子：**才能弱、行為魯莽的軍事將領，出兵會遭受傷亡。

⑩**大君有命，開國承家，小人勿用：**君王頒布詔命（賞賜有功者），有的人被封侯授國，有的人立家封為大夫，小人不可任用。此爻表示戰爭結束，取得勝利，論功行賞。功績大者封為諸侯，次一等封為大夫，但爻辭提醒，小人不可任用。

賞析與點評

「國之大事，在祀與戎」——祭祀與戰爭是古代國家最大的事情

師卦對人類社會現實中不斷發生的戰爭，從經驗出發對戰爭的合法性和取勝方法進行了總結，「國之大事，在祀與戎。」（《左傳．成公十三年》）在古代，祭祀與戰爭是國家最大的事情。師卦的卦、爻辭中強調當戰爭不可避免時，在不得已情況下興師動眾、出師征戰，首先要向上天卜問吉凶，獲得上天的支持和護祐，方可興師。六爻分別從用兵、用帥、進退、論賞等環節進行了總結：用兵要嚴明軍紀；用帥要資深望重，信而不疑，切忌令出多人；根據時機戰勢可進可退，不固執一端；處於統治地位的人，只有當面對侵略者而出於不得已時，發起戰爭才是合法正義的；戰爭勝利慶功封賞要保持清醒，要為長治久安奠定根基，做長遠打算。總體而言，《易》對於戰爭這樣的國之大事抱有積極應對的態度，總結戰爭經驗，維護正義，爭取勝利，以最終結束戰爭，獲得安定的局面。

老子的戰爭觀

老子反對戰爭，這在《老子》書中有非常清楚地表達：「以道佐人主者，不以兵強天下」（三十章）、「兵者不祥之器，非君子之器」（三十一章）、「天下有道，卻走馬以糞；天下無道，戎馬生於郊」（四十六章），其反戰的態度鮮明。但他也對現實中無法避免的戰爭現象有著客觀深刻地認識，當不得已必須面對戰爭的時候，他提出「不得已而用之，恬淡為上」（三十一章），也提倡在戰爭中不失慈愛之心，「夫慈，以戰則勝，以守則固。天將救之，以慈衛之」（六十七章）。然後也講到，既然已投入戰爭，就要以善戰而勝敵，「善戰者，不怒；善勝敵者，不與」（六十八章），強調冷靜地控制情緒，沉著應戰，要善於勝敵，真正的善戰是不與敵戰而取勝，這成為後來的《孫子兵法》「不戰而屈人之兵，善之善者也」的思想核心；對於具體作戰過程中必須用兵的情況，老子提出了用兵的原則，「以正治國，以奇用兵」（五十七章），強調出奇致勝；「用兵有言：吾不敢為主，而為客；不敢進寸，而退尺」（六十九章），其慎進的思想與六四爻所主張的「師左次，无咎」一致。當戰爭獲勝之時，老子體現出了深沉的悲憫情懷，「殺人之眾，以悲哀泣之，戰勝，以喪禮處之」（三十一章）。

比卦第八

坤下　坎上

比①：吉。原筮②，元永貞③，无咎。不甯方來，後夫凶④。

初六：有孚比之⑤，无咎。有孚盈缶⑥，終來有它，吉⑦。

六二：比之自內⑧，貞吉。

六三：比之匪人⑨。

六四：外比之，貞吉⑩。

九五：顯比⑪。王用三驅⑫，失前禽⑬，邑人⑭不誡，吉。

上六：比之无首⑮，凶。

導讀

比卦象徵人與人、人與群體或群體與群體之間的親和互助，強調與人親比的重要性。每個單一個體的人是弱小的，人要在自然界中生存，獲得安全保障，在矛盾紛爭中取勝，就需要親族、朋友、同盟、群體、部屬間的相互扶持與協作，才有力量克服困難和危險，追求更好的生活。然而，親比有道，不可苟合，比卦對此給出了相應的原則。

譯文

比：吉利。初次占筮，是至大且長久的吉兆，沒有咎害。不安寧的方國來歸附，後面來晚了的人有凶險。

初六：卦兆顯示親近他人沒有咎害。有徵兆顯示瓦罐滿滿的，縱使有意外之患來擾，仍為吉利。

六二：自己主動與別人親近，占問吉利。

六三：親近了不該親近的人。
六四：別人來與自己親近，占問吉利。
九五：尊貴者親比。王使用三面圍獵的田獵法，放走在前面奔逃的獵物，屬邑之人不做戒備攔截，吉利。
上六：親近不到可依靠的首領，凶險。

注釋

①**比：**卦名。「比」字的字形象徵二人密切親近，故比卦的卦、爻辭皆講親近之事。

②**原筮：**即最初占筮、初次占筮。

③**元永貞：**「元」為大，「元永貞」即「大永貞」，大而長久的占問，此為大吉之兆。

④**不甯方來，後夫凶：**不安寧了才來，遲至者有凶險。「不甯」指不安寧，「方」指方國、邦國；「不甯方來」蓋謂不甯之方國來歸附也。[1]「後夫」指後面來晚的人。

⑤**有孚比之：**有卦兆顯示親近他人，沒有咎害。「之」代指他人。

⑥**有孚盈缶**：有徵兆顯示瓦罐滿滿的。「缶」是古代一種口小肚子大的瓦器，類似現在的瓦罐，一般用來盛酒漿。《說文》：「瓦器，所以盛酒。秦人鼓之以節歌。」缶中盛滿了酒漿，打著節拍、敲擊著唱歌，既是「盈缶」之象的喻意，充滿了真誠的喜悅。以歌樂與人共樂，是親和之意。

⑦**終來有它，吉**：縱使有意外之患來擾，但仍為吉利。「終來」即「縱使」；「它」是古人對意外之患之稱。[2]此爻辭是說縱使有意外之患來擾，但因為與人親和，還是吉利的。

⑧**比之自內**：自己主動與別人親近。「內」指從自己的內在出發，主動去親比。

⑨**比之匪人**：親近了不該親近的人。「匪」同「非」，「匪人」是指不對的人、不應該的人。

⑩**外比之，貞吉**：主動向外與人親比，占問吉利。「外」指向外，指向自身範圍之

---

1. 屈萬里，《周易集釋初稿》，收入《讀易三種》（臺北：聯經出版公司，一九八三），頁七二。
2. 《說文》：「它，虫也。从虫而長，象寃曲垂尾形。上古艸居患它，故相問無它乎。凡它之屬皆从它。蛇，它或从虫。」

外去親比。在《周易》卦中，下卦也稱內卦，上卦亦稱外卦，就六四爻而言，「外比之」即是向上與九五爻親比。

⑪**顯比**：彰顯親比之情。「顯」表示彰顯、公開。

⑫**王用三驅**：王使用「三驅」的田獵法，放走在前面奔逃的獵物，屬邑之人不做戒備攔截，吉利。「三驅」指打獵時三面圍獵，網開一面，舍逆取順，獵捕入圍者，奔逃者聽其自去。

⑬**失前禽**：「失」同「佚」，指放縱、放走。「前」指在前面奔逃，「禽」指被圍獵的山禽野獸，即獵物。

⑭**邑人**：狩獵所在的屬邑之人，協助王攔截獵物。「誡」同「戒」，帛書本即作「戒」，指戒備，此處指攔截；「不誡」即指對前逃的獵物不做攔截。

⑮**首**：首領。

賞析與點評

擇人而親

比卦是一個吉利的卦，總體的形勢是親比團結為吉，因此越早採取親比的行動越好。卦辭強調親比是吉祥的，利於長久和諧發展。爻辭中則主要説明不同情況下的親比原則：以真誠喜悦之心與人親比和樂、發自內心地親比、向外去與人親比、公開地彰顯親比之情，這些行為占問的結果皆為吉利。但並非所有的親比都會獲吉，六三爻提醒，要防止找錯親比的物件，避免所托非人，受到傷害。既要謹慎地擇友而交，擇人而親，更要「良禽擇木而棲」，一定要交益友、遠損友，結善盟、舍惡盟，投明君、棄昏君。上六爻即是卦辭中的那個「後夫」，親比不到可依靠的首領，落入凶險的境地。

無比之比

從群體狀態而言，對於「親比」這樣的行為，老子認為還不錯，但只能形成次一等的關係，最好的關係應是渾然不覺的自然態，堪稱無比之比：「太上，下知有之；其次，親而譽之；其次，畏之；其次，侮之。」（十七章）人需要結群以抵禦風險，形成命運共同體，於是就有了親比行為，形成群體就需要組織者和領導者，於是就有了上下級的關係，居上位者就有了主宰和左右他人命運的權力，久而久之，他們開始利用權力以獲取更多人的推崇，採用誘導或者威迫等手段，使人親比於己，這就會在整個群體中形成爭奪之心，各種矛盾衝突甚至戰爭殺戮就會隨之而來。這都是因為居上位者忘記了人們原本是平等自然的本原狀態，聚在一起只是需要一個代言人，「下知有之」的「無比之比」是最好的群體狀態。只是後來的為政者被權力欲所鼓動，自我放縱而不知節制，狀態就一路滑下去，百姓的反映——從知有之，到親譽之，接著畏之、侮之，社會由治到亂的過程就逐漸形成了。老子箴言所向，是居於上位的侯王，這是他身為史官，看透事物變化的規律後給出的勸告。老子勸誡侯王，對於親比和讚譽要有清醒的認識，對於自身的權力欲要予以節制，「功成事遂，百姓皆謂：我自然」（十七章），方為美政。

天道何親

從個人的修為來說，人應與什麼親比？老子給出勸告：「名與身孰親？身與貨孰多？」（四十四章）強調對於名利的追逐要能「知足」、「知止」，方能長久平安。「故不可得而親，不可得而疏；不可得而利，不可得而害；不可得而貴，不可得而賤。故為天下貴。」（五十六章）強調不要刻意地區分親疏貴賤，才能夠玄妙齊同，合於道的境界才是最尊貴的。「天道無親，常與善人」（七十九章）天道沒有偏愛，常和善人在一起。善人之所以得助，是因他常存善意，自然為善的結果。

從以上對比來看，老子對於比卦所宣導的親比行為，既有正面的肯定，也提出了暗藏其中的弊端，尤其對於那些侯王而言，更容易走向異化和親比的反面，因此，老子提出了振聾發聵地忠告。

小畜卦第九

乾下　巽上

小畜①：亨。密雲不雨，自我西郊②。

初九：復自道③，何其咎？吉。

九二：牽復。吉。

九三：輿說輻，夫妻反目④。

六四：有孚血去，惕出⑤无咎。

九五：有孚攣如⑥，富以其鄰⑦。

上九：既雨既處⑧，尚德⑨載，婦貞厲；月幾望，君子征凶。

導讀

小畜，其義為小有所蓄。小畜卦的卦辭、爻辭表現的場景是農耕生活中夫妻出門到田野耕種，遇到種種或喜或憂的情況。盼著老天下雨，可以澆灌農田，然而雲層只是蓄積，雨卻遲遲不下。夫妻經歷了去而復返、因車子壞了而爭吵、重歸於好、與鄰里大方共享，最終雨下來了，雨又停了。日子就這麼過著，既然居家的生活小康安穩，就不要出行了，出去很可能會遭遇風險。從小畜卦中，可以看到農耕文明的安穩、恬淡與保守。

譯文

小畜：亨通。密集的含雨之雲蓄積不夠尚未降下雨來，雲自西向東飄行。
初九：從來時的路返回去，怎麼會有咎害呢？吉利。
九二：拉著車子返回，吉利。

九三：車子脫落了輪輻，夫妻爭吵失和。
六四：有徵兆顯示憂患已去，危惕解除而无咎害。
九五：有徵兆顯示牽繫緊密，富裕了能夠惠及近鄰。
上九：雨已經降下又停了，差不多能讓車子載物前行，婦女占問危厲；月亮接近滿圓的十五，君子出行會有凶險。

注釋

①**小畜（ㄒㄩˋ）**：卦名。「畜」同「蓄」，有蓄積、積聚義。「小畜」指小有蓄積。

②**密雲不雨，自我西郊**：含雨之雲蓄積不夠因而尚未降下雨來，密雲自西向東飄行。崔寔〈農家諺〉曰「雲往東，一場空」。

③**復自道**：「復」指返回，「道」指舊路、來路。不走生路，而從舊路返回，表示對路況很熟悉，故曰「何其咎？吉」。

④**輿說輻，夫妻反目**：「輿說輻」是指車子與輪輻相脫離，象徵不能前行，「說」

同「脱」。「夫妻反目」喻指爭吵失和。這兩種現象都有不和之象。

⑤**血去，惕出**：「血」當作「恤」，憂也（《釋文》引馬融注）[1]，陰憂之象，象徵憂患、陰陽相傷。「血去」指憂患離去，「惕」指怵惕、危惕，「出」指出離、解除。此爻象徵已度過憂患，解除了危惕，陰陽復歸於和，夫妻重歸於好。

⑥**攣如**：牽繫緊密的樣子。

⑦**富以其鄰**：「以」猶「與」，「富以其鄰」即「富與其鄰」，不獨享其富，而將餘澤施及鄰人，共同富裕。

⑧**既雨既處**：「既」指已經；「雨」在此處作動詞，降雨之意；「處」指停止，這裡指雨停了。此爻象徵小畜之終。

⑨**尚德**：「尚」指差不多，《左傳·昭公十三年》：「靈王卜曰：余尚得天下。」「德」同「得」。

---

1. 周錫䪖，《周易導讀及譯註》（香港：中華書局，二〇一七），頁一〇七。

賞析與點評

富以其鄰——小有所畜，與鄰分享

事物的發展最初都要經歷一個醞釀蓄積的過程，這是小畜卦首先所要告訴人們的。第二，小畜是一個逐漸積累的過程，在這個過程中，最忌自私貪婪，宜時時警惕，爻辭所謂「惕之无咎」、「有孚攣如，富以其鄰」、「尚德（得）載，婦貞厲」等就是這個意思。當有所蓄積，過上小康生活的時候，要與鄰人分享，幫助周圍的人，共同過恬淡自足的生活。《老子》在八十章的「小國寡民」，是老子為小國設計的自處之道，在這樣的社會裡，沒有戰亂，沒有重賦，沒有暴戾和兇悍，每個人單憑自己純良的本性生活，民風淳樸厚實，與文明的污染相隔絕。這幅上古時代百姓安足和諧的生活畫面，頗富詩意。[2]但老子中並沒有非要「小國寡民」不可的主張，他還常常提到如何治理大國、統領天下的問題，如「治大國，若烹小鮮」（六十章）主張無為而治；「大邦者下流，天下之交，天下之牝」（六十一章），主張謙下不爭等，這些都是為大國設計的治國安民的方案。無論是治理小國還是大國，老子主張「戒貪」、「謙柔」、「不爭」、「無為而治」的思想是一以貫之的。

恬淡自然的農耕生活

小畜卦是專門描寫農業的卦，該卦以恬淡簡潔的筆觸描述了古代農耕生活的片段，再現了三千年前一幅生動的生活場景。農耕有所收成主要依靠陽光、降雨和農人勤勞耕種。卦辭「密雲不雨，自我西郊」，可以想像當時的場景——農人在田間彎腰勞作，不時地直起身眺望天邊，他看到在西郊的天空聚積了濃密的雲，有經驗的農人知道，雲從西邊起，雨一時落不下來。爻辭描述了在「密雲不雨」的情況下，農人夫婦的行動軌跡。夫婦在田地裡勞作一天之後要回家去了，他們把在田裡收割的農作物放進車子裡，拉著車往回走。車子在路上遭遇故障——輪輻脫落了，夫婦倆為此爭吵了幾句，但很快就重歸於好，繼續拉著車子回家。回到村子裡，夫婦倆把自己的收穫分享了一些給鄰居，然後才進到自家。當農人夫婦家的屋頂上冒起炊煙時，雨下來了，不久雨就停了，夫婦倆商量著還可以拉著車再出去帶一些東西回來，但天已經黑下來了，清爽的月亮升起來，又大又亮，接近於滿月，他們於是進行了占卜，結果顯示婦女夜晚不宜出去，丈夫也不

---

2. 陳鼓應，《老子導讀及譯註》（新北：臺灣商務印書館，二〇二一），頁二二九。

能在這樣的夜晚出去了，否則可能有凶險。農人夫婦於是在月光下安靜地守在家中。

小畜是充滿田園生活氣息的卦，天地之間雲行雨施，月升日落，先民在天地間勞作、生活，休養生息，淳樸自然，千年如此。唐代詩人王維的〈渭川田家〉寫道：「斜陽照墟落，窮巷牛羊歸。野老念牧童，倚杖候荊扉。雉雊麥苗秀，蠶眠桑葉稀。田夫荷鋤至，相見語依依。」詩句描寫的正是上接千載、古風猶存的田園生活。

履卦第十

兌下　乾上

〔履〕①：履虎尾②，不咥人③，亨。

初九：素履，往无咎④。

九二：履道坦坦⑤，幽人貞吉⑥。

六三：眇能視，跛能履，履虎尾，咥人，凶⑦。武人為于大君⑧。

九四：履虎尾，愬愬，終吉⑨。

九五：夬履，貞厲⑩。

上九：視履考祥，其旋元吉⑪。

導讀

履卦講踐履之道，可看作是人生旅途之寫照。卦辭以「履虎尾」之象，象徵履道之凶險，告誡在旅途中當倍加小心。「不咥人」是指可以有方法不會被「虎」吃掉，化險為夷，而且還能夠亨通。什麼方法呢？九四爻回答得很清楚，「履虎尾，愬愬，終吉」，此為全卦的宗旨，總體來說，就是要謹慎、戒惕、謙遜，以柔克剛。

譯文

〔履〕：踐履在老虎的尾後，老虎沒有回頭咬人，亨通。

初九：樸素純正地踐行，前往沒有咎害。

九二：踐行的道路平平坦坦，幽隱之士占問吉利。

六三：一隻眼是瞎的，卻自以為能看清；一條腿是瘸的，卻自以為能走遠，踩踐在老虎的尾後，被老虎咬齧，凶險。莽撞而無才德之人代行大君之事。

九四：謹慎戒懼，終有吉利。

九五：剛決獨斷地踐履，占問則有危厲。

上九：檢視自己所走過的路，考察外界所呈現出的吉凶之兆，如此返回時則有大吉。

注釋

①〔履〕：卦名。「履」本義謂鞋，用作動詞為踐履、遵行、實踐義。今本經文中無此「履」字，帛書、上博簡均與今本同。但六三、九四爻辭也有「履虎尾」，可見此三字表達一個完整的意象。若無此「履」字為卦名，則卦辭為「虎尾，不咥人」，不通。已有舊說言此處脫字。[1]先卦名，後卦辭，此為全書通例。此處沿用舊說，並以〔〕符號標出，否卦、同人卦等亦同此例。

②**履虎尾**：尾隨行走於老虎後面，比喻人處於險境。

③**不咥人**：「咥」是咬齧，「不咥人」指人處於險境之中，卻能夠化險為夷、安然

無恙，並且最終將會亨通。

④素履，往无咎：樸素純正地踐行，前往沒有咎害。「素」本義指沒有染色的絲綢，喻指樸素純正。

⑤履道坦坦：踐行的道路是平平坦坦的。

⑥幽人貞吉：幽隱之士貞問吉利。

⑦眇能視，跛能履，履虎尾，咥人，凶：一隻眼是瞎的，卻自以為能看清，一條腿是瘸的，卻自以為能走遠，踩踐在老虎的尾後，被老虎咬齧，凶險。此爻辭比喻能力弱的人卻剛愎淩人、自逞其強，遭到老虎咬齧。「眇」義為少一目，指一隻眼是瞎的；「跛」指瘸一腿。

⑧武人為于大君：莽撞而無才德之人代行大君之事。「武人」指缺少智慧德行而依

---

1. 南宋馮椅《厚齋易學》謂：「履、否、同人諸卦舊脫卦名，後劉沅、高亨等均襲其說，並有詳細論證。」高亨：「履」字當重。「履：履虎尾」者，上「履」字乃卦名，下「履」字乃卦辭，此全書之通例也。高亨，《周易古經今注》（上海：上海書店出版社，一九九一），頁三七。

靠武力的人，「為」指代，「於」是介詞。意謂武人本無治國之才，偏要代君執政，定無好下場。[2]

⑨愬愬，終吉：指常懷戒懼謹慎之心，踐履行事如臨深淵，如履薄冰，終獲吉利。

⑩夬履，貞厲：剛決獨斷地踐履，占問則有危厲。「夬」同「決」，指剛決獨斷、剛愎自用。這樣的踐履態度和方式，會有危險。

⑪視履考祥，其旋元吉：檢視自己所走過的路，考察外界所呈現出的吉凶之兆，如此返回時則有大吉。「視」是檢視、檢討，「履」在此處指所踐履、走過的路，「考」是考察，「祥」指外界所呈現出的吉凶徵兆。徐鉉（九一六—九九一）曰：「祥，詳也。天欲降以禍福，先以吉凶之兆詳審告悟之也。」「旋」是返還。

賞析與點評

《易經》之「道」與《老子》之「道」

《周易》古經中有幾處出現的「道」字，都是指具體的道路，見復卦卦辭、小畜卦初九、履卦九二、隨卦九四爻辭。在中國哲學史上，最早把「道」作為天地萬物總根源和存在本體的是老子。[3]

「道」的字義由行走、運行引申出秩序、方法、規准、法則等意涵。這些重要意涵，為老子之前的思想家及老子之後的戰國諸子所共同使用，並各自賦予特殊的內涵。自殷周以降，人們探索日月星辰等天象運行的規律，稱作「天道」；建立人類社會行為的規範，叫作「人道」。老子進一步將「天道」與「人道」均統攝於其形上之道中，老子是第一個提出形上之道的概念和理論的哲學家。[4]可見，老子對於《易》的發掘繼承，不是簡單地照抄照搬，而是站在他自己的時代高度，用他自己所具有的抽象思維水準，對《易》提供的辯證思維的原始胚胎，進行了去粗取精的再創造，因而《老子》同《易》比較起來又有自己獨特的體系和風格。[5]

---

2. 唐明邦主編、評注，《周易》（武漢：長江文藝出版社，二〇一八），頁二八。
3. 李振綱，《儒道匯融大生命視域下的《周易》哲學研究》（北京：人民出版社，二〇二一），頁四五。
4. 陳鼓應，《老子導讀及譯註》（新北：臺灣商務印書館，二〇二二），頁二一。
5. 黃釗，〈論《老子》哲學同《易》的血緣關係〉，《廣西師範大學學報（哲學社會科學版）》第二期（一九八五，桂林），頁一五～二一、三二。

履道尚柔

「履」字的本義指鞋子，動詞化後，引申出「輕柔前行」的隱喻義，在德行、規則、職責的語境下，引申出「遵行」的隱喻義；在面對具體事物時，引申出「柔順通過」的隱喻義。「履」字的核心義是遵行，是執行外來的標準，而不是自行其是，「履」指執行者、服從者。從卦爻象和卦爻辭所表述的內容可知——履道尚柔。運用到社會人事中，體現為各階層的人各自履行本分、對於社會規則制度的遵從和踐履，所謂非禮弗履。運用到天道自然中，則體現為「萬物莫不尊道而貴德。道之尊，德之貴，夫莫之命而常自然」（《老子》五十一章）的自然踐履。

高明柔克

履卦的卦、爻辭中，三次出現「履虎尾」，但結果卻不同。卦辭講的是總體上來說可以避凶而亨通。爻辭中，六三和九四同樣面對「履虎尾」的局面，其結果卻相反，一個「咥人，凶」，一個「終吉」，關鍵的區別在於兩者的態度不同：六三「眇能視，跛能履」，能力不足卻自負逞強，結果喪身「虎口」；九四恐懼戒慎、謙遜柔和地應對，得以終吉保全。

「柔弱勝剛強」的思維只是隱含在履卦爻辭中，老子則將其作為重要的顯明性命題反覆申說。這個命題向上承續《易經》、《尚書》，向下影響了《易傳》。《尚書．洪範》：「三德一曰正直，二曰剛克，三曰柔克。」王博指出：「剛柔對言，于文獻蓋始於此。老子言剛柔，或即承此而來。又《尚書》認為，須針對不同的情形來運用剛德或柔德，如『沉潛剛克，高明柔克』。可知〈洪範〉有剛可勝柔，柔能克剛之義，老子主要發揮了『高明柔克』之方面，故盛言柔弱之為用，主『弱有勝強，柔能勝剛』。」[6]《老子》將「柔弱」推至極致，便是「無為」，「天下之至柔，馳騁天下之至堅。無有入無間。吾是以知無為之有益。」（四十三章）徐復觀（一九〇四－一九八二）指出：「柔弱之至，即是無為」，「在老子的以柔弱為主的人生態度的後面，實有一種剛大自主的人格的存在。」（《中國人性論史．先秦篇》）達到極致的柔弱，卻最終勝過了剛強，這正是履道尚柔、高明柔克的精神。

---

6. 王博，〈老子思維方式的史官特色〉，陳鼓應主編《道家文化研究》第四輯（北京：三聯書店，一九九四），頁四六～五二。

為政如臨虎尾

為政者踐履政事、為政臨民，如果能夠做到像跟在老虎後面將要踩到老虎尾巴那樣的心存敬畏、如履如臨，則雖危而無害，亨通而長久（「履虎尾，不咥人，亨」）；如果能做到胸襟坦白，無私無欲（「素履往」），而又行為謹慎，考慮周詳，則大吉（「履虎尾，愬愬終吉」）。7

老子說「古之善為士者」，「豫兮若冬涉川；猶兮若畏四鄰；儼兮其若客；渙兮其若冰釋。」古代善於行道的人，就像踩在將要消釋的薄冰上一樣，謹慎的態度如「履虎尾」，「保此道者，不欲盈，夫唯不盈，故能蔽而新成。」（十五章）如果一隻眼是瞎的，卻還自以為視力好，一條腿是瘸的，卻自以為腳力好，強行妄作，履於虎尾（「眇能視、跛能履，履虎尾」），很快就會遭到到老虎齧咬吞食（「咥人，凶」），因為「武人為于大君」，做事莽撞而無才德的人，卻要行大君之事，必遭凶險，這是德不配位的後果。

人生旅途的「視履考祥」

履卦上九爻辭「視履考祥，其旋元吉」，「視」是指自我檢視，「履」指自己所踐履走過的路，這是一種回顧和內省，「視履」是指反省自身的心路歷程。「考」是考察，「祥」是外界所呈現出的吉凶之兆，「考祥」是指考察外部的吉凶得失。這段爻辭是指一個人（或團體、國家）走過一段人生的旅途，當回過頭來檢視自己所走過的路時，通過內省和外察，對於主、客觀有一番審視和評價，對吉凶得失有一份清醒的省察和認識，可資日後借鑒。如果無愧於心，則返歸時就是大吉了。這段話所表現的可以說就是一種人生旅途的「視履考祥」。

7. 尹振環，〈由帛書《易之義》看《易》《老》之關係〉，陳鼓應主編《道家文化研究》第十二輯（北京：三聯書店，一九九八），頁一二四～一二五。

泰卦第十一

乾下　坤上

泰①：小往大來②，吉亨。

初九：拔茅茹，以其彙，征吉③。

九二：包荒④，用馮河⑤，不遐遺⑥，朋亡⑦，得尚于中行⑧。

九三：无平不陂⑨，无往不復，艱貞⑩无咎。勿恤其孚，于食有福⑪。

六四：翩翩⑫，不富以其鄰，不戒以孚⑬。

六五：帝乙歸妹，以祉，元吉⑭。

上六：城復于隍⑮，勿用師，自邑告命，貞吝⑯。

導讀

泰卦卦辭說「小往大來」，是一個吉利亨通之卦，總體的態勢很好。爻辭則從出門尋找食物的艱難，講到收穫食物的富裕，以及與鄰里的相處、娶妻得福的吉利，最後聽聞城牆傾覆的憾恨，整個過程的六段場景歷歷在目，蘊含了求泰不易、保泰更難的思想因素，蘊含著事物發展物極必反的歷程性。

譯文

泰：不好的事物離去，好的事物到來。吉利亨通。

初九：拔出茅草食用，連同它的根一起拔了起來，外出吉利。

九二：廚房裡面空無食物，於是外出徒步涉水渡河（去尋找食物），不放棄到遠處去尋找，所帶的錢物丟失了，所幸在路途中得到了幫助。

九三：沒有只平坦而不傾斜的道路，也沒有只去往而不回來的事物，貞問艱難的事沒有咎害。不要憂慮卦兆顯示的艱難，於食物上將會很充足。

六四：輕快自得，不與其鄰里一起富裕，不以卦兆顯示的艱難為戒懼。

六五：帝乙嫁女，以此得到福祉，大為吉利。

上六：城牆傾覆於護城的濠溝之中，這是自城邑中傳出的命令，占問會有憾恨。

注釋

①**泰：**卦名。「泰」意思是順滑、通泰，象徵順利，是個吉卦。

②**小往大來：**在自然界中，可以看作是寒陰去而暖陽來。在社會人事中可理解為「不好的事物（或人）離去，好的事物（或人）到來。」

③**拔茅茹，以其彙，征吉：**拔出茅草食用，連同它的根莖一起拔了起來，外出吉利。「拔茅」指將茅草從地中拔出來；「茹」的本義即「食」，可以忍受艱苦吃粗食為「茹」。「以」是連及；「彙」指根莖，陸德明（五五〇—六三〇）在《爾雅．釋木》的〈釋文〉：「謂，舍人本作彙，云：彙者莖也。」[1]此處指茅草的根莖。「征」指外出。此初爻指初

春之時，莊稼還沒有長出來，只好以吃茅草根充饑。這個時候適合外出去尋找食物。

④**包荒：**廚房裡面空無食物。「包」通庖，指廚房；「荒」指荒蕪、空曠。

⑤**用馮（ㄆㄧㄥˊ）河：**於是外出徒步涉水渡河。「用」指於是、因此；「馮河」是徒步蹚水過河。

⑥**不遐遺：**不放棄到遠處去尋找。「遐」指遠處；「遺」是放棄、遺棄。

⑦**朋亡：**所帶的錢物丟失了。「朋」在《易》中有二義，一為朋貝，古代貨幣；二為朋友。在此指隨身攜帶的錢糧盤纏。「亡」是丟失。

⑧**得尚於中行（ㄏㄤˊ）：**在道路中得到幫助。「尚」是佑助、幫助；「行」是道路，「中行」指在道路途中。

⑨**无平不陂（ㄆㄧˊ），无往不復：**沒有只平坦而不傾斜的道路，也沒有只去往而不回來的事物。「陂」指傾斜。

---

1. 陳鼓應、趙建偉，《周易今注今譯》（北京：中華書局，二〇二〇），頁一一六。

⑩**艱貞：**即「貞艱」，占有問艱難的事。

⑪**勿恤其孚，於食有福：**不要憂慮卦兆顯示的艱難，於食物上將會很充足。「恤」指憂慮；「福」指充足、順利。《禮記》：「福者，備也。備者，百順之名也。」

⑫**翩翩：**鳥兒輕飛，此處形容輕快自得的樣子。

⑬**不富以其鄰，不戒以孚：**不與其鄰里一起富裕，不以卦兆顯示的艱難為戒懼。「以」即「與」，「不戒」指無所戒懼。

⑭**帝乙歸妹，以祉，元吉：**帝乙嫁女，以此得到福祉，大為吉利。「帝乙」是商王朝的國君，天下諸侯的共主，將女兒下嫁，並因此得到福祉。此為歷史典故，據說殷紂王之父帝乙，曾將女兒嫁予周國的國君姬昌（即後來的周文王）。

⑮**城復于隍：**城牆傾覆於護城的濠溝之中。「復」通「覆」，指傾覆；「隍」是城隍，即城牆外的濠溝。建城時，掘土為濠溝，以土建城牆，濠溝灌水而為護城河。如今城牆傾覆，其土又復歸於原處。

⑯**勿用師，自邑告命，貞吝：**不要出兵，這是自城邑中傳出的命令，占問會有憾恨。

賞析與點評

小往大來

泰卦卦辭「小往大來」蘊含著事物發展的規律性，包含了對立統一的因素，「往、來」是事物變換的流動狀態，暗含著規律性。如果以自身當下為立足點，小的（不好的、少的）離去，大的（好的、多的）到來，這就叫作吉利。當泰卦與後面隨之而來的否卦並讀時，就會看到否卦卦辭與泰卦相反——「大往小來」。對人而言，否卦的階段就是不吉，但如果整體來看，把這兩個階段放在一個時間週期中去看，便形成一個循環，吉或凶是階段性的。老子將之描述為：「禍兮，福之所倚；福兮，禍之所伏」、「正復為奇，善復為妖」（五十八章）。老子對《易》的發掘繼承，不是簡單地照搬，而是站在他自己的時代高度，用他自己所具有的抽象思維水準，對《易》提供的辯證思維的原始胚胎，進行了去粗取精的再創造，因而《老子》同《易》比起來又有自己獨特的體系和風格。[2]

2. 黃釗，〈論《老子》哲學同《易》的血緣關係〉，《廣西師範大學學報（哲學社會科學版）》第二期（一九八五，桂林），頁一一五～一二一、三一一。

老子認為道是動體，它「周行而不殆」地運轉著，循環往復，永不止息。萬物的運行變化皆由道的運行規律性所決定，由此揭示了事物發展的普遍規律，有往有來，老子將道恆動的規律性提升為「常」的重要哲學概念：「致虛極，守靜篤，萬物並作，吾以觀復。夫物芸芸，各復歸其根，歸根曰靜，靜曰復命。復命曰常，知常曰明，不知常，妄作凶。」（十六章）。如老子所觀，泰卦和否卦中的大小往來，無非是處在「並作」或「歸復」階段過程中的運動，人之「明」在於「知常」，因而不「妄作」，循道而行。

「无平不陂，无往不復」

泰卦九三爻辭「无平不陂，无往不復」，沒有全然平坦而不傾斜的道路，也沒有只去往而不回來的事物。這兩句話指出了事物發展變化的相對性，包含了一切事物向相反方向發展變化的辯證思想。老子說：「反（返）者道之動。」（四十章）。同樣，如果按照這個變化繼續推衍下去，隨之而來的將會是「无陂不平、无復不往」，這種相對性正是道「周行而不殆」、不斷推動變化、萬物生生不息的動因。平與陂、往與復的對立轉化，可以看作客觀事物發展的一個規律。作者提示了這個規律，並根據這個規律，指出人處在困境，不要灰心，困難不會長在，「否極」自有「泰來」。有鼓勵人積極向前的意義。[3]在《易》卦象之兩兩對反和爻辭「平」中有「陂」等對立依存的觀點上，老子進行了系統性地發揮，從而建立道家相反相成的思維模式。

從「拔茅茹」到「城復于隍」

泰卦初九爻辭「拔茅茹，以其彙」，描述的是「將茅草連根拔起」的動作，這裡出現了「根」的概念，「拔茅」象徵著事物離開根基，向外尋求發展。接下來的各爻，就是在不斷向外延伸的過程，第二爻要渡河到對岸的遠方，所帶的一點錢糧盤纏也丟失了，還好在路途中得到了幫助，可謂歷盡艱辛和苦樂。第三爻在顛沛起伏的路途中艱苦努力，到第四爻終於獲得了一定的自由，有了發展的空間和相應的收穫。第五爻得到「帝乙歸妹」的福分，這一路都是在向外發展，越走越遠，就像從打地基開始，挖土壘建城牆，挖土的地方成為護城的城壕「隍」，城牆越建越高，離根基越來越遠，然而到了最後一爻卻是「城復于隍」，城牆復歸於隍，還原為土地，這是《周易》中「物極必反」

3. 高亨，《文史述林》（北京：中華書局，一九八〇），頁三〇四。

的典型卦例。在《老子》中，將這個過程描述為：「大曰逝，逝曰遠，遠曰反。」（二十五章），體現了物極必反、天道循環的規律。回想當初的「拔茅」行為，斷然離根基而去，向外求用，經過一番「夫物芸芸」的蓬勃熱鬧，最後「各復歸其根。歸根曰靜，靜曰復命」（十六章），「歸根復命」是萬物之常。老子通過對道體的觀照，以「觀復」的功夫，體悟省察「知常容，容乃公，公乃全，全乃天，天乃道，道乃久」（十六章），從而超越芸芸往復的現象界，悟知廓然大公、周遍自然之道體。老子「觀復」的思想概念主要繼承自《周易》古經的觀卦和復卦，在後面的觀、復兩卦中，我們再作較深入地探討。

負陰而抱陽

泰卦的卦象是三個陽爻背負著三個陰爻，《老子》：「萬物負陰而抱陽，沖氣以為和。」（四十二章）正是對泰卦卦象的哲學引申，所謂「和」即隱喻泰卦坤上乾下、負陰抱陽的順利和洽，也就是《老子》中的「安平泰」（三十五章）。將泰與否的卦象、卦辭對比可見，坤上乾下為泰、為吉亨，乾上坤下為否、為不利。這明顯體現了一種尚坤的精神，內在蘊含著尚柔的價值觀。

值得留意的是《老子》中「陰陽」、「牝牡」、「雌雄」、「靜動」的排列序次，這種陰性詞在前、陽性詞在後的排列序次，在現存古籍中獨見於《老子》，這很可能與老子對《易》的哲學思考有關。《周禮．春官》記載：「太卜掌三易之法，一曰《連山》，二曰《歸藏》，三曰《周易》。其經卦皆八，其別皆六十四。」「三易」分別對應夏、商、周三代之《易》。《論語》中孔子說：「殷因於夏禮，所損益，可知也。周因於殷禮，所損益，可知也。」《禮》是由因襲和損益而繼承下來，那麼與《禮》同為六經之一的《易》亦當如此，《周易》古經必因襲和保留了《連山》、《歸藏》的內容，在原有材料的基礎上，有所取捨和損益，進而編纂修訂而成。《歸藏易》是以坤乾為序次，《周易》的泰卦保留並體現了《歸藏易》尚坤的精神特質，「陰乘陽」、「柔乘剛」稱為「泰」，它所直接啟發老子的即是「知雄守雌」、「靜勝躁」、「牝勝牡」等以柔克剛、「往而不害，安平泰」的哲學思考和價值理念。老子對《易》的哲學提升，在總體上奠定了以後易學的基本精神，範疇了後來《易傳》的大致規模和架構。老學的辯證思想方法上承《易經》，天道觀（自然觀）下啟《易傳》。《易傳》中重要的哲學命題幾乎多屬於道家學派，比如形上之道、陰陽、柔剛、無為、精氣、變通、常、神明、幽明、洗心、知幾等範疇，皆出自老莊典籍，是道家自然觀中的特殊用詞。

否卦第十二

坤下　乾上

［否］①：否之匪人②，不利君子貞，大往小來③。

初六：拔茅茹，以其彙，貞吉④，亨。

六二：包承，小人吉，大人否⑤，亨。

六三：包羞⑥。

九四：有命，无咎⑦，疇離祉⑧。

九五：休否，大人吉⑨。其亡其亡，繫于苞桑⑩。

上九：傾否⑪，先否後喜。

導讀

否卦是泰卦的覆卦，泰、否兩卦的卦象相顛倒，卦義也相反。否卦的卦義為阻塞不通、障礙、壞劣、不順、亂世，與泰卦的通達、順暢、安泰、太平之世形成了鮮明的對比。從卦辭來看，否卦不利於君子占問，好的去了、壞的來了，開局即不利。爻辭中所顯示的場景與泰卦相似，都是從尋找食物開始，而否卦是「小人吉，大人否」，大人被閉塞，這正是「否」的重要表現。否卦從閉塞不通開局，但經過艱苦努力和謹慎把握，有希望可以扭轉否塞的局面，最終轉否為喜。

譯文

否：壓制閉塞了不該被閉塞的人。不利於君子占問。好的事物離去，不好的事物到來。

初六：拔出茅草食用，連同它的根一起拔了起來，占問吉利。

六二：廚房裡有蒸肉，小人可以得到而吉，大人卻被閉塞得不到而否。
六三：廚房中有了美味的食品。
九四：有命令下達，沒有咎害，成熟的田疇彼此附麗相連帶來了福祉。
九五：終止了否塞，大人獲得吉祥。快要亡了，快要亡了，把它牢牢地繫在桑樹上。
上九：扭轉了否塞的局面，先是閉塞不通，後來轉而為喜。

注釋

①「否」（ㄆㄧˇ）：卦名，否卦象徵閉塞不通。

②**否之匪人**：壓制閉塞了不該被閉塞的人。「否」用作動詞，指壓制、閉塞。與比卦「比之匪人」親近了不該親近的人，句式相同。

③**大往小來**：陽的去，陰的來。在自然界中，指夏陽離去，秋陰到來。在社會人事中可理解為「好的事物離去，不好的事物到來」，與泰卦的「小往大來」剛好相反。

④**拔茅茹，以其彙，貞吉：**拔出茅草食用，連同它的根莖一起拔了起來，占問吉利。「茹」的本義即「食」，可以忍受艱苦吃粗食為「茹」。「以」是連及；「彙」為根莖。「貞吉」指貞問吉利，因為秋天收穫的季節就要到來。

⑤**包承，小人吉，大人否：**廚房裡有蒸肉，小人可以得到而吉，大人卻被閉塞得不到而否。「包」通「庖」，指廚房；「承」通「脀（ㄓㄥ）」，指放在鼎中的肉。「小人」既可以指地位低的人，也可以指小孩子；「大人」既可以指地位高的人，也可以指成年的大人。

⑥**包羞：**廚房中有了美味的食品。「包」通「庖」，指廚房；「羞」同「饈」，指美食。

⑦**有命，无咎：**有命令下達，沒有咎害。

⑧**疇離祉：**成熟的田疇彼此附麗相連帶來福祉。「疇」本義是已耕作的田地，這裡指秋天的熟田可以帶來收成；「離」是附麗、相連；「祉」是福祉。

⑨**休否，大人吉：**終止了否塞，大人獲得吉祥。

⑩**其亡其亡，繫于苞桑：**快要亡了，快要亡了，把它牢牢地繫在穩固的桑樹上。「其」為副詞，表示將要發生；「苞桑」指根深穩固的桑樹。

⑪傾否：扭轉了否塞的局面。「傾」指傾覆、扭轉。

賞析與點評

對待流行

否卦三個陽爻在上，三個陰爻在下，陽氣上升，陰氣下降，彼此背離，呈現隔絕式閉塞的局面。否卦卦辭指出「否之匪人」，說明此卦顯示的是壓制閉塞了不應閉塞之人，也就是社會中的大人君子、正派好人受壓制得不到施展，小人卻派上用場，閉塞正路，這就是「大往小來」。人具有社會性，閉塞不通是一種非人性狀態，尤其不適合於擔負重要的社會使命，因為社會關係的隔絕，使他們無從發揮積極作用。[1]

否卦與泰卦是一對彼此對立的組卦，清晰顯明地呈現了事物總是在運動中，並處於對立面之間相互轉化的過程之中，中國傳統易學的術語稱作「對待」與「流行」，馮友蘭（一八九五—一九九〇）說：「朱熹和蔡淵都說，周易有兩個基本原則：一個是『流行』，一個是『對待』。這個說法很扼要。從周易看起來，任何東西都是一個過程，一個流行，整個宇宙就是一個大過程，大流行，中國哲學稱為『大化』。『流行』之中有『對待』，『對待』就是兩個對立面的矛盾和統一。」[2]在老子「反者道之動」的表述中，「反」已蘊含了「對待」的觀念，而「動」即「流行」。

其亡其亡，繫于苞桑

否卦九五爻辭「其亡其亡，繫于苞桑」應是當時常用的成語，或是借用的俗語詩句，在《詩經》中有類似的句子，〈鴇羽〉：「集于苞栩、集于苞棘、集于苞桑。」〈四牡〉：「集于苞栩、集于苞杞。」「苞」形容草木豐茂。苞桑者，深根而固柢者也。「其亡其亡」，懼其危亡也；「繫于苞桑」，譬其安固也。此正申「休否，大人吉」之意也。[3]九五爻終止了否塞，到達了高位，日趨壯盛，爻辭提醒，要心存戒懼，防止危亡。

老子分析事物發展的狀態，認為事物總是處在不斷向對立面進行轉化的過程中，當事物發展到某一個極限的時候，它必然會向相反的方向運轉：「將欲歙之，必固張之；

1. 劉蔚華，《解讀周易》（濟南：齊魯書社，二〇〇七），頁一五〇。
2. 馮友蘭，〈周易學術討論會代祝詞〉，唐明邦等編，《周易縱橫錄》（武漢：湖北人民出版社，一九八六），頁七。
3. 高亨，《周易古經今注》（上海：上海書店出版社，一九九一），頁四九。

將欲弱之，必固強之；將欲廢之，必固舉之；將欲取之，必固與之。」（三十六章）老子從自然界與人事發現，凡將要收斂的，必先擴張；將要削弱的，必先強盛；將要廢棄的，必先興舉；將要取去的，必先給予，這是天道所呈現的物極必反的規律。「物壯則老，是謂不道。不道早已」（三十章）、「強梁者不得其死」（四十二章），凡是氣勢壯盛、為人強梁，就會趨於衰敗，因為它不再合於道，不合道很快就會消亡。那麼，要如何防止這種衰亡呢？在社會人事中要防止衰亡，就需要調整自身的行為，自我節制、減損、收斂，保持柔的狀態，防止過「壯」而衰。否卦到達九五爻時，已接近壯盛，因此爻辭反覆提醒「快要亡了啊，快要亡了啊，把它牢牢地繫在茂密的桑樹上」，這就是「守柔」的智慧，「用其光，復歸其明，無遺身殃，是謂襲常」（五十二章），能謙下守柔，恰能起到深根固柢之效，防止災殃，這叫作永續不絕的常道。

同人卦第十三

䷌

乾上 離下

［同人］①：同人于野，亨②。利涉大川，利君子貞③。

初九：同人于門，无咎④。

六二：同人于宗，吝⑤。

九三：伏戎於莽，升其高陵，三歲不興⑥。

九四：乘其墉，弗克攻，吉⑦。

九五：同人，先號咷而後笑，大師克相遇⑧。

上九：同人于郊，无悔⑨。

導讀

同人卦的卦義是聚集眾人、同心協力。同人卦與師卦相同之處在於都是講戰爭，且最後都取得了勝利，不同處在於，師卦重點講如何選帥、嚴明軍紀以及戰略戰術等；同人卦的重點則在於如何動員和聚合眾人一起出戰，聚合的過程充滿了變數，要根據所聚人數的眾寡來決定軍事行動。同人卦是亨通之卦，且利於同人合力克服困難做大事。

譯文

同人：聚合眾人於廣闊的田野，亨通。利於涉越大河，利於君子占問。
初九：聚合眾人於大門之內，沒有咎害。
六二：聚合眾人於宗廟之內，憾惜。
九三：潛伏軍隊於草莽之中，又登上高陵觀察敵情，連續三年沒敢興兵舉事。
九四：登上己方的城牆，看到不能攻克敵方城池（因而退守），吉利。

九五：聚集眾人興兵舉事，先是號啕大哭而後破涕為笑，龐大的軍隊攻克敵方後勝利會師。
上九：聚合眾人於遠郊，沒有悔恨。

注釋

①〔同人〕：卦名。「同」有聚合義，「同人」是指聚合人心，人與人同心攜手，同舟共濟。

②**同人于野，亨**：聚合眾人於廣闊的田野，亨通。此爻說明召集者心胸寬廣，廣聚眾人。

③**利涉大川，利君子貞**：利於涉越大河，利於君子占問。「利涉大川」指利於克服危難去做事情。

④**同人于門，无咎**：聚合眾人於大門之內，沒有咎害。「門」比郊野更為切近，不如郊野寬廣，僅可以聚合同門之人。

⑤同人于宗，吝：聚合眾人於宗廟之內，憾惜。「宗」比「門」更為狹小，所「同」之人太少，因此會有所遺憾、可惜。

⑥伏戎于莽，升其高陵，三歲不興：潛伏軍隊於草莽之中，又登上高陵觀察敵情，連續三年沒有興兵舉事。「戎」指軍隊；「升」指登高；「其」即「他的」，指此爻的主人公，代指己方。「三」指「多」，「三歲」指三年或多於三年；「興」指興兵舉事。此爻辭表明，有一定的兵力，也有興兵舉事的意圖，但由於所聚不夠，實力不足以取勝，多年沒敢行動。

⑦乘其墉，弗克攻，吉：登上己方的城牆，看到不能攻克敵方城池（因而退守），吉利。「乘」指登到了上面，「其」代指己方，「墉」指城牆；「弗」指不能，「克攻」即「攻克」。此爻說明己方已經有了軍營和城牆，但經過觀察衡量力量及形勢後判斷不能獲得勝利，因此沒有冒然攻城，如此知己知彼，不冒險妄動，吉利。

⑧同人，先号咷（ㄊㄠˊ）而後笑，大師克相遇：聚集眾人舉事，先是號啕大哭而後破涕為笑，龐大的軍隊攻克敵方後勝利會師。「咷」同「啕」；「大師」指大部隊。此爻說明聚集積蓄了足夠的兵力後採取實際行動，戰鬥的過程很艱難，因有犧牲而痛哭，

但最終獲得了勝利的喜悅，大部隊勝利會師。

⑨**同人于郊，无悔：**聚合眾人於遠郊，沒有悔恨。「郊」是郊外，要比「門」、「宗」都更為廣闊，「同人于郊」指去除門戶、宗族之見而廣聚眾人的做法值得肯定。更為廣大的胸襟氣度則是卦辭所宣導的「同人于野，亨」。「野」大於「郊」。

賞析與點評

合志同方

同人卦卦辭顯示聚合眾人於廣闊的田野，將平時務農種地的農民會集起來，挑選青壯年入伍，這樣做是亨通的。君子召集聚合到足夠的兵力，有利於涉越大河，做克服困難的大事。初爻階段，將徵集到的士兵聚合在大門前進行誓師動員大會；二爻階段，將兵眾聚合於宗廟前進行告廟和卜禱；三爻階段，軍隊出發了，由於對敵情不了解，於是潛伏兵眾在草莽中，站上高處觀察敵情，這樣的情況拖了很長時間；四爻階段，登上城牆看到敵方城池非常堅固，因此沒敢冒然攻城，退守等待時機；五爻階段，終於等來了援軍會合，會師後軍隊力量大增，聲勢浩大地興兵舉事，展開大決戰，過程中有犧牲和哭泣，但最終攻克敵方，勝利之師一片笑聲歡呼！同人卦最後一爻，班師凱旋，聚合士眾舉行郊天之祭，沒有悔恨了。整個過程緊張有序，聚合士眾誓師、告廟、潛伏、觀察敵情、會師總攻、班師凱旋，可謂審勢度勢，有條不紊，並且表達了生動的心情變化，從群情激昂、沉著堅忍、號啕大哭、笑到最後、悔恨消除。這都是同人一起共事所經歷的悲歡。

玄同之境

老子中也有與人合同的思想，重點關注聖人如何與百姓同人，表述為「聖人無常心，以百姓心為心」（四十九章），聖人沒有主觀成見，以百姓的心為心。在《老子》中，「聖人」是指理想的為政者，道的人格化。老子認為，理想的執政者應當以大公無私的心去體認百姓的需求，達到與百姓同心的和洽狀態，聖人是百姓之心的承載者、體現者，《老子》的「同人」，是以聖人虛心集納百姓之心的心同，心同為人同。百姓的心是什麼心呢？聖人以無言身教，使百姓保有淳樸的赤子之心：「聖人在天下，歙歙焉，為天下渾其心」（四十九章），聖人在位，收斂自己的主觀成見和意欲，使人心思化歸於渾樸。這種渾樸的狀態，老子稱為「玄同」：「和其光，同其塵，是謂玄同」。

（五十六章）

老子進一步將「同」提升到更高的境界，強調「同道」、「同德」：「故從事於道者，同於道；德者，同於德；失者，同於失。」（二十三章）從事於道的人，與道合同；從於德的人，與德合同；表現失道失德的人，就會喪失所有。所以，同人不能僅停留在人群聚集的表層，而應認識到同人的根本在於同道、同德，否則人就會偏離正道，最終喪失所有，同人的關係也就分崩離析。可見，老子將同人的思想進行了昇華，擴展了「同人」的境界和範疇。

大有卦第十四

乾下　離上

大有①：元亨。

初九：无交害，匪咎②，艱則无咎③。

九二：大車以載，有攸往，无咎④。

九三：公用亨于天子，小人弗克⑤。

九四：匪其彭，无咎⑥。

六五：厥孚交如，威如⑦，吉。

上九：自天祐之，吉无不利。

導讀

大有卦是非常好的卦，卦辭極為簡略，僅「元亨」而已，甚至不需要「利貞」的占問。大有卦與同人卦互為覆卦，同人卦卦象顛倒過來就是大有卦。這兩個卦一組，也有卦義上的關聯，當國家上下萬眾一心，心同志同，皆為「同人」時，大有之世就會隨之而來。

大有卦盛大豐有的良好局面由同人卦團結合作而來。此卦一個陰爻居於君位，得到五個陽爻的擁戴，眾星拱月，上下協力同心，共成大有之世。同人卦強調與人和同，大有卦強調與人相交。

譯文

大有：大亨通。

初九：無交往之害，不責備於他人，艱苦努力就不會有咎害災患。

九二：用大車拉著，有所前往，沒有咎害。
九三：公侯以（大車中的財產貨物作為貢品）進獻給天子，小人則做不到。
九四：不自大炫耀，沒有咎害。
六五：其卦兆顯示相互交往的樣子，有威勢的樣子。
上九：獲得來自上天的護祐，吉祥無所不利。

注釋

①**大有：**卦名。「大有」指廣大包容，所有者多，大為富有。古稱五穀大熟為「大有之年」，畜牧業、漁業豐收，也稱大有。

②**无交害，匪咎：**無交往之害，不責備於他人。「交」是交往；「匪」同「非」，不的意思；「咎」指歸咎、責備。此爻指謹慎選擇交往的人以免受到傷害，在與人交往時不要苛責於人，才能夠「大有」。

③**艱則无咎：**艱苦努力就不會有咎害災患。「艱」在此處指在大有之世仍能保持艱

苦樸素、努力前行的德行，不貪圖安逸享樂。「則」即「而、就」。

④**大車以載，有攸往，无咎：**用大車拉著，有所前往，沒有咎害。「大車」象徵有能力、有擔當、能承載事物。

⑤**公用亨于天子，小人弗克：**公侯以（大車中的財產貨物作為貢品）進獻給天子，小人則做不到。「公」指公卿、諸侯，有爵位和土地的貴族；「用」是助詞，表示動作。「小人」與「公」相對應；「弗克」指做不到。此句另有解釋為，公侯可參加天子舉行的國宴，平民則不可。[1]

⑥**匪其彭（ㄅㄤ），无咎：**不自大炫耀，沒有咎害。「匪」同「非」，即「不」；「其」指自己；「彭」形容大、眾多、富有，此處指自高自大、擺排場、炫耀富有。

⑦**厥孚交如，威如：**其卦兆顯示相互交往的樣子，有威勢的樣子。此爻與初爻呼應，初爻是沒有交往之害，而此爻顯示有更多交往可增加威勢。「厥」即「其」，「孚」

1. 唐明邦：國之不富，因受鄰國掠奪，討伐侵略者，無不利。唐明邦主編、評注，《周易》（武漢：長江文藝出版社，二〇一八），頁三九。

指卦兆、征驗。「如」是形容詞的詞尾，表示什麼什麼的樣子。

賞析與點評

大有年豐

《詩經・有駜》：「自今以始，歲其有。君子有穀，詒孫子。于胥樂兮！」大有卦呈現出大為富有之象，卦辭直言「元亨」，在農業收成上是五穀豐登、樂享太平的好年景；在社會層面則是盛大豐有的大好局面。

大有卦六爻主要強調如何在大有之世與人相交往的原則。初六爻處在大有之初，不以出於利益的交往而損害自己做人的本分，雖處下位但不怨天尤人，艱苦努力，无咎害。九二有做「大車」的能力，在大有之世擔綱重任，對人對社會有所貢獻。九三是公侯貴族，將財產貨物進獻給天子（即奉之于公），平民的能力和財產有限，做不到這樣的貢獻，但可安居樂業，這是大有之世的景象。九四處於更高地位，能夠謙虛低調，不炫耀財勢，无咎害。六五居於君位，虛懷若谷，柔和中道，內政外交，溝通互信，威勢自然形成，能夠得人心，是大有局面形成的核心要素。上九處於大有的極致，沒有亢龍有悔，而是獲得了「自天祐之，吉无不利」的大吉之兆。這真是一個各安其分，又上下合諧，彼此相與的大吉之卦。

「吉无不利」

《老子》十六章：「知常容，容乃公，公乃全。」意思是，懂得守住常道才能包容一切，包容一切才能廓然大公，廓然大公才能周遍萬物。這宣導的是「容」和「公」的精神。大有卦中，有五個陽爻和一個陰爻，惟一的陰爻六五居於第五爻的位置，這個位置被稱為君位，象徵六五是品性寬和且能行柔中之道的執政者，待人虛懷若谷，行事廓然大公，所以能得到五個陽爻的擁護和愛戴，從而共成大有之世。戰國晚期《呂氏春秋．貴公》提出了一個劃時代的主張：「天下非一人之天下也，天下之天下也。」大有卦之所以能夠卦、爻無一「凶、咎、悔、吝」之辭，乃為元亨、无咎、吉，上九至大有之極，仍能得天祐而無所不利，就是因為在大有卦中每個階層都在奉獻和付出，彼此順暢地交往。處於下位者，不諂不怨，自足樂道；居於上位者，不驕不吝，富而好禮，整體的社會風氣順暢和諧，人與人彼此信賴，社會秩序有條不紊，所以才會「自天祐之，吉无不利」。

「象帝之先」——從「上帝」到「道」的轉變

大有卦九三爻辭說：「公用亨于天子，小人弗克。」這其中的「天子」，即是指上天之子。「天子」的概念反映了天命思想，殷周統治者把其建立國家政權的原因歸結為「天」或「上帝」的命令，說自己是遵照天命來統治人民的。「天」、「上帝」等超自然的力量，被當作是宇宙至高無上的主宰，而地上的國王、帝王，則被看作「天」、「上帝」的兒子，稱為「天子」。「公用亨于天子」即指諸侯來朝貢天子，獻物助祭，而「天子」作為「天」的兒子，代表著「天」的意志，執行「天」的命令，是地上最高統治者，四方諸侯都要向天子朝貢，這是對天意的忠誠。「天子」受「天」的保佑，因此是吉而無所不利的。[2]

老子曰：「道沖，而用之或不盈。淵兮，似萬物之宗。……湛兮，似或存。吾不知誰之子，象帝之先。」（四章）老子乃周守藏室史官，對「天子」一詞自然十分熟悉，世人稱地上的帝王為上天之子，是借助上天的權威，將「天帝」作為至高神進行崇拜。然而，老子提出「道」是至高的，「吾不知誰之子」是對應於「天之子」而言的，「道」不是任何天神天帝之子，「道」自本自根，自古以固存，並且在「象帝之先」，比無形的「象」、至高的「帝」還要本原、還要在先。老子在「天」、「帝」之上高高懸設了一個最本始和最本根的存在——「道」，老子以「道」來統攝天人，使天人關係只能就範於「道」的圖式之中。「道」的自然無為性決定了「天道」的自然無為性，同樣也決定了「人道」的自然無為性，這是以「道」蒞天人形而上的思維方法引出的必然邏輯結論。[3]老子正是通過對「道」的形上性和客觀自然性的論述，以「道法自然」、「自然無為」來取代「天」（上帝）的絕對性以及神祕的人格性。

「道」是老子哲學的最高範疇，其對於中國宗教、哲學、文化有著非常深刻的影響。後來，「道」成為了中國哲學的最高範疇。

---

2. 關國根，〈卦爻辭的內容〉，朱伯崑主編，《周易知識通覽》（濟南：齊魯書社，一九九三），頁八九。
3. 徐小躍，〈試論天人關係中道家無神論與有神論的矛盾〉，《南京大學學報（哲學·人文·社會科學）》第一期（一九八七，南京），頁一五二。

謙卦第十五

艮下　坤上

謙①：亨，君子有終②。

初六：謙謙君子，用涉大川③，吉。

六二：鳴謙，貞吉④。

九三：勞謙，君子有終⑤，吉。

六四：无不利，撝謙⑥。

六五：不富以其鄰，利用侵伐，无不利⑦。

上六：鳴謙，利用行師，征邑國⑧。

導讀

謙卦是講謙虛、謙遜的卦，讚頌謙德，提出恪守謙德是品格高尚的表現。人若能以謙德處世，就能克服困難、吉祥順利、有好的結局。卦辭顯示謙虛能獲亨通，君子會有好的結果。爻辭分別以「謙謙」、「鳴謙」、「勞謙」、「撝謙」等不同表現形式，說明謙德適用於不同的情況而能獲吉。

譯文

謙：亨通，君子會有好的結果。
初六：謙之又謙的君子，可以涉越大河，吉利。
六二：良好的聲名遠播而自身愈加謙虛，占問吉利。
九三：有功勞而能夠謙虛，君子會有好的結果，吉利。
六四：無所不利，發揮謙虛的精神。

六五：國家不能實現脫貧致富是因為鄰國的緣故，有利於發兵侵伐，無所不利。
上六：有名望而能謙虛，利於興師出動軍隊，征討（不義的）城邑、邦國。

注釋

①**謙**：卦名。「謙」有謙讓、謙遜之義。

②**君子有終**：君子會有好的結果。「終」指結局、結果。

③**謙謙君子，用涉大川**：謙之又謙的君子，可以涉越大河。「謙謙」指謙而又謙，非常真誠懇切地謙遜處下，虛懷若谷。「用」指可以施行；「涉大川」指徒步渡過大的河流，比喻可以克服危難而成就事業。

④**鳴謙，貞吉**：良好的聲名遠播而自身愈加謙虛，占問吉利。「鳴」同「名」，指名聲、名望。

⑤**勞謙，君子有終**：有功勞而能夠謙虛，君子會有好的結果。「勞」指功勞。

⑥**无不利，撝（ㄏㄨㄟ）謙**：無所不利，發揮謙虛的精神。「撝」同「揮」，指發揚、

發揮。

⑦**不富以其鄰，利用侵伐，无不利：**國家不能實現脫貧致富是因為鄰國的緣故，有利於發兵討伐，無所不利。「以」指因為；「不富以其鄰，利用侵伐」指對於通過掠奪或壓制等手段來干擾和阻礙國家脫貧求富的鄰國，要勇於發兵對侵略者實施討伐以伸張正義。[1]

⑧**鳴謙，利用行師，征邑國：**有聲望而能謙虛，利於興師出動軍隊，征討城邑、邦國。「鳴」同「名」，指名聲、名望。此爻指有聲望而又謙虛，獲得民之厚望，可以為民去征討不義之城邑、邦國。

1. 唐明邦：國之不富，因受鄰國掠奪，討伐侵略者，無不利。唐明邦主編、評注，《周易》（武漢：長江文藝出版社，二〇一八），頁四一。

賞析與點評

《易》、《老》尚謙，世人共知

老子謙下退守的思想，與《易》有著密切的關係，最為顯著的就是謙卦。謙卦的卦辭「亨，君子有終」，是説以謙德處事為人會得到亨通，有好的結果，謙卦的六個爻辭有兩個「吉」、一個「貞吉」、兩個「无不利」、一個「利」，全部都是吉兆，沒有「凶、咎、悔、吝」之辭，可見謙德的重要，這在六十四卦中並不多見。而這種謙下退守的思想，顯然是得之於卦象所表現出的事物消息盈虛的規律，比如乾卦由「初潛」到「上亢」、坤卦由「履霜」到「龍戰」、泰卦由「拔茅茹」到「城復于隍」，都是在講事物盈虛變化的規律，所以要以謙柔處下避免走向衰亡，老子的「大者宜為下」（六十一章）、「方而不割，廉而不劌，直而不肆，光而不耀」（五十八章）、「吾不敢為主，而為客；不也進寸，而退尺」（六十九章）、「勇於敢則殺，勇於不敢則活」（七十三章）等，都與《易》的謙退思想有關。老子曰：「不自見（現），故明；不自是，故彰；不自伐，故有功；不自矜，故能長。」（二十二章）又曰：「自見者，不明；自是者，不彰；自伐者，無功；自矜者，不長。」（二十四章）《易》、《老》之尚謙，世人所共知。班固《漢書．藝文志》論及道家時説：「合于《易》之嗛嗛，一謙而四益。」

勞謙與撝謙

謙卦九三爻：「勞謙，君子有終，吉。」在《易經》六十四卦的第三爻中，能夠有「吉」辭者並不多，這是因為三爻處於每個卦六個階段中的中間部分，也可以說是走到半程的攻堅階段，需要繼續努力前行，又處在下卦和上卦的交界處，往往是事物發展的轉捩點，如果把握得好會開拓出新的局面，把握不好就可能由此轉向衰退，所以這個階段非常考驗人的智慧、意志和能力，謙卦九三爻「勞謙」，說明有能力、有功勞卻能夠保持謙虛，不自恃有功，這樣的君子能夠善始善終，吉利。

老子曰：「為而不恃，功成而弗居」（二章）、「不自伐，故有功」（二十二章），是對謙卦九三「勞謙」思想的正面闡發，而《老子》二十四章「自伐者，無功，自矜者，不長。……物或惡之，故有道者不處」是從反面的論證。

謙卦六四爻「无不利，撝謙」引發老子「水善利萬物而不爭」（八章）、「聖人不積，既以為人，己愈有；既以與人，己愈多」（八十一章）的觀念。老子認為，有道的聖人不私自積藏，他儘量幫助別人，自己反而更充足；他盡量給予別人，自己反而更豐富。這都體現了老子對於謙卦精神的繼承與闡發。

豫卦第十六

䷏

坤下　震上

豫①：利建侯②，行師③。

初六：鳴豫④，凶。

六二：介于石，不終日，貞吉⑤。

六三：盱豫，悔，遲有悔⑥。

九四：由豫，大有得⑦；勿疑，朋盍簪⑧。

六五：貞疾，恆不死⑨。

上六：冥豫，成有渝，无咎⑩。

導讀

豫卦是處於安逸豫樂之中的一個卦。舒適安逸的環境很容易使人產生懈怠和享樂的習氣，因而豫樂也是容易產生危機的時刻。卦辭顯示，人在容易沉溺於豫樂之時，利於積極做些事情，比如建國封侯、出師征戰，建功立業，使能量得到正向的宣發，以防止耽於享樂而自甘墮落，同時可以有所作為，使好的局面得以持久，這也正是卦中九四爻「由豫」的狀態。

譯文

豫：利於建國封侯，出師征戰。

初六：名聲在外卻耽於享樂，凶險。

六二：如堅硬的石頭那樣樸質堅忍，（一旦貪於安逸）不到一整天（就馬上清醒改正），占問吉利。

六三：桀驁不馴而沉迷於逸樂，必須及時悔悟，悔悟遲了，就悔之莫及了。
九四：安樂局面由此而來，大有所得。不必疑惑，朋友會像髮簪紮束頭髮一樣地聚合在一起。
六五：占問疾病，恆久不會死亡。
上六：昏昧沉迷於安逸享樂，終會有所改變，能改變就沒有咎害。

注釋

①**豫**：卦名。「豫」有和樂、逸樂、享樂之義。
②**建侯**：建國封侯。
③**行師**：出師征戰。
④**鳴豫**：名聲在外卻耽於享樂。「鳴」同「名」，指名聲。
⑤**介于石，不終日，貞吉**：如堅硬的石頭那樣樸質堅忍，（一旦貪於安逸）不到一整天（就馬上清醒改正），占問吉利。「介」指「耿介」，「于」即「如」，「石」象徵

樸質堅忍，「不終日」指不到一整天。

⑥**盱豫，悔，遲有悔**：桀驁不馴而沉迷於逸樂，必須及時悔悟，悔悟遲了，就悔之莫及了。「盱」《説文》注「張目也」，郭象（二五二—三一二）注為「傲伏」，因而「盱」的含義應為瞪目怒視、桀驁不馴之意。

⑦**由豫，大有得**：安樂局面由此而來，大有所得。「由」是原因、來由，「由豫」指由此而豫，即安樂的局面由此而來。此爻指占問者為安樂局面的創建者和擁有者，大有所得。

⑧**勿疑，朋盍簪**：不必疑惑，朋友會像髮簪紮束頭髮般地聚合在一起。「朋」在《易》中有二義，一為朋貝，古代貨幣；二為朋友。此處指朋友。「盍」同「闔」，指聚合；「簪」指簪子，古人用來固定髮髻的飾物。

⑨**貞疾，恆不死**：占問疾病，恆久不會死亡。

⑩**冥豫，成有渝，无咎**：昏昧沉迷於安逸享樂，終會要有所改變，能改變就沒有咎害。「冥」指昏昧、沉迷，「成」即「終」，「渝」指改變。

●賞析與點評

「治人事天，莫若嗇」

豫卦的卦辭「利建侯，行師」，說明作《易》者對於「豫樂」在客觀條件中是肯定的，但同時又持謹慎的態度，認為寬裕的條件和豫樂的環境利於充實本領、建功立業，應防止沉迷於腐朽奢靡的生活方式，或者不思進取地怠惰於優裕的環境裡。因而，豫卦的價值觀是利用良好的條件奮發進取，提倡積極健康地進取，而有節制、恰當地逸樂身心。

六爻分別以「鳴豫」、「盱豫」、「由豫」、「冥豫」等來說明「豫樂」的不同情況，並由之帶來的不同後果。耽於享樂的「鳴豫」凶險；桀驁不馴沉迷於享樂的「盱豫」有悔；昏昧沉迷於享樂中時，如果能儘快改變尚可得其无咎；只有「由豫」是豫卦中最佳的一爻，是卦辭中的「建侯行師」者，安樂的局面由它而來，可大有得。由此可見，同樣優越的條件，只有能把握好自己並做出貢獻的人才能免於凶險、悔恨，進而大有所得。

安逸的環境最容易使人耽於享樂而耗散精力、消磨了精神和意志，也容易使人怠惰和驕傲。《老子》說：「治人事天，莫若嗇。夫唯嗇，是謂早服；早服，謂之重積德；重積德，則無不克。」（五十九章）老子提出「嗇」，這個概念並非是指財物上的吝嗇，而是強調精神層面的愛惜保養，即培養和蓄積能量，不斷充實生命力、愛惜精力是為了早做準備，不斷地積德，到了一定程度就沒有什麼不能勝任的。

「介于石，不終日」

豫卦九二爻辭「介于石，不終日，貞吉」，傳統上解釋「介于石」為「耿介如石」。王弼《周易注》：「明禍福之所生，故不苟其說；辯必然之理，故不改其操。」孔穎達（五七四—六四八）《周易正義》：「處豫之時，得位履中，安夫貞正，不求苟豫者也。」[1]意思是，君子見微知著，深知如果有苟求逸樂之心就是禍亂的端始，因而要求自身如磐石般安定，堅確不拔。朱熹（一一三〇—一二〇〇）《周易本義》：「樂易溺人，獨此爻上下皆溺於豫，而能以中正自守，其德安靜而堅確，故思慮明審，不俟終日，而見凡事之幾微。」[2]意思是豫樂容易使人沉溺，惟獨此卦第二爻能夠自守中道正

1. （魏）王弼注、（唐）孔穎達疏、郭彧彙校，《南宋初刻本周易注疏》（上海：上海古籍出版社，二〇一四），頁二〇六。
2. （南宋）朱熹，《周易本義》（上海：上海古籍出版社，一九九七），頁一八。

直的德行，既沉著又堅定，一旦有貪圖安逸的念頭，不必等到一整天的時間，能洞察其幾微，馬上改正。

《老子》中「石」字僅一見：「昔之得一者，天得一以清，地得一以寧，……故貴以賤為本，高以下為基。是以侯王自稱孤、寡、不穀。此非以賤為本邪？非乎？故至譽無譽。是故不欲琭琭如玉，珞珞如石。」（三十九章）這一段提示作為執政者的侯王要能處下、居後、謙卑，要能體悟道的這種屬性。有道的人君當如大廈的基石，堅確穩固，品格如石頭一樣堅實、樸質、堅忍，即便是處在豫樂的環境中，也不會被貪圖逸樂的習氣所浸染。此中深意與豫卦六二爻「介于石，不終日」可謂隔空呼應、如出一轍。

隨卦第十七

震下　兌上

隨①：元亨，利貞，无咎。

初九：官有渝，貞吉②。出門交有功③。

六二：系小子，失丈夫④。

六三：系丈夫，失小子⑤。隨有求得，利居貞⑥。

九四：隨有獲，貞凶。有孚在道，以明，何咎⑦？

九五：孚于嘉，吉⑧。

上六：拘系之，乃從維之⑨；王用亨于西山⑩。

導讀

隨卦是講跟從、追隨、相隨交往的卦，卦辭言「元亨，利貞，无咎」，說明這是一個吉卦，大為亨通，利於占問，沒有咎害。從隨卦六爻來看，「隨」是有原則的，破除私心、廣泛交往、以剛下柔、擇善而從是「隨」的原則，具體到每個爻的情境中，隨卦主張隨上不隨下，並且不可盲從，要有堅持原則的內在主見。

譯文

隨：大亨通，利於占問，沒有咎害。
初九：觀察到有所變化，占問吉利。出門與人交往會有收穫。
六二：維繫了小子，卻失去了丈夫。
六三：維繫了丈夫，卻失去了小子。隨從丈夫求而有得，利於占問安居之事。
九四：隨從而有收穫，占問有凶險。有卦兆征驗在途中已經顯明，又有什麼咎害呢？

九五：在喜慶典禮中有好兆，吉利。

上六：拘繫住他們，又隨後解開了他們的繫縛。君王祭祀於西山。

注釋

①**隨**：卦名。「隨」有跟從、相隨之義。

②**官有渝，貞吉**：官場有波折，占問吉利。「官」亦指觀察，「渝」指變化。「官有渝」：「謂觀有變也。」[1]觀察到有所變化，於是隨之而變。

③**出門交有功**：出門與人交往會有收穫。「交」是交往、交際，「功」是成效、收穫。

④**系小子，失丈夫**：維繫了小子，失去了丈夫。「系」是牽繫相隨。「小子」與「丈夫」是兩個不可兼得的關係，此爻喻指維繫了「小子」卻失去了「丈夫」。如果用於道德體系，則指維繫了小人，失去了有德的大人；用於官府體系，指維繫了小民，失去官吏；用於經商，則得小利而失大利等。占問者只能選其一，此爻辭預示因小而失大。

⑤**系丈夫，失小子：**維繫了丈夫，失去了小子。此爻的結果與上一爻相反，此謂抓大而放小。

⑥**隨有求得，利居貞：**隨從丈夫求而有得，利於占問安居之事。

⑦**隨有獲，貞凶：**隨從而有收穫，占問有凶險。

⑧**有孚在道，以明，何咎：**有卦兆徵驗在途中已經顯明，又有什麼咎害呢？「以」、「已」二字在古代互相通用，「以明」指已經顯明。

⑨**孚于嘉，吉：**在喜慶典禮中有好兆，吉利。「嘉」指「慶」，此處指喜慶的典禮。

⑩**拘系之，乃從維之：**拘繫住他們，又隨後解開了他們的繫縛。「拘系」指執縛、牢牢地拴住，「從維」指解開、釋放。此爻指先是用拘繫的方式使人隨己，而後解開繫縛，使人心歸附、相隨。

⑪**王用亨于西山：**君王祭祀於西山。「亨」同「享」。古人祭山以祈天下安泰祥和，

---

1. 于省吾，《雙劍誃尚書新證、雙劍誃詩經新證、雙劍誃易經新證》（北京：中華書局，二〇〇九），頁六七六。

天下安泰則祭山以告謝之。王既順隨天下人之性，則臣民亦隨己，故可祭祀西山以告天下祥和。

賞析與點評

歷史上有名的隨卦筮例

《左傳》記載了春秋時代的史事，其中的易筮均為各國重大的政治活動，春秋時期的卜筮還未擺脫巫卜的神性思維。《左傳》、《國語》中有關講論《周易》的記載共有二十二條，其中有十六條是把《周易》用於占卜，有六條不用於占卜而用來作為論證的依據。[2]在用於占卜的十六則筮例中，有一則隨卦筮例。

這則筮例記載在《左傳》，在易學史上可謂赫赫有名，出自《左傳．襄公九年》穆姜軟禁於東宮的典故。穆姜是魯宣公夫人、魯成公的母親，因有私情且干預政事，結果失敗被軟禁在東宮。穆姜剛被送進東宮之時，找卜史占筮了一卦，得到「遇艮之八」，卜史解釋說，這是「艮之隨」，認為她很快能夠脫離東宮的囚禁而出去。穆姜回答說：不對，《周易》指出「隨，元亨利貞，无咎。」必須元、亨、利、貞這四德都做到，才能夠「隨而无咎」，得以脱險。如今我身為婦人，卻參與了叛亂，本應居於下位而有不仁，不可謂元；使國家發生禍亂而不安定，不可謂亨；造作事端而害身，不可謂利；棄己位而淫亂，不可謂貞。這些行為完全不符合元、亨、利、貞的德性，有四德的人，「隨」而无咎，我這四德全都沒有，怎麼能符合「隨」之義呢？我自取惡果，能无咎嗎？一定會死在裡面，出不去了。後來穆姜果然終身未出，死在了東宮。[3] 穆姜因她的自知之明、見解應驗而留名於史。「四德」之說出於《周易》的〈文言傳〉[4]。從這一事例中可以看到，在春秋時期、孔子出生之前，諸侯貴族階層（如穆姜）就已經在用「四德」來解釋「元亨利貞」了。

---

2. 余敦康，〈從易經到易傳〉，黃沛榮主編《易學論著選集》（北京：長安出版社，一九九一），頁二五〇。
3. 穆姜薨於東宮，始往而筮之，遇艮之八。史曰：「是謂艮之隨，隨其出也，君必速出！」姜曰：「亡。是於《周易》，曰：「隨，元亨利貞，无咎。」元，體之長也；亨，嘉之會也；利，義之和也；貞，事之幹也。體仁足以長人，嘉德足以合禮，利物足以和義，貞固足以幹事。」然，故不可誣也。是以雖隨无咎，今我婦人而與於亂。固在下位，而有不仁，不可謂元；不靖國家，不可謂亨；作而害身，不可謂利；棄位而姣，不可謂貞。有四德者，隨而无咎，我皆無之，豈隨也哉？我則取惡，能无咎乎？必死於此，弗得出矣。」（晉）杜預注，（唐）孔穎達疏，《春秋左傳正義》，收入《十三經注疏（全二冊）》（上海：上海古籍出版社，一九九七），頁一九四二。
4. 《周易·乾·文言》：「元者，善之長也；亨者，嘉之會也；利者，義之和也；貞者，事之幹也。」

孔德之容，唯道是從

隨卦的主旨講追隨、順從、依從，占得此卦宜於隨人順勢而為，則亨通而沒有咎害。隨卦爻辭鼓勵人要出門交往，與人交往就會面對要選擇追隨於誰，以及加入什麼群體的問題，爻辭中以「丈夫」和「小子」來形容這種選擇，只能二選一，那麼就應當以追隨大人丈夫為好，這樣利於占問安居之事，象徵著利於安身立命。

如何能夠擁有自主性，不被外在的現象所迷惑困擾？老子對之進行思考，並提升到「道」的層面，提出：「孔德之容，惟道是從」（二十一章）、「故從事於道者，同於道」（二十三章），大德的樣態，總是追隨於大道，從事於道的人，就會合於道。如果人的內心以「道」為旨歸，行事為人都以「道」作為心中的目標和方向，就不會被欲望所誘惑和蒙蔽，所選擇追隨的人和群體也是合道者，人與人以道相交，循道而行，不會有咎害。

蠱卦第十八

巽下　艮上

蠱①：元亨，利涉大川。先甲三日，後甲三日②。

初六：幹父之蠱，有子，考无咎，厲終吉③。

九二：幹母之蠱，不可貞④。

九三：幹父之蠱，小有悔，无大咎⑤。

六四：裕父之蠱，往見吝⑥。

六五：幹父之蠱，用譽⑦。

上九：不事王侯，高尚其事⑧。

導讀

蠱卦出現在豫卦和隨卦之後，「豫」和「隨」象徵著安逸並有眾人追隨，安逸久了、追隨的人多了，必然會發生事端，有了事端就會產生亂象，所以隨卦之後是蠱卦，「蠱」表示有事情發生、有蠱亂之象。亂則思治，蠱卦的卦義又有整飭治理的意思。蠱卦卦辭講「元亨」，說明這雖然是一個有蠱亂之象的卦，但如果處理得當，可以撥亂反正，達至亨通。

譯文

蠱：大亨通，利於涉越大河（克服困難）。從甲日前三日，到甲日後三日（在此期間利於做事）。

初六：匡正父親的過錯，有這樣的兒子，已故父親留下的過失得以彌補而沒有咎害，雖危厲而終獲吉祥。

九二：匡正母親的過錯，貞問之事不可行。

九三：匡正父親的過錯，會稍有悔恨，沒有大的咎害。
六四：寬容父親的過錯，這樣發展下去會出現憾恨的局面。
六五：匡正父親的過錯，用宣揚榮譽的方式。
上九：不去事奉王侯，以高潔之志自行其事。

注釋

①**蠱（ㄍㄨˇ）**：卦名。「蠱」字本義為人肚中的寄生蟲；另有人工制蠱之說，傳說取百蟲放置於器皿中，使互相啖食，最後所剩的一蟲為蠱。後引申為「蠱亂」、「弊亂」、「過錯」。

②**先甲三日，後甲三日**：從甲日前三日，到甲日後三日（在此期間利於做事）。「甲」指甲日。古代以天干紀時，也稱「十干」，即：甲、乙、丙、丁、戊、己、庚、辛、壬、癸。「先甲三日」為甲日之前的三日，為辛、壬、癸；「後甲三日」為甲日之後三日，為乙、丙、丁，加上中間的甲日共七日，意為在此七日之內行事吉利。

③**幹父之蠱，有子，考无咎，厲終吉**：匡正父親的過錯，有這樣的兒子，已故父親留下的過失得以彌補，而沒有咎害，雖危厲但終獲吉祥。「幹」指匡正，「蠱」指過失、錯誤造成的蠱亂，「考」已經故去的父親，或喻指已經卸任的前任。

④**幹母之蠱，不可貞**：匡正母親的過錯，貞問之事不可行。「不可貞」即「貞不可」，占問不可以。

⑤**幹父之蠱，小有悔，无大咎**：匡正父親的過錯，會稍有悔恨，沒有大的咎害。「小」指程度輕微。

⑥**裕父之蠱，往見吝**：寬容父親的過錯，這樣發展下去會出現憾恨的局面。「裕」是寬裕、寬容，此處有放縱的意味。

⑦**幹父之蠱，用譽**：匡正父親的過錯，用宣揚榮譽的方式。「譽」指讚譽、榮譽，「用譽」指採用宣揚榮譽的方式。

⑧**不事王侯，高尚其事**：不去事奉王侯，以高潔之志自行其事。「事」是事奉，「不事王侯」指不走仕途，不做官差之事，如唐代李白詩曰：「安能摧眉折腰事權貴，使我不得開心顏」，即同此爻意。

賞析與點評

清除腐敗，匡正舊弊

蠱卦讚頌「幹父之蠱」，兒子匡正父親的弊端，撼動長期保守不動的積習，揭開陳腐的蓋子，清理積存的污垢，引入清流，扭轉腐壞的局面。在爻辭中，「幹父之蠱」的人，或「終吉」，或「无大咎」，或「用譽」，蘊含肯定鼓勵之意。總之，要能夠有行動的決心，去故更新，「蔽而新成」。卦辭中還有面對「幹母之蠱」的難題，爻辭指出「不可貞」，意思是對於母親不能像對父親的錯誤那樣強力匡正，言下之意是，應當以柔和中道處理為好。上九爻「不事王侯，高尚其事」者，如《老子》之「功成而弗居」、「功成而不處」，所有的匡正和努力並不是為了自己的飛黃騰達，而是為去故更新的崇高事業，功成之後，「後其身而身存」，退居不顯之地，《老子》曰：「功成身退，天之道也。」

晉侯得了蠱疾

《左傳》中有兩處引用了蠱卦，其中《左傳．昭西元年》記載晉侯患病的故事，晉侯請了秦國一位名叫和的醫生來看病，醫和看過晉侯之後曰：「疾不可為也。是謂：

『近女室，疾如蠱。非鬼非食，惑以喪志。良臣將死，天命不佑』。」接著向晉侯闡述了「天有六氣，降生五味，發為五色，征為五聲，淫生六疾」的道理，認為晉侯是由於近女色「不節不時」，所以罹患蠱疾。所謂蠱疾，是精神錯亂昏迷的病。醫和解釋「蠱」字的含義，食器裡生蟲子叫作蠱，莊稼生了飛蟲也叫作蠱，又援引《周易》中的蠱卦，說到「在《周易》，女惑男、風落山謂之蠱」。醫和認為，晉侯得病的原因是「近女室，疾如蠱」，言下之意，提醒晉侯在治療的過程必須修身修德，對欲望要自我節制。

《左傳》記載醫和為晉侯看病時間是魯昭西元年，已經到了春秋末期，禮崩樂壞、王道衰微，晉侯耽溺於享樂，得了病，醫生一看就知道這病是晉侯生活腐朽淫靡造成的，但又不能直說，就借蠱卦來說事，說是「女惑男」，其實是提醒晉侯生活要檢點。當大臣趙孟問：「何謂蠱？」醫生說：「淫溺惑亂之所生也。」晉侯自作自受罷了。[1]老子說：「五色令人目盲，五音令人耳聾，五味令人口爽，馳騁畋獵令人心發狂，難

1. 寇方墀，〈久溺逸樂必有亂，清除積弊可亨通——〈周易〉蠱卦經傳新釋〉，《周易研究》二〇一七年第二期（濟南），頁二四～三四。

得之貨令人行妨。」(十二章)人如果耽溺於感官的享樂,貪於欲樂,就會身心疲乏,產生病症,危及性命,心靈也會日益消耗枯竭,實際上是受了欲望的蠱惑。老子反問:「身與貨孰多?得與亡孰病?」(四十四章)有道的聖人不會得病,是因為聖人有清醒的自省意識:「聖人不病,以其病病。夫唯病病,是以不病。」(七十一章)所以,治蠱的最佳時機是防患於未然,若蠱疾已深,恐怕就需要外力以「幹蠱」匡正的方式治蠱了。

臨卦第十九

兌下　坤上

臨①：元亨，利貞，至於八月有凶②。

初九：咸臨，貞吉③。

九二：咸臨，吉，无不利。

六三：甘臨④，无攸利。既憂之，无咎。

六四：至臨，无咎⑤。

六五：知臨，大君之宜，吉⑥。

上六：敦臨，吉无咎⑦。

導讀

臨卦是講為政者如何「臨民」治理民眾的卦。從整個卦來看，主要描述的是君與民之間辯證互動的政治關係，重點強調居上位者應當如何正確地臨民視事，提倡與民眾心意相感通的「咸臨」、親自到民眾中去的「至臨」、通達睿智的「知臨」、敦和仁厚的「敦臨」，反對做表面文章、假公濟私的「甘臨」。

譯文

臨：大亨通，利於占問，到了八月將有凶險。

初九：用感化的方法治理民眾，占問吉利。

九二：用感化的方法治理民眾，吉祥，無所不利。

六三：用甜言蜜語哄騙民眾的治理，沒什麼好處。既然已經顧慮到了這一點，可以免除咎害了。

六四：親自到民眾中去治理，沒有咎害。
六五：用睿智的方法治理民眾，是聖明之君應該採取的最佳政策，吉利。
上六：以敦和仁厚的政策治理民眾，吉祥沒有咎害。

注釋

①**臨：**卦名。「臨」字本義是人從高處向下俯視眾物，引申為治理。臨卦是寫君主親臨、督治民眾的方策之卦。

②**至於八月有凶：**此句與「十二消息卦」[1]有關，在消息卦中，臨卦對應農曆十二月，是冬去春來之時，事態向好的方向發展。但經歷春夏之後，到了八月，就進入肅殺的秋季，凶險的考險將隨之而至。此卦辭是為告誡在好的趨勢下也要居安思危、提前有所防備才能做到好的治理。

③**咸臨，貞吉：**用感化的方法治理民眾，占問吉利。「咸」即「感」，是出於至誠的「無心之感」，二爻與初爻均為陽爻，是為政之君親臨民眾間進行體察治理，初爻是

到最基層，二爻是到達基層管理層，都是用感化的方法，所以兩爻皆吉。

④**甘臨**：指以甜言蜜語、巧言令色治理民眾，並不能做到務實守信。

⑤**至臨，无咎**：親自面對民眾，沒有咎害。「至」指到達、親臨。

⑥**知臨，大君之宜，吉**：用睿智的方法治理民眾，是這聖明之君應該採取的最佳政策，吉利。「知」同「智」，「大君」指聖明之君，「宜」指適宜、最佳。

⑦**敦臨，吉无咎**：以敦和仁厚的政策治理民眾，吉祥沒有咎害。「敦」是敦和仁厚。

---

1. 十二消息卦又稱十二辟卦，指主掌一年十二月的十二個卦。十一月復卦、十二月臨卦、一月泰卦、二月大壯卦、三月夬卦、四月乾卦、五月姤卦、六月遯卦、七月否卦、八月觀卦、九月剝卦、十月坤卦。

賞析與點評

知臨、咸臨與甘臨

臨卦的六五爻說：「知臨，大君之宜，吉。」可見臨卦確為表達政治觀點的卦。高亨認為臨卦中的六個「臨」字當即《尚書．顧命》「臨君周邦」的「臨」，國君統治臣民稱「臨」。[2]臨卦的政治觀點仍然有其現代價值，首先，居上位者施臨，居下位者受臨，各有其分位，不可混同，這是「臨」的基本前提，使政治治理成為可能，以實現現實社會中必須具備的秩序性。但這種由秩序性形成的上下級關係也會造成互不相通、兩相對立的矛盾，因此上位與下位者需要認識到雙方互動溝通的重要，政治活動要互以對方為前提，這種互動關係不是對等的，居上位者需主動「臨」，「咸臨」是溫和良好的治理方式，用感化的方法春風化雨，可以化解上下對立關係形成的矛盾，同時也會收到民眾的配合和感應，形成良好的政治互動，實現治道。

老子提出的「咸臨」策略是：「聖人云：我無為，而民自化；我好靜，而民自正；我無事，而民自富；我無欲，而民自樸。」（五十七章）我不妄為，人民就自我化育；我好靜，不折騰，人民就自然上軌道；我不多去攪擾，人民就自然富足；我沒有貪欲，人民就自然樸實。這就是聖人的「咸臨」感化之道，以順任人性自然的態度來處理政務，以潛移默化的方式來教導民眾。

居上位者以「咸臨」感化民眾，這種感化是與實際行為相配合的，不能只做表面文章。如果失去了「咸臨」的真意，既不會收到想要的治理效果，還會最終自食其果。《老子》描述了這種做法及其後果：「人多利器，國家滋昏；人多伎巧，奇物滋起；法令滋彰，盜賊多有。」（五十七章）

---

2. 高亨，《文史述林》（北京：中華書局，一九八〇），頁三〇一。

觀卦第二十

坤下　巽上

觀①：盥而不薦，有孚顒若②。

初六：童觀，小人无咎，君子吝③。

六二：窺觀④，利女貞⑤。

六三：觀我生，進退⑥。

六四：觀國之光，利用賓于王⑦。

九五：觀我生⑧，君子无咎。

上九：觀其生⑨，君子无咎。

導讀

觀卦和臨卦是一對覆卦，臨卦的卦象顛倒過來就是觀卦，卦義也相關。臨卦主要是從為政者的角度，強調為政者的修為、治國的方針、價值理念以及決策態度等，是講如何治理民眾的卦。觀卦則從為政者與民眾互為觀察、省視的角度，闡述具體的方式、方法，並判定其得失。卦辭中借舉行宗廟祭祀之禮，強調了信仰和觀念對於凝聚人心的重要性；爻辭則通過童觀、窺觀、觀我生、觀其生、觀國之光等説明不同階層在眼界、觀念上的差異，對於居位者強調了外觀和內省雙向補益的重要。

譯文

觀：進行了酌酒灌地，以禮神的灌祭而尚未薦牲奉祭，卦兆顯示滿懷敬順。

初六：用兒童一樣幼稚的眼光觀察問題，對小人來説沒有咎害，若君子如此則有憾惜。

六二：透過縫隙向外窺視觀察，利於女子占問。
六三：觀察自己的行為得失，以決定動靜進退。
六四：觀覽國家的榮光氣運，利於賓從於王事。
九五：觀察自己的行為得失，君子不會有咎害。
上九：觀察他人的行為得失（從而反省自己），君子沒有咎害。

注釋

①**觀：**卦名。「觀」有觀察、省視、瞻仰之義。

②**盥（ㄍㄨㄢˋ）而不薦，有孚顒（ㄩㄥˊ）若：**進行了酌酒灌地，以禮神的灌祭而尚未薦牲奉祭，卦兆顯示滿懷敬順。「盥」是灌祭，用酒灌地以禮神的祭禮；「薦」是薦禮，在灌祭之後，以動物犧牲獻祭神明，「薦」即「獻」。「顒」是形容體貌敬順，「若」用在形容詞或副詞後，表示事物的狀態。

③**童觀，小人无咎，君子吝：**用兒童一樣幼稚的眼光觀察問題，對小人來說沒有咎

害，若是君子則有憾惜。「小人」在此處指沒有社會經驗而目光短淺的人，「君子」指有社會職責地位而眼界較開闊的人。因為職責地位不同，所以爻辭對他們觀察事物的眼光和見地的要求不同。

④**窺觀**：透過縫隙向外窺視觀察，比喻見識狹隘。

⑤**利女貞**：利於女子占問。

⑥**觀我生，進退**：觀察自己的行為得失，以決定動靜進退。「生」是由己而出，這裡指由自身所出的行為及其帶來的後果；「進退」即知所進退。

⑦**觀國之光，利用賓于王**：觀覽國家的榮光氣運，利於賓從於王事。「光」指榮光、氣運，有光明向上之氣；「賓」指賓從，跟從王者為國家效力。

⑧**觀我生**：觀察自己的行為得失。

⑨**觀其生**：觀察他人的行為得失（從而反省自己）。

賞析與點評

「觀」的哲學意涵

觀卦六三、九五爻辭「觀我生」是觀察自己的行為得失，上九爻辭「觀其生」，是通過觀察他人的行為得失來反省自身，這種對人生的省思與對自己行為的反觀內視，表現出清醒的主體意識，似乎已經開始進入哲學思考的門檻。

到了老子，「觀」已成為重要的哲學概念。如《老子》五十四章：「以身觀身，以家觀家，以鄉觀鄉，以國觀國，以天下觀天下。」[1]這裡說的是由自身到外界的觀照考察，這裡的「觀」屬於認識論範疇的概念，而《老子》一章所論的「觀其妙」、「觀其徼」，乃屬形上本質的直觀。老子使用「觀」，由感覺的察照到智性的直觀，直覺地洞察形上實在（Reality），這是「觀其妙」的哲學意涵。[2]

所謂「觀其妙」和「觀其徼」的「觀」，不是用肉眼看，而是超越「象」的「靈悟或直覺的中斷」[3]，是與「道」一體溝通，或者說「得道」。這種與「道」溝通的「觀」，老子用「玄」來表示。然而，得「道」需要有前提條件和溝通過程，老子提出「致虛極，守靜篤」的前提，達至虛極而進入「常」是條件，「知常曰明」，居於「常」位，以「明」觀照，既可觀無、又可觀有，是一種整體直觀，然後才是與「道」溝通「玄之又玄」的過程，由此體道。應該說，提出「觀」的條件，這是老子對於「象思維」的重要發展。[4]

1. 由身、家、鄉、國、天下的修齊之道，一層層推展開來，這正是中國哲學所謂「內聖外王」的特點。
2. 陳鼓應，《道家易學建構》（北京：商務印書館，二〇一〇），頁三六。
3. 王樹人、喻柏林，〈《周易》與《道德經》在思維方式上的內在聯繫〉，陳鼓應主編《道家文化研究》第十二輯（北京：三聯書店，一九九八），頁一三六。
4. 同上註。

噬嗑卦第二十一

䷔

震下　離上

噬嗑①：亨，利用獄②。

初九：屨校滅趾，无咎③。

六二：噬膚滅鼻，无咎④。

六三：噬腊肉，遇毒，小吝，无咎⑤。

九四：噬乾胏⑥，得金矢⑦，利艱貞，吉。

六五：噬乾肉，得黃金，貞厲，无咎⑧。

上九：何校滅耳，凶⑨。

導讀

自古聖王為治，設刑罰以齊其眾，明教化以善其俗，刑罰立而後教化行。刑罰的公正嚴明是遏制罪惡滋生、確保社會安定的必須手段。噬嗑卦是講刑獄的卦，卦辭兆示可以達至亨通，但手段是利於執法斷獄。這是《周易》在提醒為政者以「臨」、「觀」進行治理，在發展經濟和改善民生的同時，不得不涉及社會的另一層面——建立司法制度、利用刑法牢獄以懲惡除奸。

譯文

噬嗑：亨通，利於執法斷獄。

初九：腳上戴著刑具遮沒了腳趾，沒有咎禍。

六二：咬食肥肉遮滅了鼻子，沒有咎禍。

六三：咬食乾肉，中毒，小有困厄，沒有咎禍。

九四：咬食連骨的乾肉，在肉裡吃到了銅箭頭，利於占問艱難的事，吉利。
六五：咬食普通的肉乾，在肉裡吃到了黃金，占問危厲之事，沒有咎禍。
上九：肩披刑具，遮沒了耳朵，凶險。

注釋

①**噬（ㄕˋ）嗑（ㄏㄜˊ）**：卦名。「噬」本義為咬，「嗑」為閉、合；「噬嗑」即咬合，此卦用以牙齒咬合的動作象徵用刑獄決斷。人有違法犯案者，決之使合於法。噬嗑卦講斷案決獄或訴訟之事。

②**亨，利用獄**：亨通，利於執法斷獄。「獄」是獄訟、罪案、官司。

③**屨（ㄌㄩˇ）校（ㄐㄧㄠˋ）滅趾，无咎**：腳上戴著刑具遮沒了腳趾，沒有咎禍。「屨」指鞋子，此處用作動詞，指腳上戴著刑具；「校」指木制刑具；「滅」是遮沒。

④**噬膚滅鼻，无咎**：咬食肥肉遮滅了鼻子，沒有咎禍。「膚」指肥肉，「噬膚」是吃肥肉的動作，象徵貪婪。

⑤**噬臘肉，遇毒，小吝，无咎：**咬食乾肉，中毒，小有困厄，沒有咎禍。「臘肉」是乾肉，「遇毒」指中毒，「小吝」指小有憾惜，無大礙。

⑥**乾胏（ㄗˇ）：**經過晾曬的帶骨肉乾，象徵事情難辦。

⑦**金矢：**指銅箭頭，象徵遇到了堅硬的阻礙。

⑧**噬乾肉，得黃金，貞厲，无咎：**咬食普通的肉乾，在肉裡吃到黃金，占問危厲之事，沒有咎禍。「乾肉」是普通肉乾，象徵事情比較好辦；「黃金」在古代為黃銅，此句意指遇到意外收穫。

⑨**何校滅耳，凶：**肩披刑具，遮沒了耳朵，凶險。「何」同「荷」，指用肩扛或擔著、背負。

賞析與點評

從「重刑輕民」到「明德慎罰」

噬嗑卦是以刑獄為主題的卦，此卦用「以牙齒咬合」的動作象徵用決斷刑獄。這個卦的卦形非常像張著的大口，上下是雙唇，雙唇內部兩排牙齒，口中橫梗著陽爻，被上下牙齒所咬齧，牙齒須用力將橫梗物咬斷，口腔才能合攏。橫梗在口中的東西，象徵社會中頑劣的犯罪者，造成社會中人與人、人與社會之間的梗塞不通，必須用刑罰去制裁和矯正才能恢復順暢正當的秩序，噬嗑卦以這樣一個形象，生動地表達了刑罰對於維護社會秩序的必要性。

噬嗑卦能對刑罰有必要性的認識，這在古代的法律制度中有鮮明的體現。「重刑輕民」思想在傳統中國法律文化中是具有相當久遠歷史的觀念，《周易》的「重刑」與先秦法家所宣導的「重刑」思想是有區別的。《周易》的「重刑」觀念意在告誡統治者應該重視刑罰的作用，通過刑罰來維護社會的穩定，而先秦法家的「重刑」思想則包括兩個主要內容，一是重視刑罰的作用，一是強調輕罪重罰，以刑去刑，真正能夠代表其法家特色的，則是其輕罪重罰的刑罰觀念。法家的思想因秦朝速亡而被後世的統治者棄而不提，而《周易》之重視刑罰作用的思想，則在中國古代具有頑強的生命力和至為深遠的影響。[1]

噬嗑卦的卜辭材料所表現的，當為殷商時期的遺存。周取代殷商之後，有了明德慎罰的思想：「惟乃丕顯考文王，克明德慎罰。」[2]周人甚至認為：「天下惟時求民主。」（《尚書．多方》）那人主竟不是民的支配者，反倒是天為民而立的，必須受到民的約束。民在這裡不再只是會說話的牲畜，而是有感情、有欲求、不可任意肆虐的人。[3]

噬嗑卦在古經的爻辭內容，表述的是很形象的動作行為，以腳上戴刑具、咬食肥肉、乾肉、連骨肉、肩披刑具等，將咬食和刑具統合在卦爻辭中，具有特殊的象徵義。噬嗑卦的卦辭直接表明了此卦是關於「利用獄」之卦，確定了解卦的方向。經過《易傳》對經文的解讀闡釋，噬嗑卦的刑罰思想得以更深入闡發，其中主要表達了利用刑獄要明、威配合的思想，既要明辨明察，又要有權威性和威懾力。在刑罰的實施過程中，則

1. 楊永林，〈《周易．噬嗑》卦的慎刑思想及其當代啟示〉，《殷都學刊》二〇一二年第三期（安陽），頁二一四～二一九。
2. （清）孫星衍撰，《尚書今古文注疏》〈康誥〉（北京：中華書局，二〇〇四），頁三五九。
3. 馮達文，《早期中國哲學略論》（廣州：廣東人民出版社，一九九八），頁二一四。

要貫徹中正用刑、剛柔相濟的原則。中正是對司法者的要求，剛柔相濟是對執法者的要求。

老子警誡用刑者：不要「代大匠斫」

如噬嗑卦所主張的重點，老子也主張對於為邪作惡者要予以懲罰：「若使民常畏死，而為奇者，吾將得而殺之，孰敢？」（七十四章）如果使人民真的畏懼死亡，對於為邪作惡的人，我們就可以把他抓來殺掉，誰還敢為非作歹？這是對民眾中極為少數行為奇詭的為邪作惡者。但同時，老子清醒地告誡施法用刑者，要防止這樣的刑罰擴大化，導致權力濫用，傷及無辜，造成更大的災難。

通篇考察《老子》文本，老子繼承了西周的慎罰思想，並進一步強調反對恃法用刑，而主張行「不言之教」。個人的「言」是指言語說話，國家的「言」則指法令。「不言之教」、「希言自然」都是主張不恃法令而民「自化」、「自均」，既然不恃法令、不立威權，那麼刑罰就隨之棄而不用。「夫立法令必定賞罰之科，賞至於高官，罰至於殺戮，不如是，不足以維法令，然而老子以殺戮為大戒。」[4]這與老子所處的時代息息相關，春秋末期周文疲弊，戰亂頻仍，暴虐殺戮橫行，「過剛則暴」的風氣席捲天下，掌握權力者為維護一己之利，斧鉞威禁、濫施刑罰，以此作為控馭民眾的工具。人皆有死，但應享盡天賦的壽命後自然死亡，老子指出當由「司殺者殺」，如果有人代替天行殺戮之事，就是代大匠斫，「夫代司殺者殺，是謂代大匠斲。夫代大匠斲者，稀有不傷其手矣。」（七十四章）老子對當時的嚴刑峻法逼使人民走向死途的情形，提出沉痛的抗議，指出違反天道的暴政者終將被反噬，「民不畏威，則大威至」（七十二章）王弼曰：「棄其謙後，任其威權，則物擾而民僻；威不能複製民，民不能堪其威，則上下大潰矣，天誅將至。」

4. 王力，《老子研究・道用・非戰》（天津：天津古籍書店，一九八九），頁五四。

賁卦第二十二

離下　艮上

賁①：亨，小利有攸往②。

初九：賁其趾③，舍車而徒④。

六二：賁其須⑤。

九三：賁如，濡如，永貞吉⑥。

六四：賁如，皤如，白馬翰如。匪寇婚媾⑦。

六五：賁於丘園，束帛戔戔⑧，吝，終吉⑨。

上九：白賁⑩，无咎。

導讀

賁卦是講裝飾打扮的卦。從爻辭來看，整體描述了古代一位新郎前往迎娶新娘的過程。新郎先把腳整理一番，穿了一雙漂亮的鞋子，而且為了顯示鞋子的美，他不坐車子就徒步上路了。再看這位新郎的鬍鬚梳理得整齊漂亮，衣服也穿戴潔淨清新，周身修飾得無比美好，出門前進行了占問，顯示長久吉利，是一樁好婚姻。殷商崇尚白色，娶親穿白色代表高貴吉利，這位新郎穿著一身潔白的衣袍，騎上俊逸的白馬飛奔，來到新娘家的莊園，送上束帛彩禮，禮物雖然不多，但他的真誠和帥氣打動了新娘，迎娶成功，圓滿吉利！整個卦洋溢著美好的氛圍和喜慶氣息，反映了古人的審美觀。從賁卦的爻辭中，可以看到對於外貌之美的追求與文飾，內含著所崇尚的文質彬彬、不慕虛榮、高潔素雅、真誠尊重的人格之美。

譯文

賁：亨通，小有利於前往。

初九：把腳整理一番，捨棄車子而徒步走去。

六二：修飾他的鬍鬚。

九三：文飾美好的樣子，潤澤光鮮的樣子，占問長遠之事吉利。

六四：文飾美好的樣子，潔白素淨的樣子，騎在白馬上奔馳如飛。他們不是強盜，是來求婚的。

六五：在（女方）修飾一新的莊園裡，獻上為數不豐的聘物。顯得有些吝嗇，但最終吉利。

上九：裝飾得潔白素雅，沒有咎害。

注釋

①**賁（ㄅㄧˋ）**：卦名。「賁」的本義指修飾、文飾、打扮。

②**小利有攸往**：意思是可以有所前往，但利處不大。

③**賁其趾**：將腳修飾過了，或是穿上了漂亮的鞋子。

④**舍車而徒**：「舍」是捨棄，「徒」是徒步、不乘車，藉以彰顯腳部之美和心中的誠意。

⑤**賁其須**：修飾鬍鬚。「須」的古字為「鬚」，指人的臉上及下巴、兩頰的鬍鬚。

⑥**賁如，濡如，永貞吉**：文飾美好的樣子，潤澤光鮮的樣子，占問長遠之事吉利。「如」為語助詞，意謂樣子；「濡」是形容潤澤光鮮，「永」指長久。

⑦**賁如，皤（ㄆㄛˊ）如，白馬翰如，匪寇婚媾**：文飾美好的樣子，潔白素淨的樣子，騎在白馬上奔馳如飛。他們不是強盜，是來求婚的。「皤」是白色，此處形容打扮得潔白素淨、一塵不染；「翰」本指鳥羽之長而勁者，此處形容白馬奔馳像鳥飛一樣快；「匪」即「非」；「婚媾」即求婚。

⑧賁于丘園，束帛戔戔：在（女方）修飾一新的莊園裡，獻上微薄的聘物。「丘園」是莊園、家園，此處指女方家修飾一新的莊園；「束帛」是捆成一束的布帛，古時作為聘問、饋贈的禮物；「戔戔」形容少。

⑨吝，終吉：有些吝嗇，最終吉利。「吝」是吝嗇、小氣，因而起初事情不太順利，但最終的結果吉利。

⑩白賁：賁極返素，呈現潔白素雅之美。

賞析與點評

迎親的隊伍裝扮一新

從《周易》古經的本義來看，賁卦所展示的是一位新郎帶著迎新的隊伍去迎接新娘的場景。卦辭言進行賁飾可以亨通，但賁飾對於前往迎親僅起到小有利的作用，最重要的還是新郎及其家族的誠意。

賁卦的六個爻描述了迎親的過程。初爻講先將腳打扮一番，不乘車而徒步前往，描寫迎親隊伍裡年輕人充滿了活力與喜悅。六二爻修飾鬍鬚，描寫迎親隊伍裡年長者也要修飾一番。九三爻描寫整個迎親隊伍已裝飾得光鮮亮麗，可以出發了。六四爻描寫文飾美好的新郎與親族夥伴們騎著白馬奔馳在原野上，青春飛揚，他們不是來搶婚，而是來求婚迎親的。六五爻來到新娘家族修飾一新的莊園裡，新郎獻上少少的絲帛作為聘物，顯得有些吝嗇，不夠奢華，但女方更看重新郎的真誠和美好的品格，對於聘禮並不介意，最終吉利。上九爻講到新郎成功迎娶新娘回家，新娘的裝扮也不追求華美，而是裝飾得潔白素雅，如清水芙蓉般美麗，沒有咎害，迎親順利成功。

白賁无咎

上一則是以古經本義來讀賁卦，如果結合《易傳》來讀，就會看到其象徵義，反映了古人的審美觀，其中有著對於文與質的辯證思考，透顯出更深層的意蘊。賁卦卦辭表示，占得此卦是可以亨通的，但只是小有利於前往，不能依靠文飾做大事。

賁卦六四爻辭「白馬翰如」，就是講事物純潔無偽的底色，提倡保有其天然之美。六五爻「賁於丘園，束帛戔戔，吝，終吉」，如果我們把人生視作一座丘園的話，那麼我們該如何去文飾呢？爻辭說，不如退去那些多餘的文飾，以誠以儉，活出本真，樸素自然的生活，這樣雖然有些簡樸，不夠豪華，但卻可以得「終吉」，這是因其具有了真和善，成就了內在沉靜篤實之美。

一切喧嘩躁動必復歸於平靜，所有浮誇豔飾終會打回原形，只有返樸歸真，回復本我，才得長久，才可免災禍。這就是以彩飾為義的賁卦最後用「白賁」結束的深意所在。前人詩曰：「一語天然萬古新，豪華落盡見真純。」（元好問《論詩絕句》）和「白賁」的道理正一脈相通。[1]上九的「白賁，无咎」，是返歸於本色，洗盡鉛華，賁極而復於無色的大美。

1. 周錫䪖，《周易——導讀及譯註》（香港：中華書局，二〇一七），頁一八二。

剝卦第二十三

艮上　坤下

剝①：不利有攸往②。

初六：剝床以足，蔑，貞凶③。

六二：剝床以辨，蔑，貞凶④。

六三：剝之，无咎⑤。

六四：剝床以膚，凶⑥。

六五：貫魚，以宮人寵，无不利⑦。

上九：碩果不食，君子得輿，小人剝廬⑧。

導讀

剝卦的卦義是不斷被侵蝕、剝落。從卦形來看，五個陰爻在下，一個陽爻在上，這是長期被剝蝕形成的危局，陰爻從初爻一路向上侵蝕陽爻，一直侵略到第五爻，僅剩下最後一個陽爻，搖搖欲墜。在自然界裡，象徵著陰氣上升，陽氣衰微，草木凋零，即將進入最寒冷的季節。卦辭指出「不利有攸往」，在這種情況下不宜前往做事情。爻辭則描述了逐漸被侵蝕的過程，從過程中可以看到循序、漸變的思想，同時隱含著陰和陽對待轉化的辯證思想。

譯文

剝：不利於有所前往。

初六：剝蝕了床足，沒看清，占問有凶險。

六二：剝蝕了床板，仍然沒看清，占問有凶險。

六三：繼續沿床向上剝蝕，（人）還沒有災患。
六四：剝蝕了床之後，侵蝕到肌膚，凶象彰顯。
六五：如魚連貫而出，因宮人受寵，沒有不利。
上九：碩大的果子沒有被剝蝕，君子得以乘車而行，小人則剝去了廬舍。

注釋

①**剝**：卦名。「剝」為剝落、剝蝕。「剝」字是指用刀或其它工具刮削、侵蝕、剝落，其過程是使事物漸次銷蝕。

②**不利有攸往**：不利於有所前往。「攸」指所。

③**剝床以足，蔑，貞凶**：剝蝕了床足，沒看清，占問有凶險。「以」是「之」的意思，「足」是床足、床腳。「蔑」的本義指眼睛被眼屎糊住看不清事物，《說文》：「蔑，目眵也。」此處象徵危險已經在剝蝕根基，人卻沒有覺察到、沒有引起注意，事態已經呈現凶象。

④剝床以辨，蔑，貞凶：剝蝕了床板，仍然沒看清，占問有凶險。「辨」是床板。

⑤剝之，无咎：繼續在床向上剝蝕，（人）還沒有災患。「之」代指床。

⑥剝床以膚，凶：剝床之後侵蝕到了肌膚，凶象彰顯。「膚」指坐在床上的人的肌膚。

⑦貫魚，以宮人寵，无不利：如魚連貫而出，因宮人受寵，沒有不利。「貫魚」是成串結隊的魚，形容宮人們魚貫而出，因為她們受寵得以隨君王外出避難。「以」是「因」的意思。

⑧碩果不食，君子得輿，小人剝廬：碩大的果子沒有被剝蝕，君子得以乘車而行，小人則剝去了廬舍。「食」同「蝕」；「輿」是車，「得輿」指乘車；「剝廬」指剝去廬舍。

賞析與點評

高而倚者崩

剝卦由坤卦和艮卦組成，坤為地，艮為山，坤在下，艮在上，是山高於地之象。以其自高於地，所以會日漸被剝蝕削損。如果上下兩卦互換位置，改為艮在下、坤在上，就是山入於地之象，是謙卦，自我謙遜處世，不炫耀，不自視甚高，常存自我減損、自省的意識，節制且篤實，從而「亨，君子有終」。《老子》六十六章：「以其善下之，故能為百谷王。」剝卦與謙卦的結構是相反的，相較而言，剝卦有失謙德，《黃帝四經》：「高而倚者崩。」山因其高而不斷被剝蝕，日久必覆於地，如同泰卦的「城復于隍」，剝卦的卦辭「不利有攸往」，因此觀剝卦當知勸謙之義。

未兆易謀

從剝卦的卦、爻辭直接描述的現象來看，是人所坐躺的床被不斷侵蝕的過程，這個過程自下而上，從床足到床板，悄然侵蝕變質，而坐在床上的人渾然沒有察覺，危險和侵害一步步漸次深入。此卦對於事物發展的漸進性作了非常清晰地描述，而這種漸進是一種破壞性的、解構性的，從而剝卦本身是警醒戒懼之卦，提醒對於侵蝕、腐化的危害要有警惕性，要儘早察覺、防微杜漸。《老子》云：「其安易持，其未兆易謀；其脆易泮，其微易散。為之於未有，治之於未亂。」（六十四章）表達的就是如此思想，要注意禍患的萌發，在禍患發生之前，先作預防。

碩果不食

隨著爻位的變化，剝卦爻辭表現出對大勢的認知與具體境遇相結合，進行區別對待的思想。剝勢自初爻剝足之微至四爻剝膚之盛，至五爻剝勢已由盛轉衰。古人以得魚為吉兆，《敦煌遺書．周公解夢書》：「夢見得魚，百事如意。」六五爻辭取貫魚為象，象徵無不利。既然五爻時剝勢已盡，最上爻的陽爻就不會被剝蝕掉，「碩果不食」，這一枚陽剛種子的留存，為接下來的「一陽來復」埋下了伏筆。

復卦第二十四

震下　坤上

復①：亨。出入无疾，朋來无咎②。反復其道，七日來復，利有攸往③。

初九：不遠復，无只悔④，元吉。

六二：休復，吉⑤。

六三：頻復，厲无咎⑥。

六四：中行獨復⑦。

六五：敦復，无悔⑧。

上六：迷復，凶，有災眚⑨。用行師，終有大敗，以其國君凶，至於十年不克征⑩。

導讀

復卦與剝卦是一對覆卦，剝卦的卦形顛倒過來就是復卦。兩卦的卦義兼具相承和相反的關係。就相承的關係而言，剝卦的剝蝕之勢達到極致就剝極必復，趨勢由陰長轉為陽升，進入了復卦階段；就相反的關係而言，剝卦是以陰逐漸替代陽，而復卦則是以陽逐漸替代陰，趨勢恰好相反。因此，可以把剝和復看作是一個完整的往復循環運動。復卦的卦辭顯示為亨通，在剝落之後，迎來新的開始。一個陽爻在最底層萌生，象徵著重現生機，陽氣將會逐漸升騰。

譯文

復：亨通，出行歸來沒有疾患，朋友來訪沒有咎害。沿著原來去時的道路返回，七天可以往返，利於有所出行。

初九：沒走多遠就會返回，沒有大的悔恨，大為吉利。

六二：喜慶地回來，吉利。
六三：皺著眉回來，雖有危險而沒有咎害。
六四：走到中途獨自返回。
六五：心地敦厚、滿懷質樸地返歸，沒有悔恨。
上六：迷失了返歸之路，凶險，有災患。用以行師征戰，最終會有大敗，累及其國君也遭受凶險，致使今後長達十年都不可能再出兵。

注釋

①**復**：卦名。「復」有反、返二義，「反」是指事物發展至極端而向相反的方向轉化，「返」是事物走向反向極端後又復歸。

②**出入无疾，朋來无咎**：出門回來沒有疾患，朋友來訪沒有咎害。「朋」在《易》中有二義，一為「朋貝」（貨幣），二為朋友；此指朋友。

③**反復其道，七日來復，利有攸往**：沿著原來去時的道路返回，七天可以往返，利

於有所前往。「反」同「返」，指返回，「其道」指原來走的道路；「七日」是以七天為一個週期，剝卦之陽被逐爻剝蝕殆盡，到復卦一陽來復，需經七日，因此以「七日來復」代表一個週期。

④**不遠復，无只悔**：沒走多遠就會返回，沒有大的悔恨。「只」同「祇」，大的意思。

⑤**休復，吉**：喜慶地回來，吉利。「休」是美善、喜慶。

⑥**頻復，厲无咎**：皺著眉回來，雖有危險而沒有咎害。「頻」同「顰」，指皺著眉憂心忡忡的樣子；「厲」是危厲、危險。

⑦**中行（ㄏㄤˊ）獨復**：走到中途獨自返回。「行」指道路，「中行獨復」是走到中途獨自返回。

⑧**敦復，无悔**：心地敦厚、滿懷質樸地返歸，沒有悔恨。「敦」指敦厚質樸。

⑨**迷復，凶，有災眚（ㄕㄥˇ）**：迷失了返歸之路，凶險，有災患。「眚」是災患。

⑩**以其國君凶，至於十年不克征**：累及其國君也遭受凶險，致使今後十年之久也不能夠再出兵。「以」是連及、累及，「十年」是形容很長的時間，「克」指能夠。

賞析與點評

「七日來復」

前面的剝卦如萬物凋零之時，滿目蕭瑟，而復卦則為一陽來復，如同一元復始，預示著大地回春。卦象是震雷發於坤地之中，春雷初動，生機萌發，大地復蘇。占得此卦，預示吉兆，將迎來新的生機。復卦之「復」，內含了一種必然性和週期性，先是「往」，而後「復」，形成一個循環，沒有一刻停留，再繼續循環下去。分步驟而言，其中包含事物向其反面轉化的一種趨勢，如《老子》二十五章：「有物混成，先天地生。寂兮寥兮，獨立而不改，周行而不殆，可以為天下母。吾不知其名，強字之曰道，強為之名曰大。大曰逝，逝曰遠，遠曰反。」「道」是個動體，周流不息地運轉著，但它本身不會隨著運轉消失，而是終則有始，更新再始。天地間事物運行的規律是離開原點向外越行越遠，這本身是一個與自身反向的運動，但當到達行程極點的時候，就會從那個極點再朝返回的方向運行，泰卦九三爻《小象傳》說「无平不陂，无往不復」也揭示了這個規律，就是事物運行到達極處必然會返回來，最終完成一個週期，而其運動的內在動力就在於「反者，道之動」（四十章）。從運動的狀態而言，自遠處回來，即為「復」。

復卦的卦辭「七日來復」歷來有多種解釋。「七日來復」中的「七日」是表徵「復」的「數」，對於這個奇妙的「數」，黃壽祺（一九一二—一九九〇）、張善文合著的《周易譯註》這樣解釋：「七日，借取日序週期『七』象徵轉機迅速，猶言過不了七日。」[1]「七日」代表一個週期，「七日來復」是一種在定「數」之內的復歸。終而又始，由自身再次展現新的興發，稱作復興。宇宙萬物如此循環往復，沒有窮盡。對於這個「日序週期」，《周易譯註》引證出土文物資料說，在青銅器銘文中保留著一種現存文獻失載的周初紀日法，即按月亮盈虧規律，分每月為四期，每期七日（或因大小月有八日者），從月初至月末依序取名為「初吉」、「既生霸」、「既望」、「既死霸」，「七日」正為日序週期轉化之數；「七日來復」猶如我們今天說「不到七天就會回來」。

1. 黃壽祺、張善文，《周易譯註》上冊（上海：上海古籍出版社，二〇〇七），頁一四三。

老子「觀復論」

《周易》經文「復」字十五見，都是返回、歸來的意思。[2]《周易》古經言「復」，語意質樸，從字面義來看，只是描述出門後在不同的情形下帶著不同的心情回來的情景，有時喜慶，有時皺眉，有時孤獨，有時敦厚，還有時迷路找不回來，此時尚未顯示出明顯的哲學內涵。幾百年後，老子繼承之，並提升到哲學層面，一方面發展出向對立面轉化及循環往復的辯證思想，另一方面提升到用以描述宇宙萬物運動狀態及其規律的哲學思考，從而得出「反（返）者，道之動」、「周行而不殆」的哲學命題。《老子》云：「致虛極，守靜篤，萬物並作，吾以觀復。夫物芸芸，各復歸其根。歸根曰靜，靜曰復命。復命曰常，知常曰明。不知常，妄作凶。」（十六章）這可以稱作是老子的「觀復論」，與《周易》復卦「七日來復」的精神相契。

2. 《周易》除復卦卦名外，經文「復」見於訟、小畜、泰、復、睽、解、漸等卦辭和爻辭中。泰卦上六「城復于隍」的「復」，通「覆」字，傾覆之意（見高亨《周易古經今注》），其餘皆為返回、歸來的意思。

无妄卦第二十五

震下　乾上

无妄①：元亨，利貞。其匪正有眚，不利有攸往②。

初九：无妄，往吉。

六二：不耕穫，不菑畬，則利有攸往③。

六三：无妄之災，或系之牛，行人之得，邑人之災④。

九四：可貞，无咎。

九五：无妄之疾，勿藥有喜⑤。

上九：无妄，行有眚，无攸利。

導讀

无妄卦揭示並強調了一個重要的道理，那就是人與萬物皆應順天道自然的法則運行，不可違背自然法則而妄作妄為。卦辭「元亨，利貞」說明是一個占問有利的卦，可以亨通，但是此亨通是有條件的，「其匪正有眚」，所行要「正」，否則就會有「災眚」。這裡的「正」，便是天道，啟示遵循天道規律的重要性。

譯文

无妄：大亨通，利於占問。那些不守正道的人則有災禍，不利於有所前往。

初九：不妄為，前行吉利。

六二：不在剛開始耕作時就期望立刻獲得豐收；不在荒地剛開墾時就期望它立即變成良田，則利於有所前往。

六三：沒有妄為卻惹上災禍，有人拴了牛在那裡，被過路的行人牽走了，村邑裡的人卻遭了殃。
九四：可以占問，沒有咎害。
九五：沒有妄為而染了小病，不用吃藥就會自然康復。
上九：不要妄為，一旦行動就會有災禍，無所利。

注釋

①**无妄：**卦名。「妄」有胡亂、非分、不實之義，「无妄」則指真實、正當、不虛妄、不妄為。

②**元亨，利貞。其匪正有眚，不利有攸往：**大亨通，利於占問。那些不守正道的人則有災禍，不利於有所前往。「其」是代詞，指那些，「匪」同「非」，「眚」的本義指眼睛生病，引申為災禍，「攸」即「所」。

③**不耕獲，不菑（ㄗ）畬（ㄩˊ），則利有攸往：**不在剛開始耕作時就期望立刻獲得豐收；不在荒地剛開墾時就期望立即變成良田，則利於有所前往。「菑」是初墾的荒田，

「畬」是已經耕種了三年的熟田。此爻辭喻指心無虛妄之求，不急於求成，一切順自然而為，如此則利於有所前往。

④**无妄之災，或系之牛，行人之得，邑人之災：**沒有妄為卻惹上災禍，有人拴了牛在那裡，被過路的行人牽走了，村邑裡的人卻遭了殃。「或」指有人，「得」是得到了那頭牛。

⑤**无妄之疾，勿藥有喜：**沒有妄為而染了小病，不用吃藥就會自然康復。「疾」是小病，「勿」指不用，「藥」是用藥醫治，「喜」是喜慶，於疾病而言即「康復、痊癒」。

賞析與點評

「不耕獲，不菑畬」

在卦爻辭中，可以看到上古時期的民俗。无妄卦六二爻辭：「不耕獲，不菑畬。」涉及到了當時的生產習俗。據《爾雅・釋地》：「田，一歲曰菑，二歲曰畬。」一塊農田在三年裡要經過三個不同的利用階段，即第一年休耕長草，以恢復地力；第二年清除草木，復墾為田，故謂新；第三年整治成熟，才可利用。這說明此時的農業文明已由所謂「生荒耕作制」，進入到更高層次的「熟荒耕作制」。[1] 六二爻辭的意思是說，要順應自然規律，重視地力的生長週期，不做虛妄貪婪、耗損地力的事，有利於長期的生存發展。

知常，不妄，即「无妄」

妄，指胡亂、荒誕、不合理，引申為虛妄、不真實。「无妄」就是沒有虛妄，沒有虛妄也就包含了客觀的真實合理與主觀的誠實正當，體現在念頭上是无妄念、无妄想，體現在行動上則為不妄求、不妄言、不妄動。《周易折中》引邱富國的話說：「若真實无妄之人，則純乎正理，禍福一付之天，而無苟得倖免之心也。」只要內誠其心、外正其身，仰不愧於天，俯不怍於地，一切合於天道、正理，如此便臻達真實无妄的人生境界。

老子的「正言若反」常常是《易經》說理的表達方式，表現在許多卦中。以无妄卦為例，當它在肯定「无妄」時，告誡的往往是「有妄」，這裡體現了《易經》作者的憂患意識、矛盾轉化意識、防範性的預見意識。正因為如此，《易經》的提示才具有啟發性，才更加適合於占卜的需要。[2]

无妄卦由震下乾上組成，乾為天，震為雷，天下雷行，以震雷順天道而行，象徵萬物運行，一派自然，真實无妄。老子思想的核心是自然無為，「無為」的基本內涵就是讓事物保有其本然，運行皆順天道自然而不妄為，可謂得「无妄」之精神。

1. 袁行霈總顧問、張慶利主編，《中國文學史話．先秦卷》（長春：吉林人民出版社，一九九八），頁七七。
2. 劉蔚華，《解讀周易》（濟南：齊魯書社，二〇〇七），頁一八五。

大畜卦第二十六

乾下　艮上

大畜①：利貞，不家食②，吉；利涉大川。

初九：有厲，利已③。

九二：輿說輹④。

九三：良馬逐，利艱貞⑤。曰閑輿衛，利有攸往⑥。

六四：童牛之牿，元吉⑦。

六五：豶豕之牙，吉⑧。

上九：何天之衢，亨⑨。

導讀

大畜卦與小畜卦的卦義都是講蓄積，所蓄有大、小之分，並且卦中描述的場景和蓄積方法也明顯不同。小畜卦講的是農作物耕種，需要等待雨水的降臨，對於生產資料農作物的蓄積，稱作小畜。大畜卦講打獵和馴服獵物，並將之蓄養成為家畜，對於野牛和野豬這種大型動物進行捕獵和馴化畜養稱為大畜。大畜卦辭說在外出打獵之前占了一卦，得到的兆示為「吉利」，利於涉過大河到遠處去，去做什麼呢？根據爻辭所示，是出外打獵，打獵需要長時間在野外尋找和追逐，到時候會帶著獵物回來，所以卦辭說「不閒居於家中飲食，吉利」。六爻講打獵、獵歸和對動物進行馴服的過程。此為經文所展示的場景，其象徵則透露了約制、蓄養之義。

譯文

大畜：利於占問，不閒居於家中飲食，吉利。利於涉過大河。

初九：有危險，宜於停止。

九二：車身與車軸脫節（缺少了重要的部件而不能行動）。

九三：駿馬奔馳競逐，占問艱難之事有利。所以說要練習好駕車防衛的本領，利於有所前往。

六四：小牛角上綁上橫木（防其用角頂撞人），大吉。

六五：閹割之豬的牙齒（不會再咬人），吉利。

上九：背負青天暢達無礙地翱翔，亨通。

注釋

①**大畜**：卦名。「畜」的本義畜養、培養，又「畜」同「蓄」，有蓄積、積聚義。兩種詞義相關，畜即是養，養才能蓄。

②**不家食**：不閒居於家中吃閒飯，而是在外有謀食的差事。「利涉大川」比喻利於有所行動，要克服困難去做事情。

③**有厲，利已**：有危險，宜於停止。「厲」是危厲、危險，「已」是停止。

④**輿說輹**：車身與車軸脱節（缺少了重要的部件而不能行動）。「輿」指車箱、車身，「説」通「脱」，「輹」是古代車箱下面和軸相鉤連的木頭。輹脱落，車與軸就會分離脱節。

⑤**良馬逐，利艱貞**：駿馬奔馳競逐，占問艱難之事有利。「逐」是競相奔逐。

⑥**曰閑輿衛，利有攸往**：所以説要練習好駕車防衛的本領，利於有所前往。「曰」即「説」，是引出結論之辭；「閑」是練習；「輿」的本義為車，這裡指駕車的本領；「衛」是防衛。

⑦**童牛之牿（ㄍㄨˋ），元吉**：小牛角上綁上橫木（防其用角頂撞人），大吉。「牿」

指綁在牛角上使其不能觸人的橫木。

⑨豶（ㄈㄣˊ）豕（ㄕˇ）之牙，吉：閹割豬的牙齒（不會再咬人），吉利。「豶」指閹割，「豕」是豬。

⑨何天之衢（ㄑㄩˊ），亨：背負青天暢達無礙地翱翔，亨通。「何」古同「荷」，指擔負；「衢」指通衢，四通八達的通道，形容暢達無礙。「何天之衢」的意境如《莊子・逍遙遊》所云：「絕雲氣，負青天」，形容大鵬在天空中展翅高飛。

賞析與點評

古代的畜牧業

大畜卦可與小畜卦相參看。小畜卦講的是耕種農作物，需要等待雨水的降落。先民耕種農作物並將收穫蓄積起來，作為生活的基本保障，稱作小畜。大畜卦講打獵和馴服獵物，並將獵物蓄養成為家畜，用來作為長期的工具或食物，這是初民生活的進一步提升，稱作大畜。

在此卦中，良馬用以載人奔競，小牛角上綁上橫木以防止抵觸，豬被閹割以除其躁性，這些爻辭是古代對於馴養和改造獵物的經驗紀錄。古人因為能夠改造和駕馭外物、能夠創造和使用工具，才得以逐步建立早期的人類文明。在古代，人與動物的關係非常密切，在《易經》中有許多動物的形象，比如龍、馬、牛、豬、羊、雞、靈龜、鴻雁、鶴、飛鳥、狐狸等，除了龍之外，其它動物都是先民生活中常見的動物，《易經》根據這些動物不同的習性，卜辭取象比類，以動物的意象來揭示卦兆，以象徵吉凶。

老子繼承《易經》的表現手法，在其書中提到的動物也很豐富，其中包括馬、犀牛、虎、魚、雞、犬等具體的動物，也有牝、牡或謂「蜂蠆虺蛇」、「攫鳥猛獸」之類的泛稱，還有「芻狗」這樣的模擬動物，均為當時人們生活經驗中的動物。老子以這些動物設喻，取象比類，借之闡發其哲學思想和價值理念，比如老子以「走馬以糞」、「戎馬生於郊」不同的現象揭示天下有道和無道，進而強調反戰的思想。以「魚不可脫於淵」比喻「國之利器不可以示人」，提醒統治者要懂得含藏和守柔，才能夠免於衰敗。以兕虎、猛獸、攫鳥等有攻擊性的動物象徵危險，提醒人只要遵循「道」，不去涉險侵犯牠們，便可避免災禍；不犯難，不爭利，甚至「拱璧駟馬」這些獻禮都不如「坐進此道」。以動物之「牝」象徵生殖、涵容、寧靜，以「牡」象徵與柔弱相對的剛強，進而闡發「牝常以靜勝牡」、柔弱勝剛強的關係。總之，以動物喻人、喻事、生動直觀地闡發深刻哲理是老子常用的一種表現方法，這是對《周易》古經取象比類之表現方法的繼承。兩者差異處在於，相較《易經》爻辭中動物具象特徵、從而「由象生義」而言，老子借用動物形象特徵則顯明地出於「因義取象」。

何天之衢

大畜卦上九爻辭：「何天之衢，亨。」「何」古同「荷」，有承擔、擔負、包容之義。「衢」指通衢，即通途，四通八達的通道，「何天之衢」已超出了一般道路的含義，可解釋為包容天地的大道，似已有「天道」的意義，故爻辭占斷為「亨」。顧文炳著文論曰：「作為肩荷天道的人，當然辨事暢順通達，無往而不利。《老子》中『道』的雛形，已經在《周易》古經中孕育而成，而且獲得比較完整的意義。《易》、《老》相通，在這一點上也是顯而易見的事實。」[1]

1. 顧文炳，《易道新論》（上海：上海社會科學院出版社，一九九六），頁一六。

頤卦第二十七

震下　艮上

頤[1]：貞吉，觀頤，自求口實[2]。

初九：舍爾靈龜，觀我朵頤，凶[3]。

六二：顛頤，拂經，于丘頤，征凶[4]。

六三：拂頤，貞凶[5]。十年勿用，无攸利。

六四：顛頤，吉[6]。虎視眈眈，其欲逐逐，无咎[7]。

六五：拂經，居貞吉，不可涉大川[8]。

上九：由頤，厲吉，利涉大川[9]。

導讀

頤卦是講頤養的卦，跟吃飯有關。頤卦的卦形很特殊，如同一個張開的大口，上下是嘴唇，中間是兩排牙齒，張開大嘴等著吃東西。卦辭說：「貞吉，觀頤，自求口實。」卜問，是一個吉卦，看著別人吃飯，明白了要自己求取食物，依靠自己解決吃飯問題以養活自己，不羨慕和依靠他人。這是本卦所要表達的核心思想，就是要「自食其力」，同時在卦中還推崇像靈龜那樣食氣自養，有養氣以延壽的思想跡象。

譯文

頤：占問吉利，觀看兩腮（是鼓是癟），明白要自謀口糧（自食其力）。
初九：捨棄你靈驗的大龜，卻羨慕地觀看我大快朵頤，凶。
六二：填滿兩腮（糊口），不循常道，往高處去求食，前往凶險。
六三：不能自養，占問凶險。十年都不能有作為，無所利。

六四：填滿兩腮（糊口），吉利。像老虎那樣目不轉睛地專注於食物，它獲取目標的欲念那樣迫切，沒有咎害。
六五：不循常道，占問居處吉利，不可涉越大河。
上九：由此而得到頤養，雖經歷危險而最終吉利，利於涉越大河。

注釋

①**頤**：卦名。「頤」本義為腮部，人吃東西的時候，兩腮就會動，因為這部位跟吃食物有關，所以「頤」就有了「養」的意思。

②**貞吉，觀頤，自求口實**：占問吉利，觀看兩腮，就明白要自謀口糧。「自求口實」指自己謀求食物、自食其力的意思，「口實」是口裡的食物。

③**舍爾靈龜，觀我朵頤，凶**：捨棄你的靈龜，卻羨慕地觀看我像花朵一樣隆起的兩腮，凶。「爾」是你，指卜卦者；「靈龜」是靈驗的大龜，可以食氣而長壽，因此古人認為龜是有靈性的；「朵頤」指兩腮鼓起像花朵一樣，說明有滿嘴食物正在咀嚼，形容

享受食物。此爻的意思是，捨棄你自己謀生的本領而羨慕別人口中的食物，不去發揮一己之長、自食其力，而是盲目地羨慕效仿別人，結果為凶。

④**顛頤，拂經，于丘頤，征凶：**填滿兩腮，不循常道，往高處去求食，前往凶險。「顛頤」讀為「填頤」，指糊口、填飽肚子；「拂」即不的意思；「經」指常，《廣雅》：「經，常也」。「拂經」指不正常，意思是不走正常路徑，也就是不循常道。「丘」是高坡，「頤」是頤養，「于丘頤」是形容往高處去求食。

⑤**拂頤，貞凶：**不能自養，占問凶險。

⑥**顛頤，吉：**填滿兩腮，吉利。

⑦**虎視眈眈，其欲逐逐，无咎：**像老虎那樣目不轉睛地專注於食物，牠獲取目標的欲念那樣迫切，沒有咎害。「眈眈」形容眼神專注、心無旁騖，「逐逐」指迫切強烈，志在必得。

⑧**拂經，居貞吉，不可涉大川：**不循常道，占問居處吉利，不可涉越大河。「居貞吉」即「貞居吉」，占問安居吉利，意思是安居不出門為吉。「大川」是大河，在古代，大河是天險，代表困難和危險，涉川是危險的事情。

⑨**由頤，厲吉，利涉大川**：由此而得到頤養，雖經歷危險而最終吉利，利於涉越大河。「由」是原因、來由，「由頤」指由此而得到頤養，與豫卦九四爻「由豫」之義相似。「厲吉」指雖危而吉，經歷了危險而得到吉利的結果。

賞析與點評

「靈龜」之靈

龜在古代被認為是有靈性的動物，被稱作「靈龜」，是古代「四靈」之一。《禮記．禮運》：「麟鳳龜龍，謂之四靈。」龜在有甲類動物中，列位於長，稱為神龜。《大戴禮記．易本命》：「有甲之蟲三百六十，而神龜為之長。」

為什麼龜會被認為既神且靈呢？第一，因為龜的壽命長。《洪範．五行傳》：「龜之言久也，千歲而靈，此禽獸而知吉凶也。」第二，因為龜的形狀和顏色特殊，龜殼蓋穹隆似天空，下方則平展似大地，代表著上法天，下法地，得天地之靈氣，而其色彩含五色，被認為是包含五行。《洛書》：「靈龜者，黝文五色，神靈之精也，上隆法天，下方法地，能見存亡，明於吉凶。」所以，龜被認為能夠預知存亡吉凶，因而龜就成為了「靈龜」，古人用神祕的靈龜來進行占卜，以求靈驗。

《易》、《老》養生之道

頤卦是講飲食、頤養之卦，反映了古代先民看待吃飯問題以求得生存和養生的情況。卦中表述的畫面非常生動，卦辭說，看看人的兩腮是鼓的還是癟的，就知道平時的生活水準怎麼樣了（古人不刻意減肥，胖和瘦自然體現生活水準），也就明白要自謀口糧的道理了。六個爻辭都跟求取食物、糊口養生有關。頤卦樸實生動又充滿生活氣息，卦爻圍繞的核心議題是頤養生命，且蘊含處世之理，值得讓人深思和體會。

大過卦第二十八

巽下　兌上

大過①：棟橈②，利有攸往，亨③。

初六：藉用白茅，无咎④。

九二：枯楊生稊，老夫得其女妻，无不利⑤。

九三：棟橈，凶⑥。

九四：棟隆，吉⑦；有它，吝⑧。

九五：枯楊生華，老婦得其士夫，无咎无譽⑨。

上六：過涉滅頂，凶，无咎⑩。

導讀

大過卦的「大」，古文通「太」，「大過」即「太過」，「過」指過越。此卦講述一些太過分、超越正常限度的情況。卦中所涉及的都是反常現象，卦辭所示「棟橈」之象，是房屋棟梁彎曲快要折了，房屋有坍塌的危險。這樣的反常時刻要立刻行動，脫離險境可獲亨通。卦中六爻則針對「藉用白茅」、「枯楊生稊」、「棟橈」、「棟隆」、「枯楊生華」、「過涉滅頂」六種不同的反常現象，進行吉凶的判斷分析，同時也就指明了趨吉避凶的方向。

譯文

大過：房屋棟梁彎曲將要折了（房屋搖搖欲墜）。利於有所前往，亨通。
初六：用白茅做祭祀的襯墊，沒有咎害。
九二：枯老的楊樹發了新芽，老夫娶得了少妻，沒有不利。

九三：棟梁向下彎曲了，凶險。
九四：棟梁隆起支撐起房屋，吉利；有意外之患來擾，有些遺憾。
九五：枯老的楊樹開花了，老婦人配了年輕的丈夫，沒有咎害也沒有讚譽。
上六：超過了正常情況下蹚水過河，被水淹沒了頭頂，凶險，但終將沒有禍咎。

注釋

①**大過**：卦名。帛書本「大」作「泰」，「大過」指過度、過分。過越而超出常規，有正、反兩個方向的可能，正向是大為過越、超常發揮、做出超出常態的舉動；反向則有大過失、大過錯。

②**棟橈（ㄋㄠˊ）**：房屋棟梁彎曲將要折了（房屋搖搖欲墜）。「棟」指房屋至中至高之處的正樑，支撐整座房子，「橈」指曲木；「棟橈」是棟梁彎曲將折，大廈將傾。

③**利有攸往，亨**：利於有所前往，亨通。卦辭形容房屋快要倒塌的非常之時，如果人在屋裡，就應當快速離開險境到外面去，脫險而亨通；如果自身本在屋外，看清時

局，自身若有棟梁之材，則利於在此時前往有所作為，大過之時做大過之事，可獲亨通。

④**藉（ㄐㄧㄝˋ）用白茅，无咎**：用白茅做祭祀的襯墊，沒有咎害。《說文》：「藉，祭藉也。」「藉」是祭祀時擺放祭品的襯墊，「白茅」是一種潔白的茅草。用白茅做擺放祭品的襯墊，以示潔淨不染、虔誠恭敬。

⑤**枯楊生稊（ㄊㄧˊ），老夫得其女妻，无不利**：枯老的楊樹發了新芽，老夫娶得了少妻，沒有不利。「稊」通「荑」，草木初生的新芽。

⑥**棟橈，凶**：棟梁向下彎曲了，凶險。

⑦**棟隆，吉**：棟梁隆起支撐房屋，吉利。「隆」指向上隆起，可以支撐屋頂。

⑧**有它，吝**：有意外之患來擾，有些遺憾。古人稱意外之患為「它」，比卦初六爻辭「終來有它」，亦是此意。

⑨**枯楊生華，老婦得其士夫，无咎无譽**：枯老的楊樹開花了，老婦人配了年輕的丈夫，沒有咎害也沒有讚譽。「華」同「花」，「士夫」指年輕的丈夫。

⑩**過涉滅頂，凶，无咎**：超過了正常情況下蹚水過河，被水淹沒了頭頂，凶險，但終將沒有禍咎。「過涉」指在反常情況下涉險過河。

賞析與點評

「大過」之象皆反常

大過卦的卦辭顯示，房屋棟梁彎曲，將要斷折了，對策是迅速逃離，可以找到亨通的辦法。初六爻辭顯示用白茅做祭祀時擺放祭品的襯墊，象徵恭敬謹慎的態度，虔敬恭謹以免災禍。九二爻辭顯示老楊樹發新芽的反常情況，老夫娶少妻的情況也不算太過分，沒有不利。九三爻顯示棟梁彎曲了，房子快塌了，是凶兆，根據情況來說，解決的方法有二，一個是減壓修復，一個是快速逃離。按照卦辭所示，外出逃離暫避為上。九四爻顯示，棟梁向上隆起，支撐起房屋，吉利，這是扭轉局面的一爻，但是要注意會有意外之患來擾。九五爻顯示，老楊樹開新花，老婦人找了個年輕的男子做丈夫，這也沒有什麼大驚小怪。上六爻顯示，在超過了正常（水位）的情況下涉渡大河，水深到淹沒了頭頂很危險，但最終會渡過去，沒有災患。

綜觀大過卦，卦爻所示之象皆為反常，但因反常的程度不同，後果也不同：初爻有些太過謹慎，但俗話說「小心駛得萬年船」，无咎。五爻枯楊開花，老婦配少夫，只是年齡有差異，也不是太與眾不同，沒有咎害、沒有毀譽。二爻和四爻是兩個吉爻，一個是有了繁育的生機，無不利；一個是支撐且穩固了房屋，吉。卦中最凶險的就是三爻和上爻，情況太過反常，還不知收斂，其凶可知。

老子主張「去甚、去奢、去泰」

與《周易》古經大過卦對於「大過」行為吉凶的判斷相呼應，老子思想明確反對在物質、欲望等方面追求過多、過強、過分、極端，提醒「甚愛必大費，多藏必厚亡」（四十四章）、「兵強則滅，木強則折」（七十六章）、「民之饑，以其上食稅之多」（七十五章）、「勇於敢則殺」（七十三章）、「天之道，損有餘而補不足」（七十七章）等，反覆申說，老子提倡「去甚，去奢，去泰」（二十九章），即去除「大過」，去除那些極端的、奢侈的、過度的思想和行為，化解危局，才能夠「不失其所者久」（三十三章），否則必將「為者敗之，執者失之」（六十四章）。

「正」與「奇」的相互轉化

「大過」所示的過越，是指超出常規，有正、反兩個方向的可能，正向可看作是在大過之時，有大為過越之舉，超常發揮，做出超出常態的舉動；反向則是指違反常規，犯了大過錯，造成大過失。因此，「大過」有時是應時而作，不得已採取的大過行為。比如卦辭中所講的「棟橈，利有攸往」，棟梁快折了，房屋快塌了，如果人在屋裡，就當快速離開險境，向外逃生，脫險而亨通。但如果行為者自身本就在屋外，看清了時局，自身若有棟梁濟世之材，則利於在此時前往取舊梁以代之，以救危局，在大過之時做大過之事，可獲亨通。

這種「大過」的反常之時，在《老子》中稱為「奇」，與「正」相對。「正」是指正常情況，而「奇」則是變異、反常、超常的情況，「大過」即一種「奇」。當「大過」因自身原因導致時，應如前述「去甚，去奢，去泰」（「去」也可以訓作「遠離」），以「正」的方式化解危局，以減損其「過」；但當「大過」主要由外因形成危局，不得已要應對時，《易》曰「利有攸往」，老子則提出「正復為奇，善復為妖」（五十八章）、「以正治國，以奇用兵」（五十七章）的變通方案，目的仍是減損其「大過」，這樣做是出於不得已（果而不得已），由於是「不得已而用之」（三十一章），所以特別強調內心要以「恬淡為上」，心懷慈憫，絕非為逞強，由此可見，老子深得《易》之「常」與「變」的精神。

坎卦第二十九

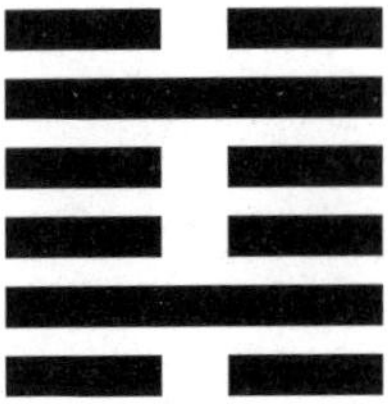

坎下　坎上

習坎①：有孚，維心，亨②。行有尚③。

初六：習坎，入于坎窞，凶④。

九二：坎有險，求小得⑤。

六三：來之坎坎，險且枕，入于坎窞，勿用⑥。

六四：樽酒，簋貳，用缶。納約自牖，終无咎⑦。

九五：坎不盈，祇既平，无咎⑧。

上六：係用徽纆，寘于叢棘，三歲不得，凶⑨。

導讀

坎卦的卦義與陷坑、牢獄有關，是一個險難之卦。「習坎」意謂坎坑之中又有坎坑，重重險難和勞苦，坎卦的情況險之又險，但卦辭卻明確表明有「亨」的希望，卦兆顯示，保持內心的堅定，亨通。卦中各爻，各有其險難處境，爻辭予以分析判斷並給出相應處於險地的策略。

譯文

習坎：有卦兆顯示，保持內心的堅定，亨通。行動有方向。

初六：重重坎險，掉入了深坑，凶險。

九二：坑中有危險，只能求取小有所得。

六三：來去都是險坑，又險又深，掉入深坑，不要輕舉妄動。

六四：一杯酒，兩簋飯，用瓦罐盛水，從窗戶把這簡陋的飯食遞進去，終將免於災禍。

九五：坑還沒有盈滿，水中的高丘已經鏟平，可免於禍患。
上六：用繩索綁著，置於荊棘之中，多年都不能脫險，凶。

注釋

①**習坎：**卦名。[1]「習」是指重疊、重複；「坎」指坑穴，卦象象徵水，上下皆為坎卦，是八純卦之一。古代涉越大河非常困難且危險，因此坎卦象徵危險。「習坎」是兩個坎相重，象徵一重又一重的危險。

②**有孚，維心，亨：**有卦兆顯示保持內心（的堅定），亨通。「維」是維繫、保持，「維心」指要保持內心的堅定。

③**行有尚：**行動有方向。「尚」是尊崇、崇尚，行動有所崇尚，即「行動有目標、有方向」。

④**習坎，入於坎窞（ㄉㄢˋ），凶：**重重坎險，掉入了深坑，凶險。「窞」是坑中更深的小坑。

⑤**坎有險，求小得：**坑中有危險，只能求取小有所得。「求小得」指求取小有所得，身在險中求脫險，但由於在坑裡，所求不容易達到，只能求小得。

⑥**來之坎坎，險且枕，入於坎窞，勿用：**來去都是險坑，又險又深，掉入深坑，不要輕舉妄動。「之」是動詞，與「來」相對，指往、去；「枕」通「沈」，指深；「用」是施為、行動。「勿用」指不要用，在往來都是險坑的處境下，一動就有危險，所以不要輕舉妄動。

⑦**樽酒，簋（ㄍㄨㄟˇ）貳，用缶，納約自牖（ㄧㄡˇ），終无咎：**一杯酒，兩簋飯，用瓦罐盛水，從窗戶把這簡陋的飯食遞進去，終將免於災禍。「樽」是酒器，「簋」是圓形盛飯的食器，「缶」是用來盛水盛酒的瓦罐，「納」是送入、納入，「約」是簡陋、少，

---

1. 高亨：習坎，卦名也，此卦古有二名。一曰習坎，《彖傳》曰：「習坎，重險也。」《象傳》曰：「水洊至，習坎。」並其證。二曰坎，《序卦傳》序列六十四卦曰：「物不可以終過，故受之以坎，坎者，陷也。」《雜卦傳》備解六十四卦，曰：「離上而坎下也。」並其證。二名皆見於「十翼」。因「十翼」非一人所作，故有岐異。高亨，《周易古經今注》（上海：上海書店，一九九一），頁九九。

「牖」是窗戶。

⑧坎不盈，祇（ㄓ）既平，无咎：坑還沒有盈滿，水中的高丘已經鏟平，可免於禍患。「盈」是盈滿；「祇」通「坻」，指水中的小洲或高地。此爻的意思是，為了脫險而鏟高丘之土以填深坑，坑填滿就可以脫險了，眼下高丘已鏟平，坑還沒填滿，但已經取得了相應的成效，這樣做可以免於災禍。

⑨係用徽纆（ㄇㄛˋ），寘（ㄓˋ）于叢棘，三歲不得，凶：用繩索綁著，置於荊棘之中，多年都不能脫險，凶。「係」通「系」，捆綁，綁縛；「徽纆」指三股扭絞而成的繩索為徽，兩股為纆，是綁縛罪人的繩索；「寘」同「置」，放置，此處指囚禁；「叢棘」指監獄；「三年」即多年，包括三年或三年以上。

賞析與點評

古人的「獄中雜記」

有學者認為，坎卦是以俘虜和監獄為線索占卜吉凶的專門卦，也是中國歷史上最早的一篇獄中雜記。全卦結構完整，語義連貫，簡明扼要地描述了一個人由俘虜到囚徒的過程以及他的獄中生涯。其中既有囚徒的心態、境遇和生活情形的簡要描述，也有監獄形狀及建築特徵的曲折反映。[2]細審卦中各爻，表層義確如所言。

坎卦六四爻辭：「樽酒，簋貳，用缶。納約自牖。」一杯酒，兩簋飯，用瓦罐盛水，從窗戶把簡陋的飯食遞進去——這不是一個正常自由人生活的情境，而是描述被囚禁的犯人生活。坎為深坑，六四爻所處的深坑是用以囚禁犯人的地牢。「古獄鑿地為窖，故牖在室上，如今之天窗然。以地窖為獄，則獄全不可見，惟見其牖。」[3]將酒食從窗牖遞進去，因為地面上只有一個坑口可見，並且用窗櫺隔著。屈萬里（一九〇七—一九七九）說：「蓋古人有罪投之於陷阱以囚之，故囚字從人在阱中。」[4]六四爻在描述了往地牢送酒飯的情境之後，有一個斷辭「終无咎」，透露一線生機，最後的結果是終將脫離險境，沒有咎害。被羈押的日子只是暫時的，要有信念等到重獲自由的那一天。

2. 谷文雙，〈《周易．坎卦》考釋〉，《周易研究》二〇〇二年第四期（濟南），頁六〇～六五、七五。
3. 聞一多，《周易與莊子研究》（成都：巴蜀書社，二〇〇三），頁三七。
4. 屈萬里，《周易集釋初稿》，收入《讀易三種》（臺北：聯經出版公司，一九八三），頁一八七。

能否走出重重坎險

坎卦全卦不見一個吉字，初、上兩爻最凶，很難脱險；二、五兩爻，僅小得、无咎，如善處中道，或有出險的希望；三、四兩爻以謹慎自保，或能免禍。

卦名「習坎」已透露出重重坎險的局面，但卦辭卻給出了強有力的希望——「亨」，獲得亨通需要前提條件——「維心」。在坎險之中，重要的是內心的力量，要保有不滅的希望和堅定不移的信念，心堅定，亨通有望，行為就有了目標和方向。

坎卦六爻皆處於不同的坎險之境。初六爻初陷入深坑，重重坎險，需要先冷靜下來，清醒地意識到當下處境，估測危險的深度，分析哪些方面出了問題導致如此，定下心神判斷出險的可能性與應對方式。九二爻是已經接受了現實，處於坎坑中，努力求取一些改善，只能是小有所得也已是不錯了，要堅持不懈地努力。六三爻想要採取行動變動一下，但自身的力量微弱，時機不足，這種冒險行動帶來了更深的懲罰，從一個坎坑出來卻掉入另一個更深的坑。爻辭告誡，這種情況要停下來靜守，不要輕舉妄動。六四爻不再妄動，安靜守在坑地，享用簡陋的酒飯，喝瓦罐的清水，保存體力，靜待時機到來。等到九五爻時，大水來了，在坎坑還沒有盈滿時，他被釋放了出來。為了防止水患氾濫，水中的高丘已經被鏟平以築水壩，這場變故使他免除了禍患，終於脱離險境。上六爻是仍然沒有獲得自由的人，用繩索綁著，置於荊棘環繞的監牢之中，多年都不能脫險。以上便是坎卦六爻所處的坎境，爻辭所示如何走出重重坎險的啟示和告誡。

離卦第三十

離下　離上

離[1]：利貞，亨。畜牝牛，吉[2]。

初九：履錯然，敬之，无咎[3]。

六二：黃離，元吉[4]。

九三：日昃之離，不鼓缶而歌，則大耋之嗟，凶[5]。

九四：突如其來如，焚如，死如，棄如[6]。

六五：出涕沱若，戚嗟若，吉[7]。

上九：王用出征，有嘉折首，獲匪其丑[8]，无咎。

導讀

離卦與坎卦是陰陽爻相反，互為變卦，坎卦的所有陰爻變陽爻、陽爻變陰爻，則為離卦。兩卦的卦義也相反，坎卦象徵險難、勞苦，黑暗寒冷；離卦則象徵光明、附麗，明亮溫暖。離卦卦辭顯示占卜有利，是亨通之兆。卦辭還顯示，畜養溫順的母牛吉利，這是先民在陽光明媚的日子裡感到滿足而快樂的事，於是記錄為象徵吉利的卜辭。離卦的六個爻辭卻是有喜有悲，隨著太陽的東升西沉，人們生活中發生的吉凶禍福，孰知其極？

譯文

離：利於占問，亨通。畜養母牛，吉利。

初九：腳步踩踏聲紛然雜錯，敬畏它，沒有災禍。

六二：太陽金燦燦地掛在高空，大吉。

九三：太陽要西沉了，人們不再敲著缶唱歌，年紀大的老人唉聲歎氣，凶。
九四：突然就來了，焚燒啊，殺死啊，拋棄啊。
六五：流出的眼淚像滂沱的雨水，憂戚悲傷地歎息，將會吉利。
上九：王者出師征伐，嘉獎斬殺敵人首領的人，擒獲的不是那些脅從作惡的眾隨從，沒有咎害。

注釋

①**離**：卦名。《說卦》：「離為火，為日。」「離」象徵火，在自然界中最大最明亮的火就是太陽，因此「離」也代表太陽，象徵光明。離卦的結構如坎卦一樣，是由兩個相同的單卦組成，離卦上下皆為離卦，是八純卦之一。「習坎」象徵兩個坎卦重疊，一重一重地坎險。離卦則由兩個離卦前後相繼，象徵前一天的太陽運行一天落下去了，第二天的太陽又升起來，太陽的光明前後相接續。

②**畜牝（ㄆㄧㄣˋ）牛，吉**：畜養母牛，吉利。「牝」指雌性的鳥或獸。

③履錯然，敬之，无咎：腳步踩踏聲紛然雜錯，敬畏它，沒有災禍。「履」指踐履、踩踏，「之」是代詞「它」。眾人腳步雜遝，心懷敬畏，似在迎接某種事物的到來。根據後面的爻辭，此爻應指太陽破曉而出，眾人都匆匆趕往祭日的高壇虔誠敬拜。此爻記錄了先民對於太陽的崇拜，認為有太陽神靈的保佑，可以免災。

④黃離，元吉：太陽金燦燦地掛在高空，大吉。「黃離」形容太陽已經升上高空，呈現金黃色，照耀大地，一派吉祥。李鏡池認為此爻是鳥占，黃離即黃鸝，占卜的結果得元吉之兆。[1]可備一說。

⑤日昃（ㄗㄜˋ）之離，不鼓缶（ㄈㄡˇ）而歌，則大耋（ㄉㄧㄝˊ）之嗟（ㄐㄧㄝ），凶：太陽要西沉了，人們不再敲著缶唱歌，年紀大的老人唉聲歎氣，凶。「昃」指太陽西斜，快要沉下去了；「不鼓缶而歌」是說光明即將被吞沒，人們不再像白天那樣歡欣鼓舞地敲著缶歌唱，充滿了擔憂和不祥的氣氛。「則」是連詞，「大耋」指年紀大的老年人，「嗟」

1. 李鏡池、曹礎基，《周易通義》（北京：中華書局，一九八一），頁六〇。

指長聲歎息。年紀大的老人望著即將落下去的太陽，觸景傷情，失去太陽的護祐，為生命已至衰暮之年而感到憂傷，發出唉聲歎氣的聲音，這樣只會導致凶險而不吉利。

⑥**突如其來如，焚如，死如，棄如：**突然就來了，焚燒啊，殺死啊，拋棄啊。「突如其來」指在毫無防備的情況下就出現了。承接上爻，在太陽落山之後，有敵人趁著夜色侵犯，突然就來了，燒殺搶掠，一片慘像。

⑦**出涕沱若，戚嗟若，吉：**流出的眼淚像滂沱的雨水，憂戚悲傷地歎息，將會吉利。「涕」是眼淚，「沱若」指淚如雨下的樣子，「戚」是悲傷憂戚，「嗟」指歎息。此爻描述突發事件結束後的場景，為失去的親人和財產而悲傷，但黑夜過去，新的太陽會升起，預示著將會有吉利。

⑧**有嘉折首，獲匪其丑：**《尚書·夏書·胤征》曰：「殲厥渠魁，脅從罔治。」[2]也就是「首惡必辦，脅從不問」的意思。「嘉」是嘉獎，「折首」指斬獲敵方首領，「獲」是擒獲，「匪」同「非」，「丑」指那些脅從作惡的同類隨從。「有嘉折首，獲匪其丑」是指嘉獎斬獲了敵方頭領，而不追究那些肋從作惡的隨從。這樣的征戰，既伸張了正義，又不會使部落間的仇恨更深。

賞析與點評

畜養母牛，吉祥

離卦卦辭「畜牝牛，吉」，洋溢著溫和快樂的田園氣息。隨著對土地進行利用而獲得的知識、技術的積累，特別是伴隨著鐵制農具和牛耕的出現，對田地進行深耕成為可能，由此也增加了收穫，使先民更加注重對牛的飼養。卦辭說「飼養母牛吉祥」，這裡實際上是表現出原始先民對母牛的偏愛，因為相對說來，無論是駕車運輸，還是拉犁耕地，母牛較之公牛都更柔順、更容易駕馭一些；更重要的是，母牛還可以生產小牛犢，而擁有牲畜的多寡又是當時人們社會地位高低的一個標誌。可見先民偏愛牛的習俗，是與擴大生產、提高自己社會地位的美好憧憬相聯繫的，這民俗裡蘊含著先民們對生活的一片熱望。[3]

---

2. 《十三經注疏》第一冊，收入《欽定四庫全書》（北京：國際文化出版有限公司出版，一九九六），頁四五五。
3. 袁行霈總顧問、張慶利主編，《中國文學史話．先秦卷》（長春：吉林人民出版社，一九九八），頁七八。

先民的太陽崇拜

離卦初九爻辭：「履錯然，敬之，无咎。」反映了當時眾人在日出前前往東郊祭日的情形。沈建華在〈殷代卜辭中所見地理空間思想觀念〉一文中提到，在殷墟出土的甲骨卜辭中，商人對太陽的日出、日落，在卜辭中留存許多有關祭祀「出日」、「入日」的辭例，可與典籍記載相互印證。正如早期曆書《尚書．堯典》記有：「寅賓日出」、「寅餞納日」，《尚書大傳．略傳》上說：「古者帝王躬帥有司百執事而以正月朝迎日東郊，以為萬物先尊事天也」。又「迎日，謂春分迎日也」，這類朝夕禮拜迎、送太陽的祭祀活動之原始紀錄，顯然反映了早期先民對於太陽出、入的認識與敬仰。[4] 中國古代先賢很早就已學會了通過槷表揆度日影的方法規劃空間和時間，這一做法至少在距今七千年前就已相當成熟。[5]

甲骨文中「賓」（祭名）頻繁地跟祭祀太陽（「日」）有關，[6]「寅賓日出」是指在寅時以賓祭拜迎日出。「太陽神紋石刻」是目前中國考古發現最早的刻畫太陽神形象的實物，記錄了長江流域文明的久遠歷史，[7] 這是華夏早期太陽神崇拜的有力證明。古拙質樸的石刻，原始宗教氣息強烈，反映出在生產力不發達、環境艱苦的條件下，華夏的先民們對發展人類自身能力的渴望。[8]

日昃之離與生命感喟

在離卦的下卦三爻中，初九象徵日出，六二代表日中，九三則為日昃。太陽從初升到日上中天，接著就開始向西傾斜了，「昃」指夕陽西下。九三是下體離卦的終點，如同日薄西山，對應到人生中，就如同曾經的年輕人一晃已步入老年，夕陽斜掛天邊即將落下。「不鼓缶而歌」的場景，就是沒有朝氣蓬勃，沒有日上中天的輝煌，人們不再敲著瓦缶唱歌，代之而來的是老年人不斷唉聲歎氣的聲音，悲歎光明將盡。這真是一場生命的歷程，「大耋之嗟」是對光明將殞的感喟，是對人生遲暮的悲歎。時光飛逝，人生苦短，生老病死，是人類感歎的永恆主題。然而，《周易》中雖然充滿了憂患意識，卻

---

4. 沈建華，〈殷代卜辭中所見地理空間思想觀念〉，發表於中央民族大學二〇二二交叉研究項目「先秦宇宙論與地理學思想研究」系列講座第一場，二〇二二年五月二十一日，修訂於二〇二二年四月二十四日。
5. 馮時，〈崑崙考〉，《中國文化》二〇二二年第二期（北京），頁一一七～一三一。
6. （美）艾蘭《龜之謎——商代神話、祭祀、藝術和宇宙觀研究》（北京：商務印書館，二〇一〇），頁六八。
7. 「太陽神紋石刻」是湖北省博物館的鎮館之寶，一九九八年於湖北省秭歸東門頭出土，歸屬於新石器時代的城背溪文化（約西元前五八〇〇～西元前四七〇〇年）。城背溪文化是長江中上游地區已發現的原始文化遺存，主要分布在宜昌市及其周圍地區。
8. 鄧衍明，〈中國最早的「太陽神」：太陽神紋石刻〉，《中國檔案報》二〇一〇年第六期第四版。

絕不悲觀，而是主動地分析問題、解決問題，九三爻辭認為，悲傷感歎徒傷而無益，這種狀態和心態是不足取的，如此下去只能是徒然哀痛，凶險而不能長久。如果認識到本是自然規律，懂得盛衰始終，天道循環，人與萬物都在這循環之中，一切自然而然，就不會為此而悲傷嗟歎。太陽將要西沉，人之天年將盡，達觀者樂天知命，不怨不尤。

對於天地間萬物的生死流轉，老子有著超然達觀的認識：「天地不仁，以萬物為芻狗；聖人不仁，以百姓為芻狗。天地之間，其猶橐籥乎？虛而不屈，動而愈出。多言數窮，不如守中。」（五章）「芻狗」是指用草紮成的狗，祭祀時作為祭品使用，供上祭臺時很受重視，祭祀結束後即被丟棄。老子此章表達的意思是，天地對於萬物無所偏愛，萬物遵循自然的法則萌生、成長、壯盛、消亡、萌生，天地就像一個大風箱，看似虛空，但卻永恆發動，生生不息。

一場古代部落戰爭的始末

從離卦的卦、爻辭表層義來看，上半場歲月靜好，下半場似在描述一場外敵入侵的戰爭始末。卦辭和爻辭講述了整個過程，我們將其複述如下：陽光明媚，歲月靜好，占問也吉利，村子裡畜養了母牛，勤勞溫順，還能生小牛，村子裡一派吉利祥和的景象。

在春分日，當清晨的天還未亮，太陽還未升起時，人們在黎明前的黑暗中腳步雜遝地趕往東郊，等待太陽出來，進行祭祀，祈求風調雨順。太陽升起來，越升越高，人們虔誠祭拜，看到太陽金燦燦地掛在天上，非常明亮，覺得這是大吉的兆頭。熱鬧吉祥的一天過得很快，太陽將要在西邊墜落，在祭送太陽的祭祀活動之後，人們不再鼓缶唱歌，老人們開始感歎生命如夕陽一樣短暫，生活如祖輩一樣繼續平靜地度過。不料在不久後的夜晚，有敵人突然襲擊，人們猝不及防，匆忙奮起抵抗，敵人氣勢洶洶闖了進來，見屋子就燒，見了人就殺，抓到孩子就摔，殘暴無比。一番燒、殺、搶、掠之後，敵人揚長而去，剩下這裡的人哭哭啼啼，流出的眼淚像滂沱的雨水，一片悲慘景象。人們痛定思痛，總結教訓，認為是沒有做好防備而遭到襲擊，決心化悲痛為力量，報仇雪恨。經過一段時期的發奮圖強，部落裡終於兵精糧足，在王的率領下，士兵們同仇敵愾，一鼓作氣攻破敵軍營壘，將侵略成性的敵軍頭子斬首，而對其他脅從者一概不究。人們終於迎來了安定的日子，再也沒有禍害了。這場戰爭的描述把原本平靜美好的生活與後來發生的戰爭兩相對照，揭示了戰爭的殘酷和人們對於和平生活的追求。

下經

咸　恆　遯　大壯　晉　明夷
家人　睽　蹇　解　損　益
夬　姤　萃　升　困　井　革
鼎　震　艮　漸　歸妹　豐
旅　巽　兌　渙　節　中孚
小過　既濟　未濟

咸卦第三十一

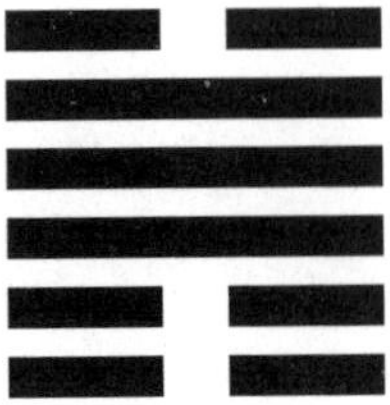

艮下　兌上

咸①：亨，利貞，取女吉②。

初六：咸其拇③。

六二：咸其腓，凶，居吉④。

九三：咸其股，執其隨，往吝⑤。

九四：貞吉，悔亡，憧憧往來，朋從爾思⑥。

九五：咸其脢，无悔⑦。

上六：咸其輔頰舌⑧。

咸卦為《周易》下經之始。上經的卦序從乾坤開始，天地開闢，陰陽推蕩，交合生生，大化流布，萬物並作。六爻推衍，描摹世象，經歷了屯卦的建侯、蒙卦的啟蒙、需卦的需待、訟卦的爭訟、師卦的戰爭、比卦的親比、小畜卦的積蓄等等，一路走來，跌宕起伏。上經最後的坎、離二象，象徵從險境走向光明，濃縮了人類從原始狀態向文明社會逐步演變發展的歷程。上經結束，一個週期完成；下經從咸卦開始，開啟新的歷程，進入新的階段。下經從咸、恆的陰陽相感開始，到既濟、未濟的陰陽相雜結束，呈現出天道的種種變化和社會人事的參與，以及由此激蕩而顯的盛衰禍福，天道人事，生生不息。

咸卦是講男女情感相戀的情愛之卦，咸卦卦辭「亨，利貞，取女吉」，説明咸卦有亨通之象，占問結果是吉利的，娶女子結婚是吉利的，這是一個順利而喜慶的卦。六爻的爻辭非常細膩地描寫了少男少女戀愛發展的全過程，從少男少女相見相悦，兩情相感，少男表示追慕，雙方經歷了試探、接近，關係不斷發展升溫，過程中雖有曲折，但終於發展到兩相親愛、愛情甜蜜、親密無間。

譯文

咸：亨通，利於占問，娶女子吉利。
初六：感應到了腳的大拇趾。
六二：感應到了小腿肚，（動則）凶險，安居靜等吉利。
九三：感應到了大腿，並帶動了隨之而動的小腿腳足（向前邁進），前往會有憾惜。
九四：占問吉利，悔意全消，頻繁往來，朋友隨順了你的心思。
九五：感應到了脊背，無悔。
上六：感應到了口唇、面頰和舌頭。

注釋

①**咸**：卦名。「咸」有感應、相感之義。《左傳》：「窕則不咸。」指「咸」即為「感」。《雜卦》：「咸，速也。」指感應迅速。在「乾坤六子」[1]中，「艮」為少男，「兌」為少女，

咸卦的卦象是下艮上兌，少男在下，少女在上，又艮為內卦為主動，兌為外卦為被動，上下卦組合，是少男追求少女之象。所以，此卦為少男少女彼此相感相應的戀愛之卦。

②**亨，利貞，取女吉：**亨通，利於占問，娶女子吉利。「取」同「娶」。

③**咸其拇：**感應到了腳的大拇趾。「咸」即「感」，乃無心之感；「拇」指足大趾。腳的大拇趾在身體的末端，象徵感應微弱。

④**咸其腓（ㄈㄟˊ），凶，居吉：**感應到了小腿肚，（動則）凶險，安居靜等吉利。「腓」指脛骨後的肉，俗稱「腿肚子」；「居」指安居靜待，與「動」相對。此爻指感應進一步加深，但還不宜行動。

⑤**咸其股，執其隨，往吝：**感應到了大腿，並帶動了隨之而動的小腿腳足（向前邁

---

1. 乾坤在家庭中代表父母，其餘六個卦是父母生出的六個孩子，三個男孩，三個女孩。卦爻的順序是從下往上看，如同植物的生長方向一樣，我們把最下面的一個爻稱為初爻，向上第二個稱二爻，依此類推。乾卦的第一爻進入坤卦第一爻的位置，這就成為震卦，卦象為陽，為男象，從初爻的位置而言，稱長男；乾卦第二爻進入坤卦，而成為坎卦，稱中男；第三爻進入坤卦，而成為艮卦，稱少男。同理，坤卦的初爻轉到乾卦中去，占住乾卦初爻的位置，成為巽卦，稱長女；依次轉變，成為離卦，稱中女；兌卦，稱少女。因此，乾坤為父母，其餘六卦統稱為「乾坤六子」。

進），前往會有憾惜。「股」指大腿，「執」是帶動，「隨」是隨之而動的部位，指小腿及腳足。此爻指採取進取的行動了，但時機不成熟，還是會有些遺憾。

⑥**貞吉，悔亡，憧憧往來，朋從爾思：**占問吉利，悔意全消，頻繁往來，朋友隨順了你的心思。「悔亡」指悔意消亡，「憧憧」是往來不絕的樣子，「從」是隨順。

⑦**咸其脢（ㄇㄟˊ），无悔：**感應到了脊背，無悔。「脢」是背脊肉。

⑧**咸其輔頰舌：**感應到了口唇、面頰和舌頭。「輔頰」是人的口部上頷與面頰，「舌」是舌頭。

賞析與點評

情愛進行時

《周易》古經卦爻辭形成的時代，尚未受到封建禮教的規範和束縛，社會風俗天然淳樸，民間男女秉賦天性，充滿活潑的生命力，兩情相感相悅，沉浸在純真美好、發乎天然的愛情之中。直至春秋時期的《詩經》，仍然有這樣熱情大膽地描寫，比如與《周易》古經咸卦爻辭戀愛場景相似的〈野有死麕〉：「野有死麕，白茅包之。有女懷春，吉士誘之。林有樸樕，野有死鹿。白茅純束，有女如玉。舒而脫脫兮，無感我帨兮，無使尨也吠。」描述了少女懷春，少男追求，兩個年輕人幽會的場景。這兩處經文均為描寫年輕人的動作行為，以反映他們內心的情感活動。青年男女之間相互吸引產生愛情，並由之驅動而情不自禁。

咸卦所表現的陰陽相吸、男女相引，是雙方心靈感通的內在動力。陰陽感通思想是《易》哲學的重要組成部分，也是中國哲學的核心內容之一。從廣泛意義上來說，直覺亦是一種感通，是人際之間，或人與大自然之間的資訊溝通。在《易經》中，由陰陽兩爻所組成的八卦與六十四卦，反映了「天」、「地」、「人」之間的陰陽感通關係，而感通是《周易》智慧的一種重要體現。[2]《易》這種感通的思想，引發了老子、莊子之先秦道家直覺體認的思維方式。先秦道家「天人合德」的形象直覺意識，就淵源來說，

2. 顧文炳，《易道新論》（上海：上海社會科學院出版社，一九九六），頁一三。

顯然是由《易經》中卦爻感通模式引發的。[3]

劉蔚華（一九三四—二〇二〇）指出，《易經》猶如一部反映初民生活的全方位掃描式的紀錄片，同時又展現初民精神領域的百科全書式的特寫鏡頭，而咸卦就是表現性生活的特寫。咸卦卦辭所反映的先民婚姻關係，顯然已經超越了群婚與走婚階段，一夫一妻制初步形成，但男尊女卑的傳統在此卦似乎尚不明顯——女方要嫁到男方家中為「取女」。[4]

3. 顧文炳，《易道新論》（上海：上海社會科學院出版社，一九九六），頁一三。

4. 劉蔚華，《解讀周易》（濟南：齊魯書社，二〇〇七），頁二〇二～二〇三。

恆卦第三十二

巽下　震上

恆①：亨，无咎，利貞，利有攸往②。

初六：浚恆，貞凶，无攸利③。

九二：悔亡。

九三：不恆其德，或承之羞，貞吝④。

九四：田无禽⑤。

六五：恆其德，貞。婦人吉，夫子凶⑥。

上六：振恆，凶⑦。

導讀

咸卦與恆卦是一對覆卦，咸卦的卦象顛倒過來就是恆卦。咸卦的卦義為感應，感應是快速的，直達內心，產生共鳴，發生感情。而恆卦的卦義則與之相對，是持久的、綿長的、堅定的、專一的，始終不渝，恆久不變。咸卦描述少男少女的戀愛，重在感情的純潔真誠、如膠似漆；恆卦則講述長男長女的婚姻生活，重在責任的擔當相守、不離不棄。

譯文

恆：亨通，沒有咎害，利於占問，利於有所前往。
初六：過分深切地求恆，占問凶險，無所利。
九二：悔恨消除。
九三：不能恆守其德行，有時會蒙受羞辱，占問有憾恨。

九四：打獵沒有得到獵物。
六五：恆守其德，占問，婦人吉利，男子凶險。
上六：振動恆常之道，凶險。

注釋

①**恆：**卦名。「恆」有恆久、守恆、天長地久之義。

②**亨，无咎，利貞，利有攸往：**亨通，沒有咎害，利於占問，利於有所前往。「攸」指所。

③**浚恆，貞凶，无攸利：**過分深切地求恆，占問凶險，無所利。「浚」指深挖，喻指所求過分深切。此爻指過分苛求恆久，結果反而得不到。

④**不恆其德，或承之羞，貞吝：**不能恆守其德行，有時會蒙受羞辱，占問有憾恨。「或」指或然、有時，「承」是承受、蒙受，「羞」是羞辱。如果人不能恆守其德，往往就會招致羞辱。

⑤**田无禽：**打獵沒有得到獵物。「田」是田獵，「禽」指獵物。「田无禽」指外出打獵卻沒得到養家糊口的食物。

⑥**恆其德，貞，婦人吉，夫子凶：**恆守其德，占問，婦人吉利，男子凶險。此爻辭義指婦人居常守恆吉利，男子則應適當通變制宜。

⑦**振恆，凶：**振動恆常之道，凶險。「振」是振盪、搖動。此爻指搖動已有的常態，使穩定的局面出現振盪，是凶險的。

賞析與點評

恆卦與婚姻

咸卦由艮下兌上組成，是少男少女之卦；恆卦則巽下震上組成，是長女長男之卦。[1] 咸卦充滿了生命動力和青春氣息，萬物的交感化育，尤其體現在年輕生命的以情

1. 參看咸卦註1「乾坤六子」，頁二八三。

相感，最為真切純粹、發乎天然。咸卦是一個戀愛卦，講的是人倫之始，少男少女心有靈犀，彼此相感相戀的美好愛情。在人的一生中，青年時代的戀愛是一段美好的過程，最終以成就婚配佳偶、結為夫妻方為修成正果，順意吉祥。建立明確的婚姻關係會得到雙方家庭以及社會的認可和祝福，有了父母家庭和親朋社會祝福和護佑，婚姻才會有穩定長久的基礎。進入婚姻後，夫妻攜手共擔人生風雨，相互扶持，始終不渝，不離不棄，相伴一生。咸卦是以進入婚姻殿堂為修成正果，恆卦是以白頭終老為修成正果。

守「恆」的尺度——常與變的平衡

恆卦講夫婦守恆之事，同時亦以夫婦關係為喻，象徵廣義的守恆之義。從恆卦六爻爻辭的吉凶判斷中可以看到恆卦貴中，居於上下卦中爻位的二爻和五爻，相比於其他爻的情況要好得多。這象徵著守恆德要以中道平衡為吉，恆道不可不守，但又不可執之太過。過與不及都不足以守恆，要能夠審時度勢，守經達權，不偏於中道，持之以恆，才是恆卦的精神。

九三爻辭：「不恆其德，或承之羞，貞吝。」指出人如果做事無恆德，有時會蒙受自身招致的羞辱，占問有憾恨。孔子曾引用《易經》恆卦九三爻辭這兩句話，以論證南人所說的話，強調人要有持之以恆的德行，否則就很難成就一番事業：「南人有言曰：人而無恆，不可以作巫醫，善夫！」（《論語．子路》）有恆德，做事善始善終，是人的可貴品格。然而，高亨注意到了九三爻辭中的「或」字，認為孔子被摘錄的這兩句話，缺乏相應地發揮：「《周易》的作者認為有恆或無恆與成功或失敗這關係要看具體情況而定。」[2]有些情況需要有恆，如需卦初九「需于郊，利用恆」，在郊野中等待，陽剛有能力，需要動心忍性、有恆心和耐力，埋頭積累和準備。有些情況則不可急於要求有恆，比如恆卦初六「浚恆，貞凶，无攸利」，陰爻處於初位，根基尚淺，條件不成熟，人的關係還在磨合期，甚至方向還沒搞清楚，如果過分深切地求恆，就會有凶險，無所利。恆卦九二是陽爻，居於下卦中位，能夠行中道，既堅持原則性，方法上又有適當的靈活性，所以悔恨消除。九三、九四都應該恪守恆德，因為事物發展到三、四爻的階段，條件已經成熟，處於攻堅階段，且都是陽爻，具備能力，如果德行上不能守恆，則難以持續，也就不能最終完成。六五爻是安穩恆久的局面已經形成，但也要因不同的

2. 高亨，《文史述林》（北京：中華書局，一九八〇），頁三一一。

人物而有不同的要求，要因人、因事而制宜，不能固執一律，要於常中有變，才能夠真正守恆。上六爻試圖對好不容易建構而成的恆久穩定局面進行振動和破壞，這樣做是凶險的。

綜而觀之，守恆和權變是既對立又相輔的兩種態度。從整體而言，要有長久守恆的決心和德行；就具體方式方法而言，則宜於因人、因事、因地制宜，為實現總體恆久的目標而適時地進行調整。

「恆」是心之舟——老子說「聖人恆無心」

「恆」指恆常，其篆字字形是由心和舟組成，下和上各有一橫，象徵著由河的此岸到對岸，心之舟行於河上，兩頭靠岸，自始至終，終而有始，持之以恆。

《老子》四十九章說：「聖人恆無心，以百姓心為心。」[3]聖人恆久保有無心的狀態，以民心為己心。「無心」就是聖人心所守之恆，也即虛心，沒有個人成心、成見，沒有自私欲求、主觀故意，而是虛心涵容、虛懷若谷，聖人的「心之舟」承載著民心，以民心之所向作為社會治理行動之鵠的，民心常則常，民心變則變，常中有變，變中含常，參天地化育，循大道周流，恆久不息。

3. 此兩句，河上、王弼、傅奕諸本皆為「聖人無常心，以百姓心為心」，惟帛書乙本作「恒無心」（甲本殘）。劉笑敢《老子古今》上卷四八七頁：「眾多證據顯示，古本原作『恒無心』，而不是『無常心』。」

遯卦第三十三

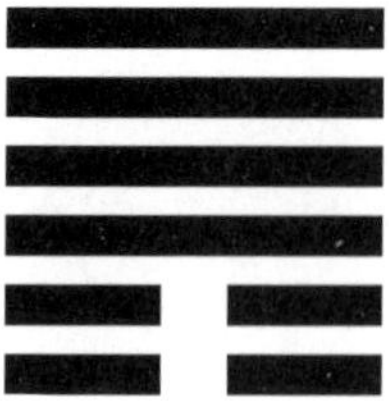

艮下　乾上

遯①：亨，小利貞②。

初六：遯尾，厲，勿用有攸往③。

六二：執之用黃牛之革，莫之勝說④。

九三：系遯，有疾厲；畜臣妾，吉⑤。

九四：好遯，君子吉，小人否⑥。

九五：嘉遯，貞吉⑦。

上九：肥遯，无不利⑧。

導讀

遯卦是講退隱的卦。從卦形來看，下面兩個陰爻逐次向上，陰氣漸長，有侵蝕和剝除陽爻之勢，如果繼續將第三爻也變成陰爻，就會變成否卦。象徵著小人勢頭漸盛、局勢環境日趨惡化，君子知幾，體察到了這種變化，及時遁隱，以遠禍避害。卦辭顯示隱遁可致亨通，爻辭通過遁尾、執之、系遁、好遁、嘉遁、肥遁等一系列情況，展示了不同的遁避退隱方式，爻辭予以吉凶的判斷，蘊含了作《易》者的價值理念。

譯文

遯：亨通，占問小事吉利。

初六：尾隨在後的隱遁，危險，不要有所前往。

六二：用黃牛皮的繩子牢牢地捆縛住，不能夠逃脫。

九三：欲隱遁時牽絆太多，會有弊端和危險；留下來畜養臣僕侍妾吉利。

九四：美好適時的隱遁，君子吉利，小人不吉。
九五：值得讚美的隱遁，占問吉利。
上九：高飛遠走，無所不利。

注釋

①**遯（ㄉㄨㄣˋ）**：卦名。「遯」又作「遁」，有隱遁、避讓、逃離之義。

②**亨，小利貞**：亨通，占問小事吉利。

③**遯尾，厲，勿用有攸往**：尾隨在後的隱遁，危險，不要有所前往。「尾」是尾隨、跟在後面，「遯尾」指跟在最末尾逃離，為時已晚。這時再行動會有危險，還是就地潛隱而不要有所前往為好。

④**執之用黃牛之革，莫之勝說（ㄊㄨㄛ）**：用黃牛皮的繩子牢牢地捆縛住，不能夠逃脫。「執」是捆縛，「黃牛之革」是黃牛皮做的繩子，堅韌牢固；「之」是助詞，「勝」舊讀ㄕㄥ，指能夠，「說」同「脫」。

⑤**系遯，有疾厲；畜臣妾，吉：**欲隱遁時牽絆太多，會有弊端和危險，留下來畜養臣僕侍妾吉利。「系」是牽繫、牽絆，「疾」是弊病、弊端，「臣妾」指臣僕侍妾，古代稱男奴僕為臣，女奴僕為妾。

⑥**好遯，君子吉，小人否（ㄆㄧˇ）：**美好適時的隱遁，君子吉利，小人不吉。「否」是否塞。

⑦**嘉遯，貞吉：**值得讚美的隱遁，占問吉利。「嘉」是嘉美、讚美。

⑧**肥遯，无不利：**高飛遠走，無所不利。「肥」通「飛」，原本或作「飛」。張衡〈思玄賦〉：「利飛遯以保名。」

賞析與點評

隱遁的方式

人生在世，總是希望順風順水，能有一番成就，但有時現實不如人意，在環境惡化或有禍患的苗頭時，就需要選擇退避以免禍。遁卦主張在這種情況下要察時知幾、及時避禍退隱。什麼時候才算及時？如果耽誤了最佳時機怎麼辦？遁卦六爻作了不同情況的分析和描述。初六爻，當發覺有潛在的禍患將要發生時，要儘快退避隱遁，不可遲疑，如果沒來得及退避，誤了時機，成了「遁尾」，就需要靜處微下，謹言慎行，不顯露自己；六二爻，被名利、地位、責任等牢牢地捆住，脱不了身，那就只有接受現實，恪守中道，擔當責任；九三爻，當退隱之時，因有所牽絆而猶疑不定，如此將招致危險，能遁則應果斷地隱遁，如果確實無法退避時，要謹慎涉世，小心地保護家族平安；九四爻，條件寬裕，有所喜好，若貪戀於此就會失掉遁隱的時機，應當機立斷遁走，此謂「好遁」；九五爻，身居高位，宜於順應時勢，當退一步則退，遁而能亨，應時而動，美善而貞吉，此謂「嘉遁」；上九爻，高飛遠舉，無所不利。

功成身退，天之道

在遁卦中，除了初、二爻的情勢有些窘迫外，其餘四陽爻頗多吉辭。三爻到上爻的四個陽爻，所處的居位和自身的能力都有優勢，但是在陰長陽消之時，要能夠勇於捨棄，儘早隱遁，方為上策。

無論是功成名就之時的「好遁」，還是受到嘉獎慶賀之時的「嘉遁」，都是「吉」的。

而上九「肥（飛）遁，无不利」，即退隱一如鳥飛之速，見機而去，不俟終日，那是「无不利」的。[1]

老子反覆強調「功成而弗居」（二章）、「功成而不有」（三十四章）、「功成而不處」（七十七章），提出在功成的情況下，正當壯盛之時，要選擇激流勇退。這是因為老子洞察到事物發展的規律：「物壯則老，謂之不道，不道早已」（五十五章），要避免「早已」，就要先避免「物壯」，或在正當「壯」時，主動退讓，自我減損，從而獲得回環的空間，免於壯極而衰。老子指出，這樣做符合天道：「功遂身退，天之道也」（九章）。

結合遁卦，人在「好」、「嘉」、「肥」的壯盛之時，就應該主動選擇退避了，「好遁」、「嘉遁」、「肥遁」，如此可得從容不迫、全身而退，吉祥而無所不利。一定不要等到退無可退之時，被動受禍，悔之已晚。老子說：「進道若退」、「道隱無名」（四十一章），「道」以善於退讓和施與的方式去成就他人而最終成就自己——善貸且成。對比可見，老子「功成身退」的思想正是對於《周易》古經遁卦思想的繼承和發揮。

1. 尹振環，〈由帛書《易之義》看《易》《老》之關係〉，陳鼓應主編《道家文化研究》第十二輯（北京：三聯書店，一九九八），頁一二六。

大壯卦第三十四

乾下　震上

大壯①：利貞。

初九：壯于趾，征凶，有孚②。

九二：貞吉。

九三：小人用壯，君子用罔③。貞厲，羝羊觸藩，羸其角④。

九四：貞吉，悔亡，藩決不羸，壯于大輿之輹⑤。

六五：喪羊于易，无悔⑥。

上六：羝羊觸藩，不能退，不能遂，无攸利；艱則吉⑦。

導讀

大壯卦與遯卦是一對覆卦，遯卦的卦象顛倒過來就是大壯卦。兩卦所表現的形勢也就正好相反：遯卦是兩個陰爻在下，有上升之勢，因此陽爻面臨被侵蝕的危險，所以告誡陽爻要知時退避，免受禍患。大壯則是四個陽爻在下，陽剛強勢上升，有過於陽剛冒進的危險，大壯卦以公羊用角頂撞籬笆為喻，告誡陽剛強壯者要知止守柔，不可太過莽撞。從總體而言，大壯卦的爻辭有三個「吉」，一個「凶」，一個「厲」，一個「无悔」，吉多凶少，但是否能夠保吉而避凶，還在於行為上是否能夠守中守柔。

譯文

大壯：利於占問。

初九：足趾強壯，前進有凶險，會有應驗。

九二：占問吉利。

九三：小人逞強，君子則守之以弱。占問危險，公羊用角頂撞籬笆，毀壞了它的頭角。
九四：占問吉利，悔恨消除，籬笆被撞得裂開缺口而沒有毀壞自己的頭角，於是就又自逞強壯去頂撞大車的車輻。
六五：在有易國丟失了他的羊，無悔。
上六：公羊頂撞籬笆，不能後退，又不能前進，無所利，歷經艱難之後則可獲吉。

注釋

①**大壯**：卦名。「大壯」有大為壯盛、太壯、過壯之義，象徵強大的勢力勢頭正猛，壯盛上進。《雜卦傳》：「大壯則止。」虞翻注及陸德明《釋文》引馬注曰「壯」為「傷」。

②**壯于趾，征凶，有孚**：足趾強壯，前進有凶險，會有應驗。「趾」指足趾，「壯於趾」是形容腳力強壯，壯於前行；「征」是前進，「有孚」指此兆必會有應驗。

③**小人用壯，君子用罔**：小人逞強，君子則守之以弱。「用壯」指逞強，與「用壯」

相對的是「守弱」。「罔」表示否定，「君子用罔」相對於「小人用壯」而言，表示君子不用壯而守之以弱。

④**羝（ㄉㄧ）羊觸藩，羸（ㄌㄟˊ）其角：**公羊用角頂撞籬笆，毀壞了牠的頭角。「羝羊」是公羊，「羊」諧音「陽」，象徵陽剛壯盛；「觸」是抵觸、頂撞，「藩」是藩籬、籬笆；「羸」指毀敗、毀壞，「角」是羊角。

⑤**貞吉，悔亡，藩決不羸，壯于大輿之輹（ㄈㄨˋ）：**占問吉利，悔恨消除，籬笆被撞得裂開缺口而自己沒有毀壞頭角，於是就又自逞強壯去頂撞大車的車輻。「決」是裂開缺口，「藩決不羸」指羊已經壯盛到可以衝開籬笆而沒有毀壞自己的頭角，於是牠更加強勢，接著就去跟大車的車輻比拚；「大輿」是大車，「輹」通「輻」，連結車輞和車轂的直條。

⑥**喪羊于易，无悔：**在有易國丟失了羊，無悔。「喪」指丟失，「易」是有易國。此爻以歷史典故為喻，故事的主人公名為王亥，是殷商的先公，曾客居於有易，在那裡畜牧牛羊，後來因故被有易的首領所殺。據考證，此爻僅喪其羊，王亥尚未遭到殺害，所以說「无悔」。在後面的旅卦中再次用到這一典故，則「喪牛于易，凶」，王亥被殺。

此爻象徵失去了羊，不再壯盛，但沒有發生悔恨的事，尚可存身，但要以此為戒，守中守柔為上。[1]

⑦**羝羊觸藩，不能退，不能遂，无攸利，艱則吉**：公羊頂撞籬笆（被夾住），不能後退，又不能前進，無所利，歷經艱難之後則可獲吉。「遂」是順利前進。

賞析與點評

「大壯」須「知止」

大壯卦上六爻呈現這樣一幅有趣的景象：一頭強壯的公羊，因自恃有股蠻勁，去頂撞籬笆，反而被籬笆掛住了角，既不能後退，又不能前進，怎樣掙扎都沒有益處。這則寓言告誡人們凡事不可憑藉一時衝動逞匹夫之勇，否則將自陷窘境，難以脫身。無論是個人，還是團體、國家，如果像那只公羊一樣，自恃強壯，橫衝直撞，必然會受傷，即便是一時得逞，最終也會受到教訓。

大壯卦與遯卦相呼應，遯卦提醒要適時退避，最好是「好遁」、「嘉遁」、「肥遁」；大壯卦則為那些只知進、不知退，只知耀武揚威、橫衝直撞而不知適時退避者敲響了警鐘。大壯卦九三爻辭：「小人用壯，君子用罔。」小人逞強，君子則守之以弱。大壯卦四個陽爻顯現強勢，整個卦的結構陽盛陰衰，若能收住進勢，謙退守柔，就能防止陽剛太過，而免於危險和傷害。

老子深得大壯卦所倡退避、守柔之旨，因而反覆申說「守柔知止」之義，反對爭戰，「斯不爭、不矜，合於守柔之道。」[2]春秋亂世，諸侯爭強好鬥、不知收斂，以致戰亂頻仍、生民塗炭，爭霸好戰者則不斷上演「物壯則老，是謂不道，不道早已」（三十章）的慘劇，天下如陷水火。人間的衝突、傷害、戰爭、災難，往往是因為有自恃大壯而逞強者，不知滿足，不知收斂，貪於進而「用壯」，為害社會，最終害人害己，不可能長久。老子指出唯有「知止」方為長久之道：「知足不辱，知止不殆，可以長久。」（四十四章）

1. 參看顧頡剛〈周易卦爻辭中的故事〉，《燕京學報》第六期（一九二九，北京）。
2. 王力，《老子研究．道用．非戰》（天津：天津古籍書店，一九八九），頁三七。

喪羊于易——一個古老的故事

《周易》古經大壯卦六五爻「喪羊于易」，另有旅卦上九爻「喪牛于易」有所來由。王國維（一八七七—一九二七）從甲骨卜辭中研究得出商的先祖有個王亥，並從《楚辭》、《山海經》、《竹書紀年》等文獻中找出了王亥的事蹟來。顧頡剛（一八九三—一九八〇）在〈周易卦爻辭中的故事〉認為這兩條爻辭是商人的先祖王亥在有易的地方放牧，被有易部落首領殺害的故事。《竹書紀年》載：「殷王子亥賓于有易而淫焉，有易之君綿臣殺而放之。」《大荒東經》載：「有易殺王亥，取僕牛。」《楚辭．天問》中也有記載說王亥（《天問》作「該」）在有扈（「有易」之誤）過著快活的日子，後被殺害，這與旅卦爻辭中的「旅人先笑後號咷」意思相近。

晉卦第三十五

䷢

坤下　離上

晉①：康侯用錫馬蕃庶，晝日三接②。

初六：晉如摧如，貞吉③。罔孚，裕无咎④。

六二：晉如愁如，貞吉。受茲介福，于其王母⑤。

六三：眾允，悔亡⑥。

九四：晉如鼫鼠，貞厲⑦。

六五：悔亡，失得勿恤。往吉，无不利⑧。

上九：晉其角，維用伐邑，厲吉，无咎，貞吝⑨。

導讀

晉卦由坤下離上組成，坤為大地，離為火、為日，整體的卦象是太陽升起到大地之上，光明漸次升騰，萬物得到照耀，因而晉卦是光明升進、吉祥之卦。卦辭充滿了喜慶的氣氛，康侯得到了眾多馬匹賞賜，還被天子在一天內接見了多次，可見晉升之快、榮寵之盛。爻辭中所顯示的前進、晉升卻沒有那麼容易，會遇到挫折和憂愁，還要防止過於貪功冒進，就總體卦義而言，對於晉升、前進的追求，要保持積極、客觀、冷靜的態度。

譯文

晉：康侯受賞賜的馬匹眾多，一天之內被多次接見。

初六：有進有退，占問吉利。沒有徵兆，寬裕而沒有咎害。

六二：邊前進邊發愁，占問吉利。受到這樣大的福澤，是從祖母那裡得來的。

六三：眾人信從，悔恨消除。

九四：前進似「五技鼠」那樣貪婪，占問有危險。
六五：悔恨消除，不要憂慮得失。前進吉祥，無所不利。
上九：以堅硬的角鋒前進，可以出兵征伐城邑，雖危險而可獲吉，沒有咎害，占問有所憾惜。

注釋

①**晉**：卦名。「晉」有升進、前進之義。

②**康侯用錫馬蕃庶，晝日三接**：康侯受到賞賜的馬匹眾多，一天之內被多次接見。「康侯」是安國之侯，另一說認為是指周武王之弟康叔姬封；「用」是享用，「錫」通「賜」，「蕃庶」指繁盛、眾多。「晝日」是一天之內；「三」是三次或三次以上，表示多；「接」是接見。

③**晉如摧如，貞吉**：有進有退，占問吉利。「晉」指前進，「摧」是後退，「晉如摧如」是形容進退得宜的樣子。

④**罔孚，裕无咎**：沒有徵兆，寬裕而沒有咎害。「罔」是無，「孚」是徵兆，「裕」是寬裕。此爻意為不必占問求取徵兆，自身條件寬裕而不會有咎害，即「不占而吉」之意。

⑤**受茲介福，于其王母**：受到這樣大的福澤，是從祖母那裡得來的。「受」是接受，「茲」指此、這樣，「介」指大，「王母」猶言祖母或女主。

⑥**眾允，悔亡**：眾人信從，悔恨消除。「允」是認可、信從，「亡」指消除。

⑦**晉如鼫（ㄕˊ）鼠，貞厲**：前進似「五技鼠」那樣貪婪，占問有危險。「鼫鼠」是一種貪婪的大鼠，被稱為「五技鼠」，雖有五種技能，但都不精通。《九家》云：「鼫鼠喻貪。」[1]《說文》：「五技鼠也。能飛，不能過屋；能緣，不能窮木；能游，不能渡谷；能穴，不能掩身；能走，不能先人。」

⑧**悔亡，失得勿恤。往吉，无不利**：悔恨消除，不要憂慮得失。前進吉祥，無所不

---

1. 馬振彪，《周易學說》（廣州：花城出版社，二〇〇二），頁三四六。

利。「恤」指憂慮。

⑨**晉其角，維用伐邑，厲吉，无咎，貞吝：**以堅硬的角鋒前進，可以出兵征伐城邑，雖危險而可獲吉，沒有咎害，占問有所憾惜。「角」是尖角，比喻堅硬、鋒利。「維」是發語辭，「用」指可，「伐」是出兵征伐。

賞析與點評

晉卦有象、有義、有情

「晉」字有前進、上進、晉升之義，還包含了光明盛大的意思。《說文》：「晉，進也。日出萬物進。從日從臸。」太陽一出，萬物喜氣洋洋，紛紛向上生長。

晉卦是一個充滿陽光正能量的卦，卦象、卦辭中有象、有義、有情。卦象是自然界中太陽升起在大地上，照耀萬物；卦義是社會人事中，光明和柔順配合，一派祥和向上的氣氛。「錫馬蕃庶，晝日三接」洋溢著彼此接納、共享歡樂之情，上下以柔相待，彼此扶持，欣欣然允志同進。

自古而今，社會中晉升的例子不勝枚舉，然而探究晉升的原因，無非是主觀努力和客觀接引，或者對換一下角度，是主觀接引和客觀努力。晉卦僅用上下兩卦的組合就已表達了這種關係，如果站在下卦坤卦的角度，坤為眾，作為大眾希望越過越好，希望得到晉升，這是人之常情；在上卦是光明之君居位時，大眾當以順應，深蓄厚養，向著光明進發，就會呈現萬物蓬勃之象，整體都會得到提升，而大眾中有傑出者，會得到更好的晉升和提拔。如果站在上卦離卦的角度，離為火，在天為日，品質光明，居於上位，則應善於運用兩點，那就是光明和恩澤，或者說是要善用光明施惠於人。比如晉卦的六五，是柔中之君，是光明中道的象徵，當下卦是乾卦時，便是大有卦，盛大豐有；當下卦是坤卦時，便是晉卦，提攜大眾，共同晉升。六五是中道柔和的光明核心，成就了陽光上進的美好時代。

「錫馬蕃庶」與「拱璧駟馬」——不如坐進此道

晉卦卦辭：「康侯用錫馬蕃庶，晝日三接。」說的是康叔晉見周天子，報告政情，受到嘉獎，得到許多馬匹的賞賜，而且在一天內獲得天子的多次接見。這個場景可謂康侯人生的巔峰時刻。晉卦經文展現的是晉升之事，卦辭吉慶，展現了晉升的美好。但在爻辭中，由於地位和能力等問題，人們的晉升之路充滿曲折：初六爻還不能很清楚地確定前進的方向，只能在進退中摸索體會，宜寬裕處世；六二爻在前進途中歷經愁苦，終獲福澤；六三爻被眾人推著前進，被動地晉升，悔恨消除；九四爻已進到高位，需內強素質，若還貪戀馳鶩於外在的權位晉升，則已置身險境；六五爻有略顯不足的悔恨，宜於心胸開闊、不計較得失，前進吉祥而無所不利；上九爻以武力征伐的方式前進是危險的，獲吉的同時也會有遺憾。可見晉升亦須循「道」而行，須有內在的原則操守，在晉升的路上，得道則吉，失道則凶。

老子作為史官，熟讀典籍，他總結說：「故立天子，置三公，雖有拱璧以先駟馬，不如坐進此道。」（六十二章）所以，立位天子，設置三公，雖然依照拱璧在先、駟馬在後的禮儀進奉，不如用道來作為獻禮。老子指出，天子、三公向上天供奉祭祀，與其用那麼多玉璧、駟馬作為獻禮，不如以遵道、行道的實際行動作為進獻之禮。

明夷卦第三十六

離下　坤上

明夷①：利艱貞。

初九：明夷于飛，垂其翼②。君子于行，三日不食。有攸往，主人有言③。

六二：明夷，夷于左股，用拯馬壯④，吉。

九三：明夷于南狩，得其大首，不可疾貞⑤。

六四：入于左腹，獲明夷之心，出于門庭⑥。

六五：箕子⑦之明夷，利貞。

上六：不明晦，初登于天，后入于地⑧。

導讀

明夷卦與晉卦是一對覆卦，晉卦的卦象顛倒，就是明夷卦，卦象所示的景象也正好相反：晉卦是坤在下、離在上，是太陽升起在大地之上，一片光明晉升之象；明夷卦則是離在下，坤在上，太陽沉落到地下，大地上一片黑暗，象徵著光明被損傷、遮蔽。卦辭言此卦利於占問艱難之事，意指給處在艱難中的人予以指導，同時也說明占得此卦將有明夷之憂。初九爻辭將太陽比喻成一隻垂著翅膀的太陽鳥，光明被黑暗損傷而不能高飛，在這種情況下，各爻辭描述了人們不同的遭遇和反應——有的人匆忙逃走，有的人傷了大腿，有的人奮起反抗，有的人深入黑暗的核心。六五爻辭則借助殷末賢臣箕子的典故，象徵占問者的處境，上六爻則以太陽升天入地，形容命運極大地起伏。明夷卦是籠罩在晦暗中的卦，善處明夷者當識晦、用晦，方能避禍免災。

譯文

明夷：利於占問艱難之事。
初九：光明受損傷的太陽鳥在飛行，牠低垂著翅膀。君子在路途上，多日沒有進食。有所往行，是因為主人有指責。
六二：光明被損傷，傷到了左邊的大腿，用壯馬拯救，吉利。
九三：光明受到損傷之時南征，獲得最大的獵物，不可急於占問。
六四：進入充滿戾氣的黑暗腹地，獲知光明被傷害的根本原因，於是出門逃離而去。
六五：箕子的光明被損傷，利於占問。
上六：不見光明只有晦暗，起初升於天上，最後落入地下。

注釋

①**明夷：**卦名。「夷」有「傷、滅」之義，「明夷」指光明被損傷。

②**明夷于飛，垂其翼：**光明被損傷的太陽鳥在飛行，牠低垂著翅膀。《左傳・昭公五年》：「明夷，日也。」[1]在中國古代神話中，太陽由太陽鳥托載著飛行，太陽鳥即中國人所熟知的「三足烏」，也即指代太陽。「明夷于飛」的句式當引自古代民間詩歌。[2]

③**君子于行（ㄏㄤˊ），三日不食。有攸往，主人有言：**君子在路途上，多日沒有進食。有所往行，是因為主人有指責。「行」指道路，「於行」是在道路上；「三日不食」形容行色慌張匆忙，多日顧不上飲食；「有言」在《易經》中多指怨懟、指責、是非議論、譭謗等，此處指主人的指責之言。

1. 《左傳・昭公五年》的筮例，說明了「明夷」既是日也是鳥。根據《山海經》等古籍的記載，中國遠古時代有關太陽神話的傳說，帝俊與羲和生有十子，即「十日」，他們是太陽神，也是金烏的化身，長有三足，是會飛行的太陽神鳥。李夢生，《左傳譯註》（上海：上海古籍出版社，二〇〇四），頁九六八。
2. 《詩經》中多處有「于飛」之辭，皆指某種鳥兒飛翔，如《詩・小雅・鴻雁》：「鴻雁于飛，肅肅其羽。」《詩・大雅・卷阿》：「鳳皇于飛，翽翽其羽。」《詩・邶風・雄雉》：「雄雉于飛，泄泄其羽。」《詩・邶風・燕燕》：「燕燕于飛，差池其羽。」《詩・小雅・鴛鴦》：「鴛鴦于飛，畢之羅之。」等等，可見「明夷于飛」採用的是古代詩歌常見的句式，而此處的「明夷」是指太陽鳥。

④**夷于左股，用拯馬壯：**傷到了左邊的大腿，需要用壯馬拯救。

⑤**明夷于南狩，得其大首，不可疾貞：**光明受到損傷之時南征，獲得那最大的獵物，不可急於占問。「狩」是征伐，「大首」是最大的獵物，也可以喻指所征伐的敵方首領，「疾」即「急」。

⑥**入于左腹，獲明夷之心，出于門庭：**進入充滿戾氣的黑暗腹地，[3]獲知光明被傷害的根本原因，於是出門逃離而去。此爻當指微子——商紂王的長兄，親見紂王昏暴無道，勸之不聽，遂離開而去。《論語．微子》記載：「微子去之，箕子為之奴，比干諫而死。」

⑦**箕子：**商朝的賢臣、商紂王的叔父，因為勸諫紂王而被貶為奴隸，為避禍佯裝瘋狂，被紂王囚禁。周武王伐紂勝利，箕子才得以被釋放。此爻為用典言事。

⑧**不明晦，初登于天，后入于地：**即不明而晦，不見光明而只有晦暗，象徵光明被損傷已非常嚴重。前後起伏極大，初始太過奢華享樂，最後一敗塗地遭受滅亡。此爻被認為是形容昏暴的商紂王，是晦暗之世的製造者。

賞析與點評

黎明未至，太陽鳥垂翼而飛

中國古代的先民認為太陽是依靠鳥托載而行的。鳥為太陽的精魂和動力的源泉，所以人們習慣上把太陽與鳥等同起來。這源於漁獵時代的圖騰崇拜，形成於自然崇拜的農牧時期。進入前階級和初期階級社會，中國崇拜太陽——日鳥的部族就把日鳥複合圖騰與他們的國王、酋長聯繫起來，尊為太陽神。[4]

《左傳・昭公五年》有一則筮例記載，説的是穆子出生時，他的父親莊叔進行占筮，得到的占筮結果為明夷卦變謙卦，也就是明夷卦的初爻動，陽爻變為陰爻，明夷變為謙卦。[5] 此例以明夷卦的初爻爻辭為占斷：「明夷于飛，垂其翼，君子于行，三日不食。」

---

3. 《正韻》：「左，戾也。」
4. 王雷生，〈《周易・明夷卦》及其歷史故事新解〉，《周易研究》一九九九年第一期（濟南），頁七一～七七。
5. 《左傳・昭公五年》：「初，穆子之生也，莊叔以周易筮之，遇明夷之謙，以示卜楚丘。……明夷之謙，明而未融，其當旦乎，故曰為子祀。日之謙當鳥，故曰明夷于飛，明而未融，故曰垂其翼。象日之動，故曰君子于行。當三在旦，故曰三日不食。離，火也。艮，山也。離為火，火焚山，山敗。……謙不足，飛不翔，垂不峻，翼不廣。」

《左傳》中解釋說，「明而未融」，太陽還沒有升起來（「融」字的本義是炊氣上升），當在黎明未至「日初出」[6]的「旦時」（寅時），「象日之動」，「謙不足，飛不翔」，這時的太陽光明不足，如同太陽鳥在垂著翅膀低飛。

明夷于飛——謠占

《周易》卦爻辭象徵性的表現方式和《詩經》的比、興手法有眾多相通之處，所以《周易》卦爻辭也和《詩經》一樣，對中國古代文學有深遠影響。[7]

明夷卦初六爻辭：「明夷于飛，垂其翼。君子于行，三日不食。」讀來很像是詩歌，與《詩經．小雅．鴻雁》「鴻雁于飛，肅肅其羽。之子于征，劬勞于野」的詩句極為相似。詩以「鴻雁肅羽」起興，以喻人之勞苦；初六爻辭以「明夷垂翼」起興，以喻「君子于行，三日不食」的匆忙與勞苦。兩者的意象高度重合，因而此爻辭中的「明夷」應為鳥的意象。李鏡池認為這是引詩（包括民歌）為占，叫作謠占，屬象占之一。[8]

用「明夷」的智慧——雖明而晦，用晦而明

易道變化無窮，世事治亂相循。明與暗的運用，正是精讀體會《易》、《老》，通

達辯證思維之所在。明夷卦的運用，在於運用其「雖明而晦」的智慧——明夷之世，光明被傷害、被埋沒，社會昏暗不明，然而有著光明德行的文王與箕子處於昏暗險境卻能夠「雖明而晦」，他們主動隱藏自身的光明德行，韜光養晦，以此來全身避險，這就叫「明而晦」。

老子「明而晦」的思想，在文本中多有體現，如「揣而銳之，不可長保」（九章），顯露鋒芒，銳勢難保長久；「是以聖人方而不割，廉而不劌，直而不肆，光而不耀」（五十八章），所以有道的人方正而不割人，銳利而不傷人，直率而不放肆，光亮而不刺耀；「是以聖人被褐懷玉」（七十章），所以有道的人內懷美玉，外面卻穿著褐衣粗布的衣服；「挫其銳，解其紛，和其光，同其塵」（五十六章），不露鋒芒，消解紛擾，含斂光芒，混同塵世；「大成若缺，其用不弊」[9]（四十五章），最完滿的東西

---

6. 《春秋左傳．昭公五年》注：「旦日者，日初出也。」楊伯峻，《春秋左傳注》（北京：中華書局，二〇〇九），頁一二六四。
7. 袁行霈總顧問、張慶利主編，《中國文學史話．先秦卷》（長春：吉林人民出版社，一九九八），頁七三。
8. 李鏡池、曹礎基，《周易通義》（北京：中華書局，一九八一），頁七一。
9. 河上公解釋：「大成者，謂道德大成之君也。若缺者，滅名藏譽，如毀缺不備也。」

好像有欠缺一樣，但是它的作用是不會衰竭的；「是以聖人後其身而身先，外其身而身存」[10]（七章），所以有道的人把自己放在後面，反而能贏得愛戴，將自己置之度外，反而能保全生命。以上各章皆體現了老子「雖明而晦」、韜光養晦的思想。

老子在發揮「晦而明」的思想方面亦不乏其例，如「俗人昭昭，我獨昏昏；俗人察察，我獨悶悶」（二十章），世人都光耀自炫，唯獨我暗暗昧昧的樣子，世人都精明靈巧，唯獨我無所識別的樣子；「其政悶悶，其民淳淳；其政察察，其民缺缺」（五十八章），政治寬厚，人民就淳樸；政治嚴苛，人民就狡黠。居上位者要故意使自己不甚明察，涵養寬厚涵容的厚德，以免人人恐懼不安。而正是居上位者大度「無為」的態度，才可以使下屬的創造力和聰明才智得到充分地發揮。能夠將這樣的智慧推行下去的人，可以稱為明智之人了，這就是「晦而明」的道理。一般而言，居下處險時運用「明而晦」，可以保命全身；居上平易時運用「晦而明」，可以寬而得眾。總的來說，都善於是用「明夷」的道理。

10. 河上公以「韜光」二字擬定為《老子》第七章的章名。

家人卦第三十七

䷤

離下　巽上

家人①：利女貞。

初九：閑有家，悔亡②。

六二：无攸遂，在中饋，貞吉③。

九三：家人嗃嗃，悔厲，吉；婦子嘻嘻，終吝④。

六四：富家，大吉⑤。

九五：王假有家，勿恤，吉⑥。

上九：有孚威如，終吉⑦。

導讀

家人卦是講家庭的卦，內容涉及到如何持家、富家、家人之間如何相處等問題，家庭是社會結構中的基本單位，父子、夫婦、尊卑長幼的秩序和倫理都體現在家庭中。從卦象看，家人卦由離下巽上組成，離為火，巽為風，火烈則風生，風火相助，由內而外，象徵以家庭為單位，由內而外參與社會。從家人卦中可以看到儒家的家道思想和齊家觀念在這一卦中開始萌芽。[1]

譯文

家人：利於女子占問。

初九：在家中做好防範，悔恨消除。

1. 劉蔚華，《解讀周易》（濟南：齊魯書社，二〇〇七），頁二一八。

六二：不擅作主張做事，安於在家中料理飲食，占問吉利。
九三：家裡人都是嚴肅緊張的，會悔於太嚴厲，但吉利。婦人孩子嘻嘻哈哈，最終會有憾惜。
六四：使家庭富足，大為吉利。
九五：王者至於宗廟（家）裡來祭祀，不用憂慮了，吉利。
上九：卦兆顯示威儀赫赫，最終吉利。

注釋

①**家人**：卦名。「家人」即「人家」，此卦講持家之道。

②**閑有家，悔亡**：在家中做好防範，悔恨消除。「閑」指防範，「有」是於；「閑有家」指的是於家中做好防範。

③**无攸遂，在中饋，貞吉**：不擅作主張做事，安於在家中料理飲食，占問吉利。「攸」即「所」，「遂」指擅事。《公羊傳．莊公二十九年》：「大夫無遂事。」徐彥疏：「無

自專之道也。」「中」指家中，「饋」指飲食之事。

④家人嗃嗃（ㄏㄜˋ），悔厲，吉；婦子嘻嘻，終吝：家裡人都是嚴肅緊張的，會悔於太嚴厲，但吉利。婦人孩子嘻嘻哈哈，最終會有憾惜。「嗃嗃」是形容嚴肅緊張的樣子，「嘻嘻」指嘻笑玩鬧的樣子。此爻上半段爻辭指持家太嚴厲而讓家庭氛圍沉悶緊張，但治家的效果是吉利的。下半段與之相反，持家太過放任，平時嘻嘻哈哈、打鬧玩笑，最終的治家效果卻是有缺憾的。

⑤富家，大吉：使家庭富足，大為吉利。「富家」意謂使家富。

⑥王假（ㄍㄜˊ）有家，勿恤，吉：王者至於家，不用憂慮了，吉利。「假」通「格」，指達至、到達。[2]「有」即「於」；「恤」是憂愁、憂慮。「王假有家」猶言王至於家（宗廟）。王在古代掌握政治、軍事和宗教權，所以他到宗廟（家）裡來祭祀。[3]

---

2. 《詩．商頌．玄鳥》：「四海來假，來假祁祁。」鄭玄箋：「假，至也。」（唐）孔穎達，《毛詩正義》，收入阮元校刻《十三經注疏》影印本（北京：中華書局，一九八〇），頁六二三。
3. 李鏡池，《周易探源》（北京：中華書局，一九七八），頁二三四。

⑦**有孚威如，終吉**：卦兆顯示威儀赫赫，最終吉利。「威」指威儀、威望。

賞析與點評

傳統悠久的中華家文化

家在中國人的心目中有著特殊的地位，中國人對家的情感幾乎可以上升為一種宗教情感。國際知名漢學家、美國夏威夷大學教授安樂哲（Roger T. Ames）曾感歎，每逢中國人過春節，地球上會形成幾億人的大遷徙，無論有多少困難，無論路途有多麼遙遠，無論採用怎樣的交通方式，他們都會義無反顧地投入回家的洪流，所有人都受到這種情感的召喚，他們在大年夜一定要趕回到家中跟父母一起過年——回家過年幾乎成為一種信仰。[4]

這種對於家庭、親情的生命情感的依託與信仰，是經由幾千年世代傳承而來，有其悠久的歷史文化淵源。呂大吉（一九三一—二〇一二）在《中國宗教與中國文化．總序》中寫道：「夏、商、周三代以『敬天法祖』為核心內容的國家宗教是當時中國文化的主體與核心。」[5]

家人卦的九五爻辭「王假有家」，從字面所描述的象來看，應是王者到家廟祭祀，祈求祖先的賜福，爻辭示以吉兆：「不用憂慮了，吉利。」從爻辭象徵義而言，則喻指家道已成，吉祥有利。

《老子》五十四章：「子孫以祭祀不輟。」從祭祀活動說起，一步步透過修德的功夫，層層落實到社會人事的處置之中——「觀身」、「觀家」、「觀鄉」、「觀邦」、「觀天下」[6]，體現了由修德安身、以德立家，向鄉、邦、天下擴充展開的人間關懷和修持路徑。家，是個體參與社會的功能載體，是生命得以養育生息的根基，是精神情感的依託。從商代開始，中國就有祭祀天地與先祖的習俗，尊天敬祖更成為中國社會普遍而基

---

4. 安樂哲二〇一八年四月二十八日在清華大學文圖講堂馮友蘭紀念講座發表〈儒學宗教感：人能弘道，聖人能繼天立極〉演講，於期間發出上述感歎，並且講到：「他們（中國）在一個廣大人口範圍所實際成就的，遠比我們宗教派別創始人，在人口為數不多的範圍做得還要出色。」（In a vast multitude of men they have virtually accomplished more than the founders of religious order samong us have achieved with in their own narrow ranks.）

5. 呂大吉，《中國宗教與中國文化卷二・宗教・哲學・倫理》〈總序〉（北京：中國社會科學出版社，二〇〇五），頁四。

6. 《老子》五十四章：「善建者不拔，善抱者不脫，子孫以祭祀不輟。修之於身，其德乃真；修之於家，其德乃餘；修之於鄉，其德乃長；修之於邦，其德乃豐；修之於天下，其德乃普。故以身觀身，以家觀家，以鄉觀鄉，以邦觀邦，以天下觀天下。」

礎的信仰。這種人文情懷被老子和孔子繼承下來，他們之間的相通之處也有相異處，老、孔皆由慎終追遠的祭祀活動，推衍出孝慈的觀念。[7] 因此，家是道、儒思想觀念的交集之處。

家人，利女貞

家人卦的卦辭簡單直白：「利女貞」，只言女而不言男，特別強調了女子（妻子、母親）在家庭中的重要性。在中國家庭中，「男主外，女主內」是傳統家庭模式，這是由男、女天賦本性的不同，以及他們在社會上所承擔的職責不同而逐漸形成的。家道之正，在於男女能各正其位，女子在家庭日常事務中能否有中正慈柔之德，是一個家庭的家道能否淳厚長久的重要因素。女子「无攸遂，在中饋」、「富家，大吉」，能使家庭和諧穩定、充滿溫馨的親情。長期以來，這樣的家庭模式作為社會的基本單位呈現出其穩固的特質。在當代新的社會背景下，更多的女性不再局限於主持家庭內務，而是走向社會，承擔起更多的社會責任，男性養家的重擔得以減輕。而家庭事務由雙方共同處理，家庭教育逐漸社會化，形成了新的家庭模式。這些都是家庭外在形式的轉變，無論形式如何轉變，持家之道卻是自古以來一脈相承，有著永恆的意義。

老子思想非常重視女性，宣導慈柔的觀念。《老子》書中「母」字七見，如「萬物之母」、「貴食母」、「天地母」、「天下母」，皆喻指化生萬物並滋養萬物的「道」；有一處「有國之母」，譬喻能夠保有邦國的根本之道。可見，「母」有「育」、「養」、「護佑」之功。家人卦的卦辭「利女貞」，直言利於女子占問，正是因為女子有中正慈柔的修身持家之德。老子將這種隱含在《易》中的價值理念進行哲學的提升和發揮，成為老子哲學的基石。

7. 陳鼓應，《老子導讀及譯註》（新北：臺灣商務印書館，二〇二二），頁二四一。

睽卦第三十八

兌下　離上

睽①：小事吉。

初九：悔亡，喪馬勿逐，自復。見惡人，无咎②。

九二：遇主于巷，无咎③。

六三：見輿曳，其牛掣，其人天且劓④。无初有終⑤。

九四：睽孤，遇元夫，交孚，厲无咎⑥。

六五：悔亡，厥宗噬膚，往何咎⑦？

上九：睽孤，見豕負涂，載鬼一車⑧。先張之弧，后說之弧⑨。匪寇婚媾。往遇雨則吉。

導讀

睽卦與家人卦是一對卦象和卦義皆相反的卦。家人卦的卦義講風與火相助，象徵家人和睦相處，打造淳厚的家風，而睽卦卻是睽違乖離。從睽卦的卦象來看，兌下離上，兌為澤，澤水向下滋潤，離為火，火性向上燃燒，兩者背道而馳，睽違不合。所以，睽卦的卦義是講處在睽違情況之下時，當如何化解這種兩相背離，以實現合睽的目的。卦辭「小事吉」，說明占到睽卦雖有睽違不合之處，但有合睽的可能，由分到合，做小事吉利。睽卦六個爻都是先睽而後合，無論遇到什麼樣的情況和困難，最終的結果是「无咎」、「有終」、「吉」辭，達成合睽，可見睽卦之深意。

譯文

睽：小事吉利。

初九：悔恨消除，丟失了馬匹不用去追尋，它自己會回來。見到醜惡的人，沒有咎害。

九二：在巷子裡遇到主人，沒有咎害。

六三：看見一輛車子被拖拽前行，原來是一頭牛在用力拉拽，車夫是額上刺字並被割了鼻子的受刑之人。開始不好，結局不錯。

九四：孤單地乖離在外，遇到一個好人，合於卦兆，雖危厲而沒有咎害。

六五：悔恨消除，其同宗的人在吃肉，前往又有什麼咎害？

上九：孤單地乖離在外，看見豬背上全是泥巴，又看見一輛載滿了鬼的車。先張弓搭箭準備射擊，後又放下弓箭。（那些人）不是強盜而是求婚迎親的隊伍。前往遇到下雨則會有吉利。

注釋

①**睽**：卦名。「睽」字原義指眼睛分別看向不同的方向，引申為乖離、違背、相異等義。

②**悔亡，喪馬勿逐，自復。見惡人，无咎**：悔恨消除，丟失了馬匹不用去追尋，它自己會回來。見到醜惡的人，沒有咎害。「喪」是喪失、丟失，「逐」指追，「復」是返回。此爻意指遭受損失之時，不要急於追尋，從容靜待，自會歸復，即便是其間遇到惡人，也不會有咎害。

③**遇主于巷，无咎**：在巷子裡遇到主人，沒有咎害。「遇」指不期而會。

④**見輿曳，其牛掣，其人天且劓（ㄧˋ）**：看見一輛車子被拖拽著前行，原來是一頭牛在用力拉拽，車夫是額上刺字並被割了鼻子的受刑之人。「輿」指車；「曳」是拖拽，「掣」指拉「其人」，指趕車的車夫；「天」是古代的一種刑罰，在罪人的額上刺字，「劓」是古代割鼻的刑罰。

⑤**无初有終**：開局不好，結局不錯。「无初」指沒有好的開始，「有終」指有好的

結局。

⑥**睽孤，遇元夫，交孚，厲无咎：**孤單地乖離在外，遇到一個好人，合於兆示，雖危厲而沒有咎害。「睽孤」指睽違而孤單，「元」是善、好，「夫」指成年男子，「交」指相合，「孚」是兆示。

⑦**悔亡，厥宗噬膚，往何咎：**悔恨消除，其同宗的人在吃肉，前往又有什麼咎害？「厥」是代詞，指「其」，「噬膚」是吃肉。

⑧**睽孤，見豕負涂，載鬼一車：**孤單地乖離在外，看見豬背上全是泥巴，又看見一輛載滿了鬼的車。「豕」指豬，「負」是背負，「涂」是泥巴，「鬼」指圖騰打扮。古代的氏族有自己的圖騰，多以動物為標誌；族外婚時，以自己的圖騰來打扮，以示族別。[1]

⑧**先張之弧，後說之弧：**先張弓搭箭準備射擊，後又放下弓箭。「弧」指弓，「說」同「脫」。

賞析與點評

一個旅行者在旅途中的離奇見聞

如果按字面直譯，睽卦就是一個旅行者在旅途中的離奇見聞，展現了古代社會的生活風貌，我們不妨將其還原：

主人公出門時覺得不太順利，不免有些後悔，但他還是消除了後悔的心理而繼續上路了。剛出家門不久，馬就跑掉了，確實不夠順利，但他沒有去尋找，因為馬是家養已久的，一定會回轉來。又走不久，一個面目猙獰的人迎面而來，他不由地緊張起來，生怕會有不測。結果，平安無事。

傍晚，抵達一座小鎮投宿，在巷口巧遇店主，一宿提心吊膽，所幸無事。

第二天凌晨，辭別店家繼續上路，見前面有一輛板車緩緩而行。走近一看，前頭拉車的是一頭牛，後面趕車的是一位烙了額、割了鼻的奴隸。開始時道路難行，牛拉著車十分艱難，後來道路漸漸平坦，終於前行。

繼續往前趕路，又遇到一位身材魁梧的漢子，他不由得高興起來，以為前途有了依

---

1. 李鏡池、曹礎基，《周易通義》（北京：中華書局，一九八一），頁七七。

傍。誰知這位漢子是逃犯，不久便被追捕者趕上，連同旅人一併被扭住，追捕者大聲呵斥他，以為他是逃犯的同夥，經再三解釋，他才被放走。

經過這件事，他一路上再也不敢隨便與陌生人結伴。後來，遇見一位同宗族的人，正在路旁狼吞虎嚥地吃著鮮嫩的肉食，由此他知道前方無事，這才放膽繼續前行。

不料行走間，前方又出現異常情況，只見一群渾身塗滿泥巴的豬，後面還有一輛大車，滿載著打扮得奇形怪狀如同鬼一樣的人。車上的人一見到他，便拉弓搭箭，作勢欲射。後來，這些人又放下了手裡的弓箭。原來，這些人並不是攔路搶劫的強盜，而是一支娶親的隊伍，發現他並沒有威脅，就收起了弓箭，一場誤會得以消除。這位旅人繼續前行，雖然幾經風雨，但總算平安抵達目的地。[2]

從這樣的字面義來看，睽卦爻辭的故事性和畫面感，既是當時社會現實的場景再現，又蘊含著豐富象徵的意味。

和實生物，同則不繼

在《說文》解釋：「睽，目不相聽也。」指眼睛各自看向不同的地方，「不相聽」即「不相順」的意思。「睽」表示乖離、不順、意見不合，在睽違狀態中的人有時會落入孤立、孤獨的境地，叫作「睽孤」。在睽卦的爻辭中，以一個人的所見所聞，呈現出許多怪異的人和事：丟了馬，見到了醜惡的人；在巷子裡遇到旅館主人；看見額頭上刺字、鼻子被割掉的車夫；孤獨一人遊蕩在外；看到同宗在吃肉；睽孤在外，看見載滿了鬼的車。這些景象如同夢幻，奇異怪誕，這既可能是孤獨的主人公親眼之所見，也可能是他睽孤心境的外在投射，散發著孤獨、乖異的氣息，同時透顯出渴求夥伴、消除孤獨、合睽同行的願望。

從現實形態來說，睽違處處存在的，因為人與人以及各種事物本身就各有差異，差異性普遍存在，睽違也就是普遍存在的。從另一個角度來說，正是因為有差異，才有合睽、互補、交流、合作、成功的可能。《國語．鄭語》記載，史伯對桓公說：「夫和實生物，同則不繼。以他平他謂之和，故能豐長而物歸之。若以同裨同，盡乃棄矣。故先王以土與金木水火雜，以成百物。」[3]

---

2. 寇方墀，《全本周易導讀本》（北京：中華書局，二〇一八），頁二五八。
3. 《國語．鄭語》（上海：上海世紀出版集團，二〇〇八），頁二四〇。

求同存異，緩柔合睽

睽不是大吉之卦，但卦辭中還是有「吉」，只是做小事吉利。為什麼呢？因為畢竟是睽違之時，孤木難成林，做不成大事。遇到這樣睽違背離的局面，切忌用忿戾之心、暴力手段強行合睽。合睽的辦法是要順勢利導，原則是：尊重差異，求同存異，在差異中尋求相反相成的結合點，緩柔合睽。爻辭中所言「喪馬勿逐」、「遇主于巷」、「厥宗噬膚」等，都是以柔和為上，委曲周旋，善於等待，不能急於求成，要順勢而為。

老子處理睽違的態度，以涵容緩柔的態度，求同存異，不苛責於人，契合睽卦的理念。老子說：「和大怨，必有餘怨，安可以為善？是以聖人執左契，而不責於人。」（七十九章）調解深重的怨恨，必然還有餘留的怨恨，這怎麼能算是妥善的辦法呢？因此，聖人保存借據的存根，但是並不向人索取償還。這就是老子所秉持的求同存異、寬柔和緩的合睽之道。

蹇卦第三十九

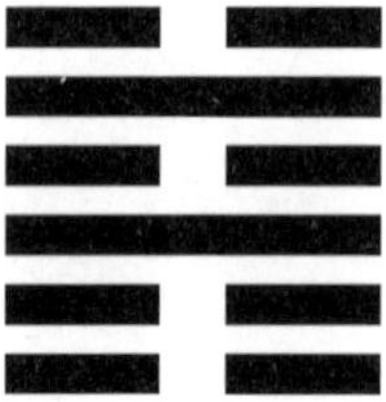

艮下　坎上

蹇①：利西南，不利東北②，利見大人，貞吉。

初六：往蹇，來譽③。

六二：王臣蹇蹇，匪躬之故④。

九三：往蹇，來反⑤。

六四：往蹇，來連⑥。

九五：大蹇，朋來⑦。

上六：往蹇，來碩，吉，利見大人⑧。

導讀

蹇卦是艱難險阻之卦，下卦為艮，為山，上卦為坎，為水，組合到一起，其象為：山擋住去路，水流又增加了危險，象徵險難重重，前行受阻。蹇卦卦義講如何排除險難以濟蹇、出蹇，卦辭指出利於往西南方向，不利於往東北方向，利於見到貴人相助。爻辭展示了六種不同情況的蹇難，總體策略以知止返回為上，到上六最終獲吉。

譯文

蹇：利於向西南方面，不利於向東北方向，利於見到大人，占問吉利。
初六：前往會有艱難險阻，回來則可以得到讚譽。
六二：王公大臣處於重重險阻艱難之中，這不是因自身的緣故。
九三：前往會有險難，返回來。
六四：前往會有險難，回來拉著車子。

九五：大為艱難之時，有朋友前來相助。
上六：前往艱難，歸來豐碩，吉利，利於見到大人。

注釋

①**蹇（ㄐㄧㄢˇ）**：卦名。「蹇」字本義為「跛」，因跛足而行走困難，引申為艱難險阻。

②**利西南，不利東北**：利於向西南方面，不利於向東北方向。此爻意指無論做事還是出行，以西南方為吉，東北方不利。（可參看坤卦賞析與點評〈西南得朋，東北喪朋——符合殷周時期的歷史背景和生活場景〉，頁五四～五五）。

③**往蹇，來譽**：前往會有艱難險阻，回來則可以得到讚譽。「往」是向外去，「來」是向內走。此爻意指不宜向外尋求，而應向內反省。

④**王臣蹇蹇，匪躬之故**：王公大臣非常艱難，這不是因為自身的緣故。「王臣」是王公大臣，指肩負重任的輔助者；「蹇蹇」指難而又難，重重艱難險阻。「匪」即「非」，

「躬」指自身、本身，「故」是緣故、原因。此爻意指肩負重任的輔助者陷於重重險阻之中，無比艱難，這並非他自身的過失所致，乃是由於外部條件環境不利。

⑤**往蹇，來反：**前往會有險難，返回來。「反」同「返」。

⑥**往蹇，來連：**前往會有險難，回來拉著車輦。「連」是連車，指用人力牽引的車，亦作「輦車」，《說文》：「連，負車也。」段注：「連即古文輦也。」此爻意指出去的時候困難，回來的時候牽著車輛而歸，有收穫之象。

⑦**大蹇，朋來：**大為艱難之時，有朋友前來相助。

⑧**往蹇，來碩，吉，利見大人：**前往艱難，歸來豐碩，吉利，利於見到大人。「碩」指豐碩。

賞析與點評

進道若退

對於蹇卦的處境，劉蔚華描述說，在你面前有座大山擋住了去路，陡峭的山上還有一條湍急的河流通過，你又是一位跛足翁，需要攀登大山、再跨過河流才能到達目的地，這就是蹇卦的卦象和含義。[1]《易經》有四大難卦：屯卦是創始的艱難，坎卦是遭逢危險的艱難，蹇卦是自身力不足又遇到客觀條件限制的艱難，後面還有一個困卦，是受困的艱難。蹇卦之難，是因為自身條件有缺陷，偏偏又遇到客觀條件的重重艱難，可謂內憂外困，卦爻辭中出現了七個「蹇」字，可見有多麼艱難！遇到這種情況怎麼辦呢？如果強行向前，就會面臨危險，如同履卦六三爻「眇能視，跛能履，履虎尾，咥人，凶」，一隻眼是瞎的卻自以為能看清，一條腿是瘸的卻自以為能走遠，踩踐在老虎的尾後，被老虎咬齧，凶險。該當如何？事情最終還是要做，「猶需之以柔」，暫以柔和而需待之，所以蹇卦爻辭多有「往蹇，來……」之辭，前往會有險難，於是返回如何如何。總的來說，無論哪一爻，返回都是在聚集內部力量和爭取外部支援兩方面下功夫，到九五爻終有「朋來」之助，上六吉利而利見大人。這就是處蹇的策略。

老子說：「明道若昧，進道若退，夷道若纇。上德若谷，大白若辱，廣德若不足，建德若偷，質真若渝。」（四十一章）光明的道好似暗昧，前進的道好似後退，平坦的道好似崎嶇。崇高的德好似低下的川谷，最純潔的心靈好似含垢的樣子，廣大的德好似不足的樣子，剛健的德好似懦弱的樣子，質樸純真好似隨物變化的樣子。老子以排比句式闡明事物「難易相成」的辯證關係，難和易相互促就，看上去暗昧的「道」其實是光明的，看似在後退的「道」其實是在前進。因而，有時看似在退後，其實恰是在向前，這與蹇卦所採取的策略是一致的。

1. 劉蔚華，《解讀周易》（濟南：齊魯書社，二〇〇七），頁二二四。

解卦第四十

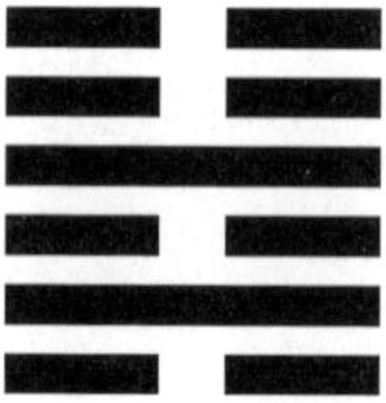

坎下　震上

解①：利西南，无所往，其來復吉②。有攸往，夙吉③。

初六：无咎。

九二：田獲三狐，得黃矢，貞吉④。

六三：負且乘，致寇至，貞吝⑤。

九四：解而拇，朋至，斯孚⑥。

六五：君子維有解，吉，有孚于小人⑦。

上六：公用射隼于高墉之上，獲之，无不利⑧。

導讀

解卦與蹇卦是一組覆卦，蹇卦的卦象顛倒過來就是解卦，卦義也相反。蹇卦是處在艱難險阻之中，可謂內憂外患；解卦則為緩解、解開、舒散，上卦為震卦，震為雷，下卦為坎卦，坎卦為水，在雷下為雨，整個卦象為打雷下雨之象，雷雨並作，震雷震開鬱結之氣，坎雨滋潤草木生發，一派舒解之象，充溢著暢快之氣。卦辭指明了在舒放緩解之時，如有好的去處，宜於及早行動，如果還沒有相宜的去處，也不要盲目行動，說明一切束縛得以緩解、形勢向好，這時可以做出有所作為、開始行動起來的打算，當下是「往」還是「復」？關鍵在於看清時機和方向，有時要主動去解，有時則需等待時機使其自解。

譯文

解：利於向西南方向，如果沒有所宜去往之處，那就回來復歸吉祥。如果有所宜於去往之處，那就及早行動為吉。

初六：沒有咎害。
九二：田獵獲得三隻狐狸，並得到金色箭頭的箭矢，占問吉利。
六三：身上背著財貨還要乘坐在車上（露財而招搖），招來了強盜，占問有恥辱。
九四：放開你的腳步去行動，朋友就會到來，此必應驗。
六五：君子（將之）縛住又解開，吉利。會有應驗落在小人的頭上。
上六：王公在高高的城牆上射擊鷹隼，射獲了那兇猛的鳥，無所不利。

注釋

①**解**：卦名。「解」有緩解、舒解、解開之義。

②**利西南。无所往，其來復吉**：利於向西南方向，如果沒有宜於去往之處，那就回來復歸吉祥。「來」指回來，「復」是復歸。

③**有攸往，夙吉**：如果有所宜於去往之處，那就及早行動為吉。「攸」指所，「夙」指早。

④**田獲三狐，得黃矢，貞吉：**田獵獲得三隻狐狸，並得到金色箭頭的箭矢，占問吉利。「田」是田獵，「黃矢」指有金色黃銅箭頭的箭，象徵所獲豐厚。

⑤**負且乘，致寇至，貞吝：**身上背著財貨還要乘坐在車上（露財而招搖），招來了強盜，占問有恥辱。「負」是肩負、背著，「乘」是乘車，「致」是招致，「吝」在此處作「恥辱」。[1]

⑥**解而拇，朋至，斯孚：**放開你的腳步去行動，朋友就會到來，此必應驗。「解」是解開、放開；「而」是代詞，古同「爾」，指你或你的；「拇」與咸卦「咸其拇」中的「拇」同義，即腳的大拇趾。「解而拇」意指解放束縛，放開你的腳步去行動。「斯」指這，「孚」是證驗、應驗。

⑦**君子維有解，吉。有孚于小人：**君子（將之）縛住又解開，吉利。會有應驗落在小人的頭上。「維」是繫縛、束縛，「有」指又，「有孚」是有所應驗、證驗。此爻意指

1.《後漢書．張衡傳．應間》：「姑亦奉順敦篤，守以忠信，得之不休，不獲不吝。」此處「吝」作恥辱解。

君子將小人綁縛起來又解開，這件事應驗發生在小人身上，君子獲得了小人的歸順，君子和小人緊張的關係皆得緩解，吉利。

⑧公用射隼（ㄓㄨㄣˇ）于高墉（ㄩㄥ）之上，獲之，无不利：王公在高高的城牆上射擊鷹隼，射獲了那兇猛的鳥，無所不利。「用」是助詞，表示行為可以付諸實施；「隼」指兇猛的鳥，飛得很快，通常突然從空中俯衝到地面抓取獵物；「墉」是高牆。

賞析與點評

「田獲三狐」之「狐」

《春秋左傳．僖公十五年》記載，秦伯欲伐晉國，使卜徒父筮之，筮遇蠱卦，下巽上艮。然而，秦軍先敗，卜徒父解釋說，「乃大吉也。三敗，必獲晉君」，並且可以「獲其雄狐」，而「夫狐蠱，必其君也」[2]，意思是說秦軍經過三次敗仗之後，必然會大獲全勝，而且會擒獲晉國的國君，「雄狐」指的就是晉君，而「狐蠱」是指晉君敗壞，終會被俘獲。因此，「狐」象徵狡猾，不易擒獲，解卦九二爻辭「田獲三狐，得黃矢，貞吉」，如果打獵而能「田獲三狐」，象徵有很大的收穫，而且還得到了金色的箭矢，占問必然吉利；如果是占問戰爭，則象徵著解除困局，獲得大勝。

「解卦」三層義

解卦的卦辭描述的是出外商旅，利於向西南方向，能去就早點去，去不了就早點回來，聽起來並不緊迫，很輕鬆，無論是「往」還是「復」，皆吉。解卦的爻辭則與如何對待已獲得的利益、獵物、俘虜有關，獲得的過程是進取的，如「田獲三狐」，但在獲得之後是舒緩的，即進入「解」之時，卦、爻辭所表達出的總體態度是舒放和化解，基本內含三層義：

第一層義：舒解。「解」是解開、解除、舒解。處於解卦之時，要做的就是舒解鬱結、解除悖逆，消融化解矛盾，進一步達到和解。解卦的卦象，以震雷之動震開鬱結，以雨水之澤洗滌污垢板結，滋潤萬物，使潛藏的矛盾得以化解，煥發新的生機。

第二層義：用柔。解卦宣導以柔道舒解，避免以剛嚴去逼迫強制解開、解除。比如

2. 楊伯峻編著，《春秋左傳注》（北京：中華書局，一九九〇），頁三五三～三五四。

「解而拇」、「君子維有解」，顯示出以安撫為主、舒解為要。反對驕慢和炫耀，否則「負且乘，致寇至」。解卦體現了天地生生之意，雷雨並作，就如春天時春雷震動，春雨滋育，萬物解開寒冷甲殼的束縛，顯現出蓬勃的生機。解卦之道是柔和化育之道，反而能煥發起萬物強大的生命力，路途上所有阻礙和束縛在這蓬勃的生命力面前瓦解冰消。

第三層義：因時。解卦以無用為用，待其時而自解，即是柔而不爭的無為之道。「用柔」是老子所宣導的處世之道，那麼該如何用柔呢？關鍵在於待時、知時、因時而動。時機到時，只需因勢利導，便可潛移默化、水到渠成，這是最好的化解之道。老子說：「挫其銳，解其分，和其光，同其塵，是謂玄同。」（五十六章）不露鋒芒，消解紛擾，含斂光芒，混同塵世，這就是玄妙齊同的境界。《莊子．天下篇》稱老子思想「常寬於物，不削於人」，「挫其銳」、「解其紛」是「不削於人」，「同其塵」是「常寬於物」，而「和其光」以達「玄同」之境。

然而，解卦並不是一味只會用柔，在解卦六爻中，當在解的過程中遇到頑劣不通的惡勢力阻礙，用懷柔化解之道不能奏效的時候，不得已則用剛。《老子》中也有「不得已而用之」的情況，解卦到達上六爻時，「公用射隼于高墉之上」，王公在高高的城牆上射擊鷹隼，一舉射獲了那兇猛的鳥，這便是用剛。《周易．繫辭傳》中解釋解卦上六爻時説道：「君子藏器于身，待時而動，何不利之有？動而不括，是以出而有獲，語成器而動者也。」剛柔並濟，待時而動，動靜相養，生生不息，是《易經》的精神內涵之所在，在解卦中有充分體現。

損卦第四十一

兌下　艮上

損①：有孚，元吉，无咎，可貞，利有攸往②。曷之用？二簋可用享③。

初九：已事遄往，无咎，酌損之④。

九二：利貞。征凶，弗損益之⑤。

六三：三人行，則損一人⑥；一人行，則得其友⑦。

六四：損其疾，使遄有喜，无咎⑧。

六五：或益之十朋之龜，弗克違，元吉⑨。

上九：弗損益之，无咎，貞吉⑩。利有攸往，得臣无家⑪。

導讀

損卦的主旨是損下益上和損己益眾。損卦的卦辭顯示卦兆吉利，只要虔誠祭祀，祭品不必多，也可以得到保佑，利於前往做事。爻辭多與祈福、祭事、占問有關，顯示了對於不同情況下是否減損以及減損程度的考量，總的來説，心存誠敬，主動減損，且把握好減損的分寸，能夠確保更為長久的吉利。

譯文

損：有卦兆顯示，大為吉利，沒有咎害，占問之事可行，利於有所前往。用什麼呢？用二簋之食進行祭祀就可以了。

初九：祭祀祈福之事要迅速去做，不會有過咎，祭祀的祭品和規模可根據情況考慮減省（以適度為之）。

九二：利於占問。出門征伐會凶險，不要減損而要增益他。

六三：三人同行前往，就會有折損一個人；一人獨行前往，就會得到真心的友朋。
六四：減輕他的疾患，使其迅速痊癒，沒有咎害。
六五：有人贈送他價值十朋的大龜，不能拒絕，大為吉利。
上九：不要減損反而要增益，沒有咎害，占問吉利。利於有所前往，會得到沒有家事牽絆的臣僕忠心輔佐。

注釋

①**損：**卦名。「損」有損失、減損、收斂、卑抑之義。

②**有孚，元吉，无咎，可貞，利有攸往：**有卦兆顯示，大為吉利，沒有咎害，占問之事可行，利於有所前往。「可貞」直譯為可以占問，指占問之事可行。

③**曷之用？二簋可用享：**用什麼呢？用二簋之食進行祭祀就可以了。「曷」指何，「曷之用」是用什麼？「簋」指古代祭祀時盛黍稷的圓形器皿。二簋是最為簡約的祭禮，二簋之食，喻指微薄之物。「享」是祭祀。

④**已事遄（ㄔㄨㄢˊ）往，无咎，酌損之**：祭祀祈福之事要迅速去做，才不會有過咎，祭祀的祭品和規模可根據情況考慮減省（以適度為之）。「已」通「祀」，「已事」指祭禮祈福之事，「遄」指速，「酌」是考慮、度量，「損」是減損、節省。

⑤**利貞。征凶，弗損益之**：利於占問。出門征伐會凶險，不要減損而要增益他。「征」是外出征伐，「弗」表示「不」。

⑥**三人行，則損一人**：指三人或多人同行就會折損一人，是因為人多就會雜，人多目標太大，會對接待者形成壓力而有所猜忌，因而不會真誠信任地接納，這樣不利於事情的達成，使要做事的人受到損失。

⑦**一人行，則得其友**：指利於單獨一人前往，可以消除接待者的戒備，雙方達成彼此信任的友朋關係，事情因此能夠達成。前一句與這一句皆有「一人」，指的是同一個人，即做事的主體。

⑧**損其疾，使遄有喜，无咎**：減輕他的疾患，使其迅速痊癒，沒有咎害。「疾」是疾患，引申為隱患、不順、毛病、缺點、晦氣等。「遄」指速，「有喜」是有喜事，相對於疾患而言，即指痊癒。

⑨**或益之十朋之龜，弗克違，元吉：**有人贈送他價值十朋的大龜，不能拒絕，大為吉利。「或」是有人，「益」是增益、贈送，「朋」指古代的貨幣單位，古以貝為貨幣，用繩子串起來，一串五貝，兩串為一朋；「十朋之龜」是價值百貝的大寶龜。「弗」指不，「克」是能，「違」是違背；「弗克違」指不能拒絕。

⑩**弗損益之，无咎，貞吉：**不要減損反而要增益，沒有咎害，占問吉利。

⑪**利有攸往，得臣无家：**利於有所前往，會得到沒有家事牽絆的臣僕忠心輔佐。「无家」指沒有家事牽絆而忠心無私。

賞析與點評

損益盈虛，雙行互補

「損」與「益」是自然界和人類社會中常有的現象。「損」、「益」作為一對範疇，在《周易》古經中已見其端倪，損卦和益卦是古經中的一組對反卦，兩卦成對出現在《周易》古經中，體現了因損得益和因益致損的辯證關係。在損卦和益卦的卦爻辭中，損中有益，益中有損，損與益互相參差滲透，可謂雙行互補。就天道而言，因天地陰陽之氣施行的盈虛損益，順應時宜，有節有利，大自然才顯得和諧協同。[1]

損卦的卦辭講的是有關祭祀的事，認為根據情況減損祭品也可以用來祭祀。六爻的爻辭也均與減損有關，初九爻講到祭祀祈福要迅速去做，祭品可以酌情減損，表達了祭祀重在虔誠，祭品可以適度的觀念；九二爻要出門，常言說「窮家富路」，應減損家裡的錢糧而增益旅人路途上的盤纏；六三爻是三個人同行，很難三人同心，路上就會折損一人；一個人獨行孤單，會得到同心的朋友，顯示了真誠同心遠比交友廣闊更重要，與祭祀重在虔誠的觀念一致；六四爻是減損疾患，則得到痊癒，沒有問題；六五爻是有人真誠送來價值十朋的大龜，無法拒絕，有益而無損，可謂大增益，大吉利，這一定是之前長期付出得來的回報，符合損益平衡的道理；上九爻顯示不要減損，反而要增益幫助他們，沒有咎害，占問有利。可見，爻辭用很平實的事件來講損益的關係。

---

1. 顧文炳，《易道新論》（上海：上海社會科學院出版社，一九九六），頁一四。

為學日益，為道日損

《易經》中「損」、「益」的觀念發展到老子的時代，老子把「損」、「益」這對範疇援入思維領域，得出「為學日益，為道日損」（四十八章）的哲學命題。老子更將「損」、「益」概念用以說明「為道」與「為學」兩種不同領域的方法與功夫實踐上。「為學」的目的在於增加知識；「為道」的目的則在於提高心靈的境界。「為學日益」說明學習、做學問，是要有一個日積月累的過程，知識積累得豐富了，自然會登堂入室，獲得相應的成果；「為道日損」則是一種直覺體認，所採用的是減損的方法，不斷擺脫對具體事物進行認識的拘囿，漸至於忘物忘己，體悟「道」與事物的本質。這種雙重走向的思維方法，形成一種張力互補的關係，對於中國傳統哲學的影響極為深遠。

從以上損、益對舉的範疇，可以看到《周易》古經的占辭經老子而哲學化的演進過程。

益卦第四十二

巽上　震下

益[1]：利有攸往，利涉大川[2]。

初九：利用為大作，元吉，无咎[3]。

六二：或益之十朋之龜，弗克違[4]。永貞吉。王用享于帝，吉[5]。

六三：益之用凶事，无咎。有孚，中行告公用圭[6]。

六四：中行告公，從，利用為依遷國[7]。

九五：有孚，惠心，勿問元吉[8]。有孚，惠我德[9]。

上九：莫益之，或擊之，立心勿恆，凶[10]。

導讀

益卦與損卦是一對覆卦，損卦的卦象顛倒過來就是益卦，卦義也相反，損卦講減損，益卦講增益。然而，如損卦中所見，損與益往往是雙向互補、互為參差滲透、互相轉化的關係，損中有益，而益中亦必有損。益卦的下卦為震，為雷，上卦為巽，為風，風與雷彼此相助益，聲勢更為浩大，所以上下兩卦組合而成益卦。益卦是大為增益之時，卦辭顯示利於有所前往，而且利於涉越大河，有所作為。益卦六爻的爻辭皆圍繞增益的話題展開，六爻走勢與損卦正好相反，損卦從初爻至上爻，漸次地由損而至益，益卦則從初爻到上爻，漸次由益而至損，兩卦共同體現了損益循環轉化的辯證關係。

譯文

益：利於有所前往，利於涉越大河。

初九：利於用來興辦大事，大為吉利，沒有咎害。

六二：有人贈予價值百貝的大龜，不能拒絕。占問長久之事吉利。君王舉行享祭天帝大典，吉利。

六三：增益災區用於賑災，沒有咎害。卦兆顯示，行於路途中執玉圭告急於王公。

六四：行於路途中向王公彙報，獲得聽從，利於用作依據而進行遷徙國都的大事。

九五：卦兆顯示，有施惠於民之心，不用占問也必是大吉。卦兆顯示，以我德為恩惠。

上九：沒有人幫助他，卻有人打擊他，因為所立之惠心沒有做到持之以恆地善始善終（使人們感覺受到欺騙），凶險。

注釋

①**益**：卦名。「益」有增益、增長、增加、助益等義。

②**利有攸往，利涉大川**：利於有所前往，利於涉越大河。「攸」指所，「涉大川」是涉水渡過大的河流，喻指克服險難。

③**利用為大作，元吉，无咎：**利於用來興辦大事，大為吉利，沒有咎害。「利用」是利於用來，「為」是興辦、施為，「大作」指大動作、大事。

④**或益之十朋之龜，弗克違：**有人贈予價值百貝的大龜，不能拒絕。「或」是有人，「益」是增益、贈予。「朋」是古代的貨幣單位，古以貝為貨幣，用繩子串起來，一串五貝，兩串為一朋；「十朋之龜」指價值百貝的大寶龜。「弗」是不，「克」是能，「違」是違背；「弗克違」是不能拒絕。

⑤**永貞吉。王用享于帝，吉：**占問長久之事吉利。君王舉行享祭天帝的大典，吉利。永貞吉即「貞永吉」，占問長久的事情是吉利的。「用」是助動詞，「享」是享祭，「帝」是天帝。

⑥**益之用凶事，无咎。有孚，中行告公用圭：**增益災區用於賑災，沒有咎害。卦兆顯示，行於路途中執玉圭告急於王公。「凶事」指天災人禍之事，「中行」是行於路途之中，「告」是彙報、告急，「圭」指古代古代的玉制禮器。《說文》：「圭，瑞玉也，上圜下方。公執桓圭，九寸；侯執信圭，伯執躬圭，皆七寸；子執穀璧，男執蒲璧，皆

五寸，以封諸侯。」

⑦**中行告公，從，利用為依遷國**：行於路途中向王公彙報，獲得聽從，利於用作依據而進行遷徙國都的大事中。「行」指行於途中，「告」指彙報、告急，「從」指認可聽從、接納提議，「利用」指利於用作，「依」指依據，這裡指王公的認可和批准。「遷國」即遷都，古代常有因戰爭或自然災害而被迫遷都之事。據文獻記載，商王朝就有所謂「前八後五」之說，在商湯滅夏之前，有過八次遷都（張衡〈西京賦〉）；在商湯正式建立商王朝之後，又有過五次遷都，最後遷至殷，因此稱為「殷商」。

⑧**有孚，惠心，勿問元吉**：卦兆顯示，有施惠於民之心，不用占問也必是大吉。「惠心」指施惠之心，「勿問」指不用占問。

⑨**有孚，惠我德**：卦兆顯示，以我德為恩惠。「惠我德」即「以我德為惠」，我有厚德，便有厚生養民的心意和舉措，因此德是惠的根本。

⑩**莫益之，或擊之，立心勿恆，凶**：沒有人幫助他，卻有人打擊他，因為所立之惠心沒有做到持之以恆地善始善終（使人們感覺受到欺騙），凶險。「益」是幫助、助益，「或」是有人，「勿」即「無」。

賞析與點評

損、益是一體的兩面

從今本卦序排列上來說，六十四卦都是「非覆即變」兩兩相耦的關係，所以北宋的易學大家邵雍在其《皇極經世》一書中就指出：「重卦之象，不易者八，反易者二十八，以三十六變而成六十四也。」意思是說，六十四卦裡面，有八對卦是互為變卦（也稱為錯卦，陰爻變陽爻，陽爻變陰爻，而成為另一個卦），比如乾和坤、坎和離、大過和頤、中孚和小過；另外有二十八對卦是互為覆卦（也稱為綜卦，意謂整個卦顛倒過來，成為另一個卦）。如此總共三十六對，是六十四卦。變卦就並排成兩個卦來看，而覆卦則可以當作一個卦來看待，無非上下換一下角度。這樣排列下來，上經三十個卦有十八個卦象，下經三十四個卦也是十八個卦象，就剛好上下經平分。這也就說明了為什麼上經是結束在坎、離，而下經是從第三十一卦開始的原因。

損卦和益卦是《周易》六十四卦中比較重要的一對卦。六十四卦的重要性不是平均分配的，有一些卦的重要性占的比重就更重一些，比如乾坤、泰否、剝復、坎離、咸恒、損益、既濟未濟，是能夠較為突出呈現《易經》主旨的卦，這些卦成對出現，共同完成一個循環的對待流行和規律性轉化，共同呈現事物正反內外的辯證統一。

劉彬認為，從損、益的卦爻辭，也說明損、益兩卦在古代是作為一卦看待的。益卦六二爻辭：「或益之十朋之龜，弗克違，永貞吉。」損卦六五爻辭：「或益之十朋之龜，弗克違，元吉。」兩爻的爻辭幾乎完全一樣，《周易》古經的作者幾乎是把損卦六五爻直接抄寫到益卦六二爻上。這是因為損益作為一卦，益卦之六二即損卦之六五，兩爻是同一個，故爻辭幾乎完全一樣。另外，損卦九二曰「弗損，益之」、上九曰「弗損，益之」，作為損卦本身不講損而講益，正說明損中有益。益卦上九「莫益之」，作為益卦本身不講益，似暗示益中有損，這也說明損益作為一卦的互相包含。估計今本《周易》古經在創作時，損、益就作為覆的關係對待，將損、益稱為一卦可能古已有之。[1]

「君權神授」與「象帝之先」

《周易》古經的卦爻辭主要來源於筮辭，但其中部分內容卻反映了重要歷史事件及古代的社會意識、思維特點、道德倫理觀念等方面，而且總結了一些政治、生活等方面的經驗。這些價值資料蘊含在占筮的形式中。

益卦六二爻辭：「王用亨于帝。」君王舉行享祭「帝」的大典，反映了這一時期君權神授的意識和某些宗法觀念。[2]這裡的「帝」指至上神，表現為崇信「帝」為主宰神的信仰，認為王權、邦國以及個人的命運要靠「帝」的賜福和護祐，禍福吉凶與「帝」的意志密切相關。六二爻辭中，有人贈予價值百貝的大龜，這樣的增益是祥瑞之兆，而祥瑞的獲得必源於「帝」的恩賜，因此當祭享於「帝」，回報增益於「帝」，就會得到「帝」的保佑，形成良性的溝通與循環。爻辭中仍保留著虔誠的原始宗教崇拜。

商代人的宗教觀念中至高無上的神稱為「帝」或「上帝」，是有意志的人格神。帝有好惡，能賞能罰，決定人間禍福。周人的思想體系和禮樂制度因襲於商代，在周初的一些記載中，關於上帝的屬性以及周人對上帝的態度，和商人大致是相同的。但是，周人逐漸用人格化的「天」來稱呼「帝」或代替「帝」的概念。

在中國哲學中，首先提出形上原則的是老子。老子以「道」為世界的本原，認為「道」無形、無名，而天地萬物則有形有名。因為「道」無形無名，故為一切有形有名

---

1. 劉彬，〈論帛書〈要〉篇「〈損〉〈益〉說」的兩個問題〉，《中國哲學史》二〇〇八年第二期（北京），頁一七～二〇。
2. 陳詠明，〈《易經》與占筮〉，朱伯崑主編，《周易知識通覽》（濟南：齊魯書社，一九九三），頁七。

之物的宗主，此即「天下萬物生於有，有生於無」。「無」指無形無名的「道」，屬於物理世界之上的。老子以「道」為最高範疇，一方面否定了傳統的天命論，一方面認為本原的東西不應是某種具體的東西，標誌著中國的哲學開始進入思辨的階段。[3]

在《老子》中，「帝」字僅見第四章：「吾不知誰之子，象帝之先。」然而，就在這一見中，老子解構了「帝」的權威。「象帝之先」中有兩個重要的字——「象」和「帝」，錢穆（一八九五—一九九〇）認為，《老子》之中的「象」有特殊神祕之涵義，「老子謂道生萬物，其間先經『象』一級……故為未成物前一先行境界」[4]，也就是在「道」生「物」的過程中，要經過無形之「象」的過渡。因此，「象」先於物，「帝」的概念是從原始宗教傳承而來，有著傳統觀念中的至上地位，而老子將「象」和「帝」統置於「道」之後。老子不僅將「道」視為「萬物之始」、「先天地生」，而且認為「道」是「象帝之先」。這是先秦學者第一次將這位主宰宇宙、至高無上的「帝」，降到與萬物相等的地位，視「帝」產於「道」後，為「道」所生。因此，《老子》本章「吾不知誰之子，象帝之先」，可以解釋為「我不知道它是誰之子，我只知道它在象、帝之先」。實際上老子是說，「道」是一切的本根、源頭，自本自根，不是任何神帝之子。[5]相反，包括帝、象、萬物，都是為道所生。從而，「道」超越了無形之象，超越了至高的天帝，居於至高的位置。由此將世人對諸神的敬畏和崇拜引向對「道」的遵從和信奉。

相較於原始宗教的「帝」而言，「道」自然無為、謙下不爭、虛懷若谷、海納百川，可以相容並包、容納統攝萬類萬有。「道」不會像「帝」那樣通過巫的占筮下命令，老子提出萬物尊道而貴德，「夫莫之命而常自然」，萬物自然而然，各得其所，一派和諧自然的「玄同」境界。從《周易》古經卜辭之「帝」到《老子》哲學之「道」，可以探尋出在幾百年間中國古代原始宗教向哲學轉變的重要線索。

---

3. 劉鄂培，〈形上原則與數位模式〉，朱伯崑主編，《周易知識通覽》（濟南：齊魯書社，一九九三），頁二四九。
4. 錢穆，《莊老通辯》（北京：三聯書店，二〇〇五），頁一九八。
5. 朱謙之：「此段意謂神耶帝耶？此世所稱生殺之主，而道獨居其先。道者疑似之間，若不知其誰子；然而自本自根，未有天地自古以固存也。」

夬卦第四十三

䷪

乾下　兌上

夬①：揚于王庭，孚號，有厲。告自邑，不利即戎，利有攸往②。

初九：壯于前趾，往不勝為咎③。

九二：惕號，莫夜有戎，勿恤④。

九三：壯于頄，有凶⑤。君子夬夬，獨行遇雨，若濡有慍，无咎⑥。

九四：臀无膚，其行次且⑦。牽羊悔亡，聞言不信⑧。

九五：莧陸夬夬中行，无咎⑨。

上六：无號，終有凶⑩。

導讀

「夬」猶「決」，義為果決、決斷、決裂、決絕，斷然地進行處置。從卦象、卦辭來看，卦名「夬」取義於決斷、占斷，卦象為乾下兌上，乾為天，兌為澤，天在下，澤在上，澤水在至高之處已經盈滿，即將潰決，是「夬」之象。從爻象來看，五剛爻由下而上逐漸強盛，陽長陰消，只剩下最後一個陰爻在最上面，眼見即將被滅盡，整體形勢是眾陽決去一陰，所以稱作夬。

夬卦的卦辭顯示了一個令人緊張的場面，有人在王庭之上公開地大聲宣說，卦兆顯示有危險，屬邑告急，應立即發兵去救援，這是需要下決斷的時刻。六爻的爻辭也充滿了緊迫感，分別顯示為：衝鋒向前、警告夜襲、滿臉壯猛、屁股被打得皮開肉綻、莧羊奔突、毫無預警的號令，種種場面所示，更像是一場勝負未卜的戰爭。

譯文

夬：在王庭上大聲宣說，卦兆發出兆示號令，將有屬邑的人來報告危急之事，情況不利當立即果斷發兵，利於有所前往。

初九：邁開腳步壯猛地沖在前面，前往如果不能獲勝就會有咎害。

九二：發出警惕的號令，夜晚將有敵軍襲營，（有了警惕和預防）不必擔憂。

九三：壯猛表現在臉上，有凶險。

九四：屁股上（被打得）沒有一塊好肉，行動艱難。牽羊進獻可以消除悔恨，聽聞這樣的勸說卻堅決不信從。

九五：莧羊決然撒開四蹄騰躍飛奔於道路中，沒有咎害。

上六：沒有預警的號令，最終會有凶險。

注釋

①**夬（ㄍㄨㄞˋ）：**卦名。「夬」通「決」，有果決、決斷、占斷等義。夬卦描述的場景是巫人在王庭宣稱卦兆，卦辭「揚于王庭，孚號」等即是此義。

②**揚于王庭，孚號，有厲告自邑，不利即戎，利有攸往：**在王庭上大聲宣說，卦兆召示，將有屬邑的人來報告危急之事，情況不利，當立即果斷發兵，利於有所前往。「揚」是稱說、宣稱，「孚號」指卦兆發出兆示號令，「有厲」是有危險，「即」是立即、即刻，「戎」本指兵器，此處指動用軍隊發兵出戰。

③**壯于前趾，往不勝為咎：**邁開腳步壯猛地衝在前面，前往如果不能獲勝就會有咎害。「壯于前趾」邁開腳步壯行向前，與大壯初九爻辭「壯於趾」意思相近。

④**惕號，莫（ㄇㄨˋ）夜有戎，勿恤：**發布預警號令，夜晚將有敵軍襲營，（有了警惕和預防）不必擔憂。「惕」指警惕、惕懼。「莫」同「暮」，「恤」指擔憂。

⑤**壯于頄（ㄑㄧㄡˊ），有凶：**壯猛表現在臉上，有凶險。「頄」指臉頰。

⑥**君子夬夬，獨行遇雨，若濡有慍（ㄩㄣˋ），无咎：**君子決然獨行，遇到下雨被淋濕，有些惱怒但沒咎害。「夬夬」是果斷堅決的樣子，「濡」是浸濕、沾濕，「慍」指惱怒、生氣。

⑦**臀无膚，其行次（ㄗ）且（ㄐㄩ）：**屁股上（被打得）沒有一塊好肉，行動艱難。「臀」是臀部，俗稱屁股，「膚」指肉。「次且」形容走路艱難的樣子。此爻似言受到杖刑而導致屁股皮開肉綻，因而走路困難。

⑧**牽羊悔亡，聞言不信：**牽羊進獻可以消除悔恨，聽聞這樣的勸說卻堅決不信從。「牽羊」古代以羊為吉祥之物，牽羊進獻表示順服並祝對方吉祥以求免禍。「聞」是聽聞，「信」是聽信、聽從。此爻表現的是一位個性果決倔強的人，寧受皮肉之苦也不肯屈從。

⑨**莧陸夬夬中行，无咎：**莧羊決然撒開四蹄騰躍飛奔於道路中，沒有咎害。「莧」在《說文》解釋：「莧，山羊細角者。」是指細角的山羊。「陸」指騰躍飛奔，《莊子·馬蹄》：「馬翹尾而陸。」《釋文》引司馬彪注：「陸，跳也。」「夬夬」是果斷堅決的樣子，「中行」指道路中。此夬卦九五爻辭以莧羊為喻，決然痛快，可放開手腳去做事而不會有咎害。

⑩**无號，終有凶：**沒有預警的號令，最終會有凶險。「號」與九二爻「惕號」同，指提前發出警惕預防的號令；「无號」是沒有號令。失去警惕性，沒有防禦，最終會有凶險。

賞析與點評

慎終如始，則無敗事

在夬卦中，有幾個層面的問題值得注意和思考。夬卦的結構並不複雜，形勢也很明朗，我們可以將夬卦與上經中的大壯卦進行對比。大壯是從初爻到四爻連續四個陽爻向上進取，要取代上面的兩個陰爻，那四個陽爻齊頭並進就已經具有勢不可擋大壯之勢了，夬卦比大壯又進一城，五爻也是陽爻，夬卦的總體局勢是五個陽爻齊頭並進去決斷一個陰爻。五陽爻陽剛氣盛，一陰爻微乎其微，似乎五陽必勝，決去一陰只是時間問題。然而，事情並不像表面看上去那麼簡單，比如朝堂上的關係複雜難辨，勝負難料，歷史上發生過一群忠勇大臣被宦官反撲，在黨錮之禍中罹難；戰場上形勢瞬息萬變，大意失荊州、被敵方以少勝多的戰例亦不乏其數。在個人修身的層面，夬卦給我們的啟示是：自我修德有所積累，但有不足不善處時，要充分警惕，不能等閒視之。如果認為自己總體大部分是好的，只有那一點不善或者一點惡，就放鬆警惕，很容易前功盡棄。

相比較而言，夬卦的五陽爻反不如復卦一陽爻用力專一，能夠精進而不會偏失。復卦是慎始，慎始容易；夬卦是慎終，慎終不易，所以要更加謹慎，不能自恃陽剛就疏忽大意，否則很可能功敗垂成。

老子云：「民之從事，常于幾成而敗之。慎終如始，則無敗事。」（六十四章）人們做事，常在快要成功時招致失敗。審慎面對事情的終結，一如開始時那樣慎重，就不會失敗。這正是對夬卦這種情形的清醒認識，並提出的諄諄告誡。

姤卦第四十四

巽下　乾上

姤[1]：女壯，勿用取女[2]。

初六：系于金柅，貞吉[3]；有攸往，見凶，羸豕孚蹢躅[4]。

九二：包有魚，无咎，不利賓[5]。

九三：臀无膚，其行次且[6]。厲，无大咎[7]。

九四：包无魚，起凶[8]。

九五：以杞包瓜。含章，有隕自天[9]。

上九：姤其角；吝，无咎[10]。

導讀

姤卦與夬卦是一對覆卦，夬卦的卦象顛倒過來就是姤卦。卦義也相反，夬卦講的是決裂、決斷，姤卦講的是相遇、遇合。從卦象看，上卦乾為天，下卦巽為風，風行天下，與萬物接觸，有遇合的含義。姤卦的卦辭講男女婚媾之事，認為過分強勢的女子，男子不宜娶她。爻辭中有豬、魚、包瓜等物象，均屬陰類，以象徵陰與陽彼此遇合的關係，這種關係是既相需又相敵的關係，陰求陽，陽求陰，同時又是陰侵陽，陽制陰，因而呈現出各種需求與矛盾並存的辯證關係。

譯文

姤：女子太強勢，不要娶她。

初六：繫在紡車金色的柅上，貞問吉利。若有所前往，則顯現凶象，其徵兆顯示為被拴繫的豬在徘徊掙扎。

九二：廚房裡有魚，沒有咎害，不利於用它來接待客人。
九三：屁股上沒有一塊好肉，行動艱難。雖然危厲，但沒有大的咎害。
九四：廚房裡沒有魚，行動起來會有凶險。
九五：用杞柳筐盛著瓠瓜，筐內還含著各色祭品，（是因為）從天上落下了隕石。
上九：受到他人的侵犯，有憾惜，沒有咎害。

注釋

①**姤**：卦名。「姤」有牽繫、遇合之義。

②**女壯，勿用取女**：女子強勢，不要娶她。「取」同「娶」，「壯」是壯盛、強勢。

③**系于金柅（ㄋㄧˇ），貞吉**：繫在紡車金色的柅上，貞問吉利。「柅」古同「杘」，絡絲車（即紡車）的部件，用以收絲。

④**有攸往，見凶，羸（ㄌㄟˊ）豕孚蹢（ㄓˊ）躅（ㄓㄨˊ）**：若有所前往，則顯現凶象，其徵兆顯示指被拴住豬在徘徊掙扎。「見」同「現」，「凶」指凶象。「羸」同「縲」，

即縲絏之「縲」[1]；「豕」是豬，「羸豕」指被拴繫的豬。「孚」是徵兆、跡象，「蹢躅」形容行動受限、徘徊難進的樣子。

⑤**包有魚，无咎，不利賓：**廚房裡有魚，沒有咎害，不利於用它來接引客人。「包」同「庖」，指厨房；「賓」通「儐」，指接引、招待客人。

⑥**臀无膚，其行次且：**屁股上沒有一塊好肉，行動艱難。「膚」是肉，「次且」形容走路艱難的樣子。此爻似言受到杖刑而導致屁股皮開肉綻，因而走路困難。

⑦**厲，无大咎：**雖然危厲，但沒有大的咎害。

⑧**包无魚，起凶：**廚房裡沒有魚，行動起來會有凶險。「起」是起身、行動起來。

⑨**以杞包瓜，含章，有隕自天：**用杞柳筐盛著瓠瓜，筐內還含著各色祭品，(是因為)從天上落下了隕石。「杞」是一種植物——杞柳，這裡指以杞柳編織成的器皿，用以盛裝祭品。「包瓜」指匏瓜，可為匏尊或匏爵，以之祭天祈福，是吉物。聞一多(一八九九—

1.（清）李道平，《周易集解纂疏》：「陸績云：『羸讀為累，即縲絏之縲。』」

一九四六）解釋「匏瓜」為「葆光」，即「瑤光」，北斗之別名。[2]可備一說。「章」是青與赤謂之文，赤與白謂之章；[3]這裡指豐富的各色祭品。「隕」是降落，帛書作「或埍自天」，鄧球柏解為「從天上落下隕石」。[4]隕石落下，帶著火光和震動，是令先民畏懼的奇遇，因而進行隆重的祭祀，祈福禳災。

⑩**姤其角，吝，无咎：**受到他人的侵犯，有憾惜，沒有咎害。「姤」是遇，「角」是頂撞、侵犯。

賞析與點評

遇合——天地生生之機

陰爻和陽爻代表宇宙間陰和陽兩種勢能，兩者是彼此相易相交、參差推蕩、此消彼長的關係，在推蕩中大化流行，萬物生生，陰陽遇合，正是天地生生之機。從陰陽勢能關係來看，陰、陽只有消長而不會消失。夬卦決去最上爻的一陰，接著這一陰就窮上反下，下到了初爻的位置，形成了姤卦，這與由剝卦到復卦是同樣的道理。剝卦是一陽被群陰剝蝕，剝到最後一個陽爻，陽氣窮上反下，成為復卦，一縷陽氣由初爻生發，萌動新的生機。夬卦是一陰被群陽決斷，陰氣窮上反下，一縷陰氣始凝於下，初爻為陰，成為姤卦，陰爻再漸次向上遇合陽爻，逐漸形成以陰化陽之勢。

姤卦一陰始生於下，開始逐漸上升壯大，陰長必然就會陽消，在卦辭中講到「女壯，勿用取女」，將陰爻漸長，類比於社會中男女婚姻，陰長陽消，類比於女壯則男弱。並且，姤卦一陰爻呈上升趨勢，有以一陰應五陽之勢，這在母系氏族社會，當不為過，但到父系氏族社會，確立了以男性為主的觀念，則提出「女壯，勿用取女」，認為過分剛強的女子，男子不宜娶她。

然而，遇見又是美好的，天地相遇而有萬物生生；君臣相遇，天下治道乃成；男女相遇，而有人類美好的感情和後代的繁衍；聖賢相遇，道德文脈得以承續。因此，陰與陽的相遇是美好而又偉大的。《周易．繫辭下傳》說：「天地之大德曰生。」天地陰陽

2. 聞一多，《周易與莊子研究》（成都：巴蜀書社，二〇〇三），頁一～二。
3. 《周禮．冬官考工記》第六篇。
4. 鄧球柏，《白話帛書周易》，（長沙：岳麓書社，一九九六），頁二〇。

遇合，生生不息，是天地大德的體現。

為什麼廚房裡有魚就不會有災禍？

姤卦的第二爻和第四爻分別是：「包有魚，无咎」、「包无魚，起凶」，廚房裡有魚，不會有災禍；廚房裡沒有魚，會發生凶險。魚成為當時的人們用來趨利避害的吉祥物，原因何在呢？上古時期洪水氾濫，人們飽受洪水之苦，無處安身，而魚兒卻能自由自在在水中生活嬉戲，這自然引發了人們的無限神往。上古時期的醫學很不發達，生育孩子是很凶險的，孩子的存活率極低，但人們卻發現魚兒的產卵及存活率都非常順利，這自然又引發了人們的無限嚮往。於是魚兒就成了先民們奉為神明的圖騰，西安半坡遺址發掘出的大量原始陶器上都刻有大量的魚形紋飾就是最充分的證據。因此在先民們的觀念中，便形成了對魚崇拜的傳統習俗，以致在生活習俗裡也以廚房裡有魚為吉、無魚為凶的思維定勢，生活習俗與觀念習俗互為因果，一同形成了關於魚文化的習俗。[5]

5. 袁行霈總顧問、張慶利主編，《中國文學史話·先秦卷》（長春：吉林人民出版社，一九九八），頁七九。

萃卦第四十五

坤下　兌上

萃①：亨。王假有廟，利見大人，亨，利貞②。用大牲吉，利有攸往③。

初六：有孚，不終，乃亂乃萃，若號，一握為笑。勿恤，往无咎④。

六二：引吉，无咎，孚乃利用禴⑤。

六三：萃如，嗟如，无攸利，往无咎，小吝⑥。

九四：大吉，无咎。

九五：萃有位，无咎⑦。匪孚，元永貞，悔亡⑧。

上六：齎諮涕洟，无咎⑨。

導讀

萃卦的卦義為會聚、聚集。下卦為坤，為土；上卦為兌，為澤。上下兩卦組合，是澤水在土地上彙聚之象。卦辭顯示君王親臨宗廟進行祭祀，以會聚民心，取信於民。並且用大牲畜進行祭祀，代表祭祀的虔誠與隆重。爻辭描述了會聚的不同情況，無論祭品豐儉與否，地位高低與否，以能夠順利會聚為吉，不能達成會聚為吝。

譯文

萃：亨通。君王到宗廟祭祀，利於見到貴人，順利亨通，利於占問。用大牲畜祭祀吉祥，利於有所前往。

初六：有卦兆顯示，不到終了，有騷動擾亂了會聚，人群裡發出像是號哭的聲音，但很快就轉號哭為笑樂，不必擔憂，前往沒有咎害。

六二：長久吉祥，沒有咎害，卦兆顯示為利於用儉約的祭禮進行祭祀。

六三：會聚啊，感歎啊，沒有什麼有利之處，但前往也沒有咎害，會有小的憾惜。
九四：大為吉利，沒有咎害。
九五：萃聚於在位者周圍，沒有咎害。無需卦兆驗證，亦是至大且長久的吉利之兆，悔恨消除。
上六：歎息悲泣到涕淚俱下，沒有咎害。

注釋

①**萃：**卦名。「萃」有聚集、會聚之義。

②**王假有廟，利見大人，亨，利貞：**君王到宗廟祭祀，利於見到貴人，亨通，利於占問。「假」通「格」，指來至、到達；「有」是於；「廟」是宗廟，祭祀之所。

③**用大牲吉，利有攸往：**用大牲畜祭祀吉祥，利於有所前往。「大牲」指供祭祀用的牛。[1]

④**有孚，不終，乃亂乃萃，若號，一握為笑，勿恤，往无咎：**有卦兆顯示，不到終

了，有騷動擾亂了會聚，人群裡發出像是號哭的聲音，但很快就轉號哭為笑樂，不必擔憂，前往沒有咎害。「孚」是卦兆，「一握」是四寸長，本謂度量之短，引申為時間之短；「一握為笑」比喻在很短的時間裡變為笑樂。

⑤**引吉，无咎，孚乃利用禴（ㄩㄝˋ）：**長久吉祥，沒有咎害，卦兆顯示為利於用儉約的祭禮進行祭祀。「引」是古代的長度單位，一引等於十丈，喻指長久；「乃」是、為；「禴」是古代宗廟祭祀的名稱，夏、商二代為春祭，周代則改稱夏祭為「禴」，是一種不用大牲的儉約祭禮。

⑥**萃如，嗟如，无攸利，往无咎，小吝：**會聚啊，感歎啊，沒有什麼有利之處，但前往也沒有咎害，會有小的憾惜。「如」是助詞，用於語末，相當於「焉」。

⑦**萃有位，无咎：**萃聚於在位者周圍，沒有咎害。「萃」指萃聚，「有」是於，「位」是在位者，指九五。「萃有位」即「萃於位」，眾人萃聚於在位者的周圍。

1.（唐）李鼎祚《周易集解》引鄭玄曰：「大牲，牛也。」

⑧匪孚，元永貞，悔亡：無需卦兆驗證，亦是至大且長久的吉兆，會將悔恨消除。「匪」同「非」，表示否定，「匪孚」指無需卦兆驗證。「元」是大，「元永貞」指大且長久的占問，是大吉之兆。

⑨齎（ㄐㄧ）諮涕洟（ㄧˊ），无咎：歎息悲泣到涕淚俱下，沒有咎害。「齎諮」指歎息，「涕洟」指鼻涕和眼淚，形容涕淚俱下。

賞析與點評

「祭祀」能否會聚人心？

萃卦卦辭說：「亨。王假有廟，利見大人，亨，利貞。用大牲吉，利有攸往。」君王親臨宗廟祭祀，利於見到大人，與觀卦的場景有所類似，觀卦卦辭描述了隆重莊嚴的祭祀場面，突出的是誠敬肅穆的宗教氛圍和宗教情感，以此使作為觀瞻者的臣民之心得以凝聚。萃卦也是君王的祭祀場景，但是萃卦要表現的重點不在觀瞻的肅穆感，而在於祭祀的會聚功能，因此在卦辭設定了祭祀的大背景之後，各爻的爻辭分別展示在不同情況下，會聚的得失和成敗，還有在會聚過程中的曲折和情緒的表達。因此，相較於觀卦而言，萃卦更側重於描述人群聚集過程中呈現出的情況，比如初六爻顯示，不到終了，有騷動擾亂了聚集的人群；六二爻顯示有時只需簡約的祭品；六三爻則表達了感到會聚並不一定有什麼利處的情緒；九五爻是在位者，爻辭認為會集到在位者周圍不會有咎害，而上六爻辭表達了一個沒有找到群體歸屬者的歎息悲泣。因此，萃卦總體而言，表現的是聚集活動所表現出來的現象僅流於形式，內在的價值取向是以能夠順利會聚為吉，以不能達成會聚為吝。

老子也談到了「祭祀」和會聚（抱）的話題，提出善於「建」和「抱」者，其用功不在於形式，而在於「修」，其文曰：「善建者不拔，善抱者不脱，子孫以祭祀不輟。修之於身，其德乃真；修之於家，其德乃餘；修之於鄉，其德乃長；修之于邦，其德乃豐；修之於天下，其德乃普。故以身觀身，以家觀家，以鄉觀鄉，以邦觀邦，以天下觀天下。吾何以知天下然哉？以此。」（五十四章）善於建樹的不可拔除，善於抱持的不會脱離，如果子孫能遵行這個道理，則世世代代的祭祀不會斷絕。拿這個道理可以貫徹到個人、家、鄉、國、天下。老子強調，若想要達成「祭祀不輟」、人心會聚，關鍵在於「修身」，「修身」猶如鞏固根基，是確立自我和待人、處世、平治天下的基點，這個是「德」的原則向內落實，在此基礎上便是擴充運用於家、鄉、國、天下的治理。這個思想與儒家《禮記・大學》「自天子以至於庶人，一是皆以修身為本」的觀點是一致的。

由此可以看出，從《易經》到《老子》，這期間所發生的由原始宗教向人文哲學的重大轉變。

升卦第四十六

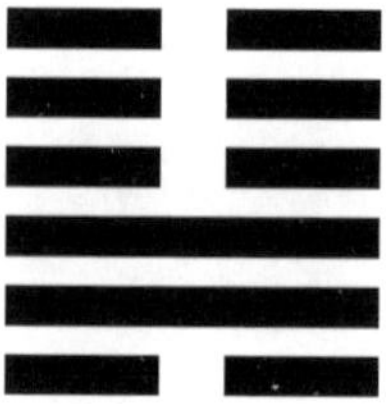

巽下　坤上

升[1]：元亨，用見大人，勿恤，南征吉[2]。

初六：允升，大吉[3]。

九二：孚乃利用禴，无咎[4]。

九三：升虛邑[5]。

六四：王用亨于岐山，吉，无咎[6]。

六五：貞吉，升階[7]。

上六：冥升，利于不息之貞[8]。

導讀

升卦與萃卦是一對覆卦，萃卦的卦象顛倒過來，就是升卦。升卦的下卦為巽，巽為風，為木，上卦為坤，坤為土地，上下兩卦組合起來，是樹木從土地下面成長上升之象，由微而著，自小而大，日漸升高。故卦名為升，卦義為升高、上升之義。

譯文

升：大亨通，利於見到大人，不必憂慮。向南征進吉利。
初六：心中有確信而向上升進，大吉。
九二：卦兆顯示利於舉行禴祭，沒有咎害。
九三：登高升進到高丘上的城邑。
六四：君王在岐山舉行祭祀，吉利，沒有咎害。
六五：占問吉利，升階而上。

上六：幽暗中仍然不停地攀登，利於前進不息者的占問。

注釋

①**升**：卦名。「升」為升高、登高、上升之義。

②**元亨，用見大人，勿恤，南征吉**：大亨通，利於見到大人，不必憂慮。向南征進吉利。「用」即「利」，「用見大人」即「利見大人」。

③**允升，大吉**：心中有確信而向上升進，大吉。「允」指確信。

④**孚乃利用禴，无咎**：卦兆顯示利於舉行禴祭，沒有咎害。「禴」是古代宗廟祭祀的名稱，夏、商二代為春祭，周代則改稱夏祭。

⑤**升虛邑**：登高升進到高丘上的城邑。「虛」是「墟」的古字，大丘、土山。《說文》：「虛，大丘也。」「虛邑」指建在高丘上的城邑或族群部落。

⑥**王用亨于岐山，吉，无咎**：君王在岐山舉行祭祀，吉利，沒有咎害。「岐山」是地名，是周族的發祥地，周人有岐山之祭。

⑦升階：步步高升如登臺階而上。

⑧冥升，利于不息之貞：黑暗中仍然不停地攀登，利於前進不息者的占問。「冥」是幽暗。

賞析與點評

周初史影

升卦講向上升進、發展。卦辭中有「南征吉」，爻辭中有「王用亨于岐山」，因而此卦被認為是反映周代不斷強盛的史影。李鏡池認為，從所提到事實的影子來看，可能是概括從太王到武王以至周公東征，國力不斷上升，不斷強盛的歷史。[1]唐明邦持同樣觀點，指出升卦爻辭所表現的是，南征開闢疆土得吉，擴張戰爭得勝。小國紛紛敗走，讓出空城。文王使小邦周達到極盛，凱旋岐山，祭祀祖先，緬懷太王業績。[2]

1. 李鏡池、曹礎基，《周易通義》（北京：中華書局，一九八一），頁九二。
2. 唐明邦主編、評注，《周易》（武漢：長江文藝出版社，二〇一八），頁一一五。

困卦第四十七

坎下　兌上

困①：亨。貞，大人吉，无咎。有言不信②。

初六：臀困于株木，入于幽谷，三歲不覿③。

九二：困于酒食，朱紱方來，利用享祀，征凶，无咎④。

六三：困于石，據于蒺藜。入于其宮，不見其妻，凶⑤。

九四：來徐徐，困于金車，吝，有終⑥。

九五：劓刖，困于赤紱，乃徐有說，利用祭祀⑦。

上六：困于葛藟，于臲卼，曰動悔，有悔⑧。征吉⑨。

導讀

困卦是《易經》四大難卦之一，卦義是困厄委頓，處於困境。困卦由坎卦和兑卦組成，下卦坎為水，上卦兑為澤，水沉到澤下面，澤中無水之象，乾涸困乏，人與萬物得不到水源，處於困境。整個困卦從卦辭到爻辭，都是在講受困的情境，以及是否可以脫困的吉凶判斷。

譯文

困：亨通。占問，則大人吉利，沒有咎害。這時（在困境中）的言說難以被人相信。

初六：臀部受到杖刑，人被困在幽深的山谷中，三年都不能與人見面。

九二：被困在酒食之中，剛好送來了朱紅色的官服，利於就此進行祭祀，出征會有凶險，沒有咎害。

六三：被困在大石頭上，處在蒺藜叢中。走入宮室之中，看不到妻子，凶險。

九四：緩緩地來遲了，是因為在路上受到金車的阻困，雖有遺憾，但最終有好的結局。
九五：就像受到了割鼻斷足之刑而失去嗅聞和行走的能力，這是因為受困於身上所佩的赤紱（官位），後來逐漸脫離了赤紱困境，宜於進行祭祀。
上六：被困於藤蔓纏繞之中，不得安寧，一動就會後悔，有悔恨。向外出征吉利。

注釋

①**困**：卦名。「困」有困頓、艱難、陷於困境、窮厄窘迫、無法通達等義。

②**貞，大人吉，无咎。有言不信**：占問，大人吉利，沒有咎害。這時（在困境中）的言說難以被人相信。此爻意指處於困境之時，如果是大人進行占問，結果是吉利的，因其能堅守德行，不會有災禍咎害。這裡的「大人」除指社會地位外，更重要是指德行威望高的人。「有言不信」是指處於困境中的人說的話不被人相信。

③**臀困于株木，入于幽谷，三歲不覿**（ㄉㄧˊ）：臀部受到杖刑，人被困在幽深的山

谷中，三年都不能與人見面。「臀」是臀部，「株木」是古代的刑杖，「幽谷」是幽深的山谷，喻指黑暗的牢房。「覿」指見面。

④**困于酒食，朱紱（ㄈㄨˊ）方來，利用享祀，征凶，无咎**：被困在酒食之中，剛好送來了朱紅色的官服，利於就此進行祭祀，出征會有凶險，沒有咎害。「困於酒食」是被困在平庸的酒食享受中無所事事。「紱」指貴族的官服，《乾鑿度》指出「紱」是為了「別尊卑、新有德」，「赤紱」為陽氣旺盛之色，即南方卦離之色，離為赤色，因此聖人製作祭服取法赤色。困卦之「赤紱」、「朱紱」很明顯為祭祀之用，是命服，亦為祭祀穿的禮服；[1]「朱紱方來」指得到了朱紅色的官服，受到公務委派。此時當進行祭祀，祈祝神靈祖先保佑。「征凶，无咎」指出征是一件凶險的事，但是人不能只圖酒食安樂，更應有所作為，勇於擺脫耽於酒食困境，去展現活力與價值，這樣做可得「无咎」。

⑤**困于石，據於蒺（ㄐㄧˊ）藜（ㄌㄧˊ）。入于其宮，不見其妻，凶**：被困在大石頭上，

---

1. 蘭甲雲，《周易古禮研究》（長沙：湖南大學出版社，二〇〇八），頁六八。

處在蒺藜叢中。走入宮室之中，看不到妻子，凶險。「困于石」指古人對有罪過者，使其身披枷鎖困辱於大石上。[2]「據」是依憑，「蒺藜」指長有荊刺的植物，喻指充滿危險的不祥之地。「宮」是宮室。

⑥**來徐徐，困于金車，吝，有終：**緩緩地來遲了，是因為在路上受到金車的阻困，雖有遺憾，但最終有好的結局。「徐徐」是行動遲緩的樣子。「金車」是黃銅裝飾的華麗馬車，貴族所乘之車，此處喻指路途上受到的困阻是來自於有地位、有財富的勢力，這種勢力或威逼、或利誘進行困阻。此爻後來終於破除了困阻，雖然緩慢，但最終還是來了，此謂「有終」。

⑦**劓（一ˋ）刖（ㄩㄝˋ），困於赤紱，乃徐有說，利用祭祀：**就像受到了割鼻斷足之刑而失去嗅聞和行走的能力，這是因為受困於身上所佩的赤紱，後來逐漸脫離了赤紱困境，宜於進行祭祀。「劓刖」是古代的割鼻斷足之刑，以此喻指失去嗅聞和行走的能力。「赤紱」在《乾鑿度》討論「朱紱」、「赤紱」之制時，認為天子、三公、諸侯紱服皆同色，皆為朱、赤等紅色，但朱、赤之色又有細微差別。因此，天子、三公、九卿之祭服為朱紱，即顏色深一點的紅色；而諸侯為赤紱，顏色亮一些的紅色。[3]「困於赤紱」指

明失去判斷能力的原因是由於身居高位，與現實脱節，不能夠獲知真切的事實。「説」同「脱」。

⑧困于葛（ㄍㄜˊ）藟（ㄌㄟˇ），于臲（ㄋㄧㄝˋ）卼（ㄨˋ），曰動悔，有悔：被困於藤蔓纏繞之中，不得安寧，一動就會後悔，有悔恨。「葛藟」是藤蔓的一種，紛繁纏繞；「臲卼」是不安貌。「曰」是語首助詞；「動悔」是動輒得咎，怎麼做都不對，怎麼做都會後悔。

⑨征吉：（只有脱離是非之地）向外出征吉利。

---

2. 聞一多：「『困于石』之石當即嘉石，困辱於石上，猶《司救》曰「恥諸嘉石」也。」聞一多，《周易與莊子研究》（成都：巴蜀書社，二〇〇三），頁三四。
3. 蘭甲雲，《周易古禮研究》（長沙：湖南大學出版社，二〇〇八），頁六八～六九。

賞析與點評

外困易知，內困難知

困卦寓意困窮、困境，但卦辭卻說「亨，大人吉」，並反覆申述无咎，這是《周易》古經作者要表達的一種對於困境不畏懼，對脱離困境充滿堅強信心的大人氣度，即便處於困境之時，所言皆為人們所不信，亦不氣餒。關鍵是，有人知困，有人不知困，外困易知，內困難知。困卦中的六爻分別通過困於株木、困於酒食、困於石、困於金車、困於赤紱、困於葛藟等象徵和比喻，揭示了不同的困境。

困於外在的困境終有解脱之時，而受困於內卻是很難解脱的。愚鈍的人會困於無知，聰明的人卻會困於有知；小人有小人之困，君子有君子之困，大人有大人之困，只是所困不同，對應困的方式也不同。所以，困卦逐爻顯示，讓我們看到了困於不同層面的人們。

井卦第四十八

䷯

巽下　坎上

井①：改邑不改井，无喪无得②，往來井井。汔至，亦未繘井，羸其瓶，凶③。

初六：井泥不食，舊井无禽④。

九二：井谷射鮒，瓮敝漏⑤。

九三：井渫不食，為我心惻⑥。可用汲，王明，并受其福⑦。

六四：井甃，无咎⑧。

九五：井冽，寒泉食⑨。

上六：井收勿幕，有孚元吉⑩。

導讀

井卦與困卦是一對覆卦。困卦的卦象顛倒過來就是井卦，卦義也相反。困卦是澤中無水，處於困境，而井卦的井中有水，可以得到滋養。近代考古發現陶寺遺址（西元前二三〇〇～一九〇〇年）的水井為圓形，深十三公尺以上，近底部用圓木結構搭疊起來用以支撐和保護井壁。井卦的下卦為巽，為木，上卦為坎，為水，上下卦象組合到一起，是木在水下，乃水井的象徵。井能夠供人用水，有以井養民之義。

譯文

井：改換了邑主而不改換井，既無失也無得。邑主往來調換看似有條不紊，可是井田間的水井乾涸淤塞了，也沒有人去挖井，汲水的水瓶也是破舊的，凶險。

初六：井被淤泥堵塞致使井水不能飲用，破舊的水井連鳥兒都不來了。

九二：用箭射井底的小魚，汲水的陶罐是破舊缺漏的。

九三：井已經淘去污泥卻沒有人來取水，使我心中悲痛。可以汲水飲用，君王英明，可以使民眾都受到福澤。
六四：井壁修好了，沒有咎害。
九五：井水清澈，寒涼可口。
上六：井水打上來了，不要蓋住井口，有卦兆顯示大吉。

注釋

①**井**：卦名。「井」指水井，掘地出水而為井，汲取井水而供人生活所用，引申為滋養、養育、養賢、通達等義。

②**改邑不改井，无喪无得**：改換了邑主而不改換井，既無失也無得。「喪」是喪失、減少。

③**往來井井，汔（ㄑㄧˋ）至，亦未繘（ㄩˋ）井，羸其瓶，凶**：邑主往來調換看似有條不紊，可是井田間的水井乾涸淤塞了，也沒有去挖井，汲水的水瓶也是破舊的，凶險。

「井井」是有條理的樣子。「汔」指水乾涸,《說文》:「汔,水涸也」;「至」通「窒」,指淤塞。「亦未」是猶未、尚未;「繘」原為「矞」,穿也,「繘井」指穿井、挖井。「羸」是毀缺、破舊;「瓶」指汲水的器具。

④**井泥不食,舊井无禽**:井被淤泥堵塞,致使井水不能飲用,破舊的水井連鳥兒都不來了。「泥」是淤泥堵塞,「不食」是不能飲用。

⑤**井谷射鮒,甕(ㄨㄥˋ)敝漏**:用弓箭射井底的小魚,汲水的陶罐是破舊缺漏的。「井谷射鮒」是用弓箭射井底的小魚,「井穀」指井底,「鮒」是井底的小魚。井底有小魚,用弓矢射魚,很難射得到。「甕敝漏」指汲水的陶罐是破舊缺漏的。

⑥**井渫(ㄒㄧㄝˋ)不食,為我心惻**:井已經淘去污泥卻沒有人來取水,使我心中悲痛。「井渫」指治理井中的污穢、淘去污泥,「不食」指得不到飲用,「為」是使,「惻」是憂傷、悲痛。

⑦**可用汲,王明,并受其福**:可以汲水飲用,君王英明,可以使民眾都受到福澤。「明」是英明,「并」指一併、全部。

⑧**井甃(ㄓㄡˋ),无咎**:井壁修好了,沒有咎害。「井甃」指修治井壁。

是飲用。

⑨**井冽，寒泉食：**井水清澈，寒涼可口。「冽」指井水出於深壤，清潔甘冽；「食」是飲用。

⑩**井收勿幕，有孚元吉：**井水打上來了，不要蓋住井口，有卦兆顯示大吉。「收」是把汲水的繩子、汲水器具收上來，說明打到了水；「幕」用作動詞，指蓋，意思是蓋住井口。此爻的意思是，不能只有自己打水，將水井占為己有，要讓水井得以開放使用，廣施博與，利濟蒼生。

賞析與點評

用弓箭射小魚

井卦九二爻辭：「井谷射鮒。」講的是古代用弓矢射魚的習俗。鮒是較小的魚，古人捕魚，不少是用弓矢來射的。《春秋》載魯隱公「矢魚於棠」，是春秋時期射魚之證。射魚之法很古遠，後代通過宗教觀念而保存下來。《淮南子．時則訓》：「季冬，天子親往射魚，先薦寢廟。」[1]反映了初民的漁獵生活和宗教習俗。「井谷射鮒，甕敝漏」反映了當時生產工具的簡單低下，要想獲得井的養育，需要進行艱苦的勞作。

井卦的現實意涵

在井卦中，卦辭和初、二兩爻的情況，是講井沒有得到很好地修治和使用，自三爻往上，則情況越來越好，九三爻講到井已經淘去污泥，君王英明，可以使民眾都受到福澤。六四爻的井壁修好了，咎害沒有了。九五爻的井水清澈，寒涼可口，象徵政治清明。上六爻講到井水的廣施博與，其兆大吉。這樣的前後對比，體現了《易經》作者所抱持的政治理念，同時是對於從政為君者的勸誡。

1. 李鏡池，《周易探源》（北京：中華書局，一九七八），頁二一六、二一七。

革卦第四十九

離下　兌上

革①：巳日乃孚，元亨，利貞，悔亡②。

初九：鞏用黃牛之革③。

六二：巳日乃革之，征吉，无咎④。

九三：征凶，貞厲，革言三就，有孚⑤。

九四：悔亡，有孚改命，吉⑥。

九五：大人虎變，未占有孚⑦。

上六：君子豹變，小人革面，征凶，居貞吉⑧。

導讀

革卦主要闡明變革思想。卦義為更改、變化、去故、除舊。革卦強調變革以時，根據實際情況，選擇適當的時機進行變革。革既有變革、改良之義，亦有武力革命之象。其與矛盾的劇烈程度有關，若不能儘早及時地變革改良，就會導致激烈的革命。革卦內容圍繞改革的主題步步深入，發人深省。

譯文

革：巳日就得到卦兆顯示，大亨通，利於占問，悔恨消除。
初九：用黃牛皮的繩子牢固地拴住。
六二：巳日於是開始變革舊制，出征進取吉利，沒有咎害。
九三：出征進取會有凶險，占問有危險，變革必須經過多次努力趨赴向前，將有應驗。
九四：悔恨消亡，有卦兆顯示將會改變天命，吉利。

九五：（引領變革的）大人所穿的新禮服如虎之文炳然燦著，無須占問已經得到了應驗。

上六：（輔助變革的）大夫官吏所穿的服色如豹之文煥然一新，地位低的小人物也在表面上進行了改變，如果繼續征進會有凶險，占問安居之事吉利。

注釋

①**革：**卦名。「革」字本義為去除獸皮之毛，因而有更改、變化、變革、革除、去舊等義，用於社會活動中，特指改革更新、改制革命。

②**巳日乃孚，元亨，利貞，悔亡：**巳日就得到卦兆顯示，大亨通，利於占問，悔恨消除。「巳日」是地支紀日，[1]「乃」是副詞，指於是、就。

③**鞏用黃牛之革：**用黃牛皮的繩子牢固地拴住。「鞏」是牢固，「革」指牛皮繩。

④**巳日乃革之，征吉，无咎：**巳日於是開始變革舊制，出征進取吉利，沒有咎害。「乃」是助詞，指於是；「之」代指所變革舊制。「征」是出征進取、動手實施。

⑤征凶，貞厲，革言三就，有孚：出征進取會有凶險，占問有危險，變革必須經過多次努力趨赴向前，將有應驗。「言」猶「焉」，「就」是趨赴。

⑥悔亡，有孚改命，吉：悔恨消亡，有卦兆顯示將會改變天命，吉利。「改命」指變革天命。

⑦大人虎變，未占有孚：（引領變革的）大人所穿的新禮服如虎之紋炳然燦著，無須占問已經得到了應驗。「虎變」指老虎在換季時新換的毛色花紋斑斕多彩，以此喻指大人革新創制、改易服色，其所穿的新禮服炳然燦著。近現代文字訓詁學家胡樸安（一八七八—一九四七）在《周易古史觀》中說：「九五之大人虎變，上六之君子豹變，易服色也，此革之大者也。」[2]

⑧君子豹變，小人革面，征凶，居貞吉：（輔助變革的）大夫官吏所穿的服色如豹

1. 十二地支：子、丑、寅、卯、辰、巳、午、未、申、酉、戌、亥。天干地支組合形成了中國古代傳統曆法紀年。
2. 胡樸安，《周易古史觀》（上海：上海古籍出版社，一九八九），頁二〇九。

之紋煥然一新，地位低的小人物也在表面上進行了改變，如果繼續征進會有凶險，占問安居之事吉利。「豹變」胡樸安解釋說：「雲豹變者，官吏之服色，一革殷舊，蔚然縟如豹之紋，曰豹變。」[3]「革面」指在表面上進行了改變，比如在服色穿戴上也相應有了改變。

賞析與點評

「革」字義涵——改革舊制，順天應人

《説文》：「獸皮治去其毛，革更之。象古文「革」之形。凡革之屬皆从革。古文革，从三十。三十年為一世，而道更也。」從兩個方面解釋「革」字：一方面，從字源字形來講，「革」是象形字，金文字形，表示被剖剝下來的獸皮。從字形上來看，就像兩隻手在剝獸皮。去除毛之後的獸皮則為皮革。

另一方面的解釋是說：「古文革，从三十。三十年為一世，而道更也。」革字的古文寫法是上廿下十「革」，我們如今正在使用的革字，上面的部分也是「廿」，是二十，下面有個「十」字，加起來是三十。《説文》認為三十年為一世，「革」字代表

著一世就要更道了，這是與時偕行的思想。這樣每三十年就需要更道變革，代表著每到一定時間就要進行變革，這是符合天道規律的事情，也是對民眾長遠有利的事情。因此，適時地改革舊制，是順天應人之舉。

「巳日」三解

對於「巳日」的解釋基本有三種：第一種解作「天干」之「己」，居十天干（甲、乙、丙、丁、戊、己、庚、辛、壬、癸）順序之六，已過戊、己之中，代表事物發展已經「過中」，已進入變革之時。

第二種解作「地支」之「巳」，居十二地支（子、丑、寅、卯、辰、巳、午、未、申、酉、戌、亥）順序之六，已到了跨越「巳午」中界之時，代表事物已經到了變革之機。天干地支共同組成形成了中國古代傳統曆法紀年，「巳日乃孚」，無論是以「己」還是以「巳」來解，都是指時間上已經過中界，進入了變革之時。

3. 胡樸安，《周易古史觀》（上海：上海古籍出版社，一九八九），頁二〇九。

第三種解作「已然」之「已」，直接表示已到了變革之時。統而觀之，三種解釋均表達時機已經成熟，到了該變革時。阮刻及諸本通作「巳」，今依舊本取「巳」字。

老子思想中的變革精神

老子思想中蘊含著豐富、深沉、從容的變革精神。老子言道「周行而不殆」（二十五章），指出「道」周而復始的變動性（反者道之動），同時體現為萬物生存發展的規律。

老子曰：「天之道，其猶張弓與？高者抑之，下者舉之；有餘者損之，不足者補之。天之道，損有餘而補不足；人之道則不然，損不足以奉有餘。孰能有餘以奉天下？唯有道者。」（七十七章）因此，社會人事也須適應這種規律，適時地進行變革，不斷進行損益調整，與時偕行，既不凝滯固執，亦不逾道妄為，保持動態的均衡調和，自然流暢，方為有道者。

「孰能濁以靜之徐清？孰能安以動之徐生？保此道者，不欲盈。夫唯不盈，故能蔽而新成。」（十五章）體道之士，善用動、靜之方，用以變革現狀，既可以用「靜」使渾濁動盪的情況變得清明安穩，也可以用「動」使安逸懶惰的情況生動起來，趨於創造的活力。老子的思想，可謂損益有道、動靜相養。《老子》第八章「動善時」與革卦「巳日乃革之，征吉，无咎」，異曲同工。

鼎卦第五十

巽下　離上

鼎①：元吉，亨。

初六：鼎顛趾，利出否②。得妾以其子，无咎③。

九二：鼎有實，我仇有疾，不我能即，吉④。

九三：鼎耳革，其行塞，雉膏不食。方雨虧悔，終吉⑤。

九四：鼎折足，覆公餗，其形渥，凶⑥。

六五：鼎黃耳，金鉉，利貞⑦。

上九：鼎玉鉉，大吉，无不利⑧。

導讀

鼎卦與革卦是一對覆卦，革卦的卦象顛倒就是鼎卦，卦義既相反，亦相成。「革」為革故，「鼎」為鼎新。革與鼎，講的是破與立的關係。鼎是古代貴族用以祭祀和烹飪的器具，從卦形來看，鼎卦很像一口大鼎：初爻為鼎足，二至四爻為鼎腹，五爻為鼎耳，上爻為鼎鉉。又，鼎卦的下卦為巽、為木，上卦為離、為火，上下兩卦組合而成木上生火之象，為烹飪之象。鼎卦的卦辭直言此為元吉之卦，亨通。爻辭則主要描寫以鼎烹煮食物、變化出新的過程，象徵取養賢才、創制鼎新。鼎在古代社會幾乎成為貴族禍福和社會政治經濟狀況的「衡量器」，也是社會變革、權力轉移的「指示器」。[1]

1. 唐明邦主編、評注，《周易》（武漢：長江文藝出版社，二〇一八），頁一一五。

譯文

鼎：大吉，亨通。

初六：顛倒鼎足，利於將陳舊腐壞的東西倒出來，對妾感到滿意是因為她的兒子（此謂「母以子貴」），沒有咎害。

九二：鼎中有食物，我的仇敵有了疾患，不能接近我，吉利。

九三：鼎耳損壞了，行動受到阻塞，致使鼎中的肥美野雞肉得不到食用。雨剛剛落下來，後悔的事減少了許多，終是吉祥的。

九四：鼎足折斷，將王公鼎中的食物傾倒灑了出來，會在屋中處以重誅之刑，凶險。

六五：鼎有黃色的鼎耳，金色的鼎鉉，利於占問。

上九：鼎有玉飾的鼎鉉，大吉祥，無所不利。

注釋

①**鼎**：卦名。鼎是古代烹煮用的器具，一般是三足（或四足）兩耳。青銅所鑄的鼎是國之重器，是權力和地位的象徵。「鼎」有「取新」之義。《雜卦傳》：「革，去故。鼎，取新。」事實上，革卦和鼎卦的爻辭都包含有去故取新之意。

②**鼎顛趾，利出否**（ㄆㄧˇ）：顛倒鼎足，利於將陳舊腐壞的東西倒出來。「顛趾」指將鼎足顛倒朝上；「否」指惡、不善，這裡指鼎中遺留的陳舊、腐壞、穢惡之物。此步驟為「去故」。

③**得妾以其子，无咎**：對妾感到滿意是因為她的兒子（此謂「母以子貴」），沒有咎害。「得」指對人或事物感到滿意，如《世說新語．文學》：「常使兩情皆得，彼此俱暢。」「得妾以其子」此步驟為「取新」。

④**鼎有實，我仇有疾，不我能即，吉**：鼎中有食物，我的仇敵有了疾患，不能接近我，吉利。「實」指食物，「即」是接近。

⑤**鼎耳革，其行塞，雉膏不食。方雨虧悔，終吉**：鼎耳損壞了，行動受到阻塞，致

使鼎中的肥美野雞肉得不到食用。雨剛剛落下來，後悔的事減少了許多，終究是吉祥的。「鼎耳」指鼎上部的雙耳，當需要移動鼎時，將結實的鼎鉉穿過鼎耳，兩邊的人共同舉起並挪動大鼎；「革」是除去，這裡指損壞。「塞」是阻塞。「雉」是野雞，「膏」指肥肉；「雉膏」是肥美的野雞肉。「方」是方才、剛剛；「雨」用作動詞，指下雨，在《周易》中，下雨通常象徵吉兆；「虧」是損。

⑥**鼎折足，覆公餗（ㄙㄨˋ），其形渥（ㄨㄛˋ），凶：**鼎足折斷，將王公鼎中的食物傾倒灑了出來，會在屋中處以重誅之刑，凶險。「覆」是傾覆；「餗」是鼎中的食物佳餚，象徵美政。「形渥」也就是「刑剭」，重誅的意思。[2]

⑦**鼎黃耳，金鉉（ㄒㄩㄢˋ），利貞：**鼎有黃色的鼎耳，金色的鼎鉉，利於占問。「黃耳」是用黃銅鑄造的鼎耳，呈黃色。「金鉉」是舉鼎的器具，其狀如鉤，銅制，用以貫穿鼎的兩耳以舉鼎。此爻的「黃耳」、「金鉉」都是象徵吉祥、堅固、高貴。

⑧**鼎玉鉉，大吉，无不利：**鼎有玉飾的鼎鉉，大吉祥，無所不利。「玉鉉」是鑲有玉飾的鼎鉉，玉為禮器，玉鉉的重點價值不在於舉鼎的實用性，而在於以玉鉉配銅鼎進行祭祀禮天的崇高價值。

賞析與點評

革故與鼎新

革，是變革，是更改。革是澈底的、激烈的，革的功能是「解構」，所以在革卦中，重點是如何把握變革的原則和方法，卦辭首先強調了變革所應具備首要條件——「時」。在革卦六爻中則一步步描述了變革過程中應遵循的原則，從審慎時勢、等待時機，到順時量力、再三討論、爭取廣大民眾的信任支持，直到時機成熟，一舉發動變革，創制新政，可以說是既謹慎務實，又大膽縝密。而當變革成功後，則需要及時調整思路，適時休養生息，穩固變革的成果。如此，在革卦的上六爻階段，就已經從「解構」轉為了「建構」。解構的目的是為了新的建構，革故是為了鼎新，如果一直變革而不及時進行生息和穩固，就會破壞已獲得的改革成果，解構過度而使民眾因不斷地變革運動而攪動難安，得不到休養生息，也就無法享受到改革的紅利，反而會使民眾受變革之苦，因此革

---

2. 方國根，〈卦爻辭的內容〉，朱伯崑主編，《周易知識通覽》（濟南：齊魯書社，一九九三），頁九一。

卦收到成效，就該及時進入鼎卦，建構新秩序。

鼎產生於古人烹煮食物的生活需要，起初是陶鼎，青銅時代便用青銅鑄造。青銅是貴重金屬，以後便由生活用具轉化為象徵權力和身分等級的禮器，傳世的鼎和其他青銅器物多屬禮器。庶民日常使用的食鼎，依然是陶鼎，有鼎就不用另搭爐灶，十分方便，不過只有貴族才有資格稱為「鐘鳴鼎食之家」。而在鼎卦中所描述的鼎，是作為生活用器的青銅鼎，它和革卦相連，寓意革故鼎新。[3]

革和鼎是同一項事務的先後兩個階段，革的目的是為了鼎，鼎的工作是完成革，革是鼎的前奏和鋪墊，鼎是革的延續和完成。正所謂「周雖舊邦，其命維新」，革是革故，鼎才能夠「維新」，造就並呈現新世界的是「鼎」。

老子說：「善建者不拔，善抱者不脫，子孫以祭祀不輟。」（五十四章）善於建樹者不可拔除，善於抱持者不會脫離，如果子孫能遵行這個道理，則世世代代的祭祀不會斷絕。「建」即鼎新，有所建樹並得以確立新的局面。

鼎折足——事情辦砸了

鼎新的過程中，也可能遭遇挫折和失敗，成敗的關鍵因素是用人。鼎卦卦辭顯示，大吉，亨通，時勢大好。初六爻主動清除殘餘污垢；九二爻熬倒了對手，減少了障礙；九三爻有了階段性的新成果，過程雖有曲折，還是順利獲吉；到了九四爻，本是到了使用和推行新成果的時候，卻由於擔綱重任的九四不正（包括行為不正和才能不足），把事情辦砸了。「鼎折足，覆公餗」，鼎歪了，足折斷了，飯也灑了，這是很嚴重的失敗，後果很嚴重。

老子曰：「侯王無以正，將恐蹶。」（三十九章）居於高位，身負重任，若不能做到沉穩履正，有所偏頗就會導致傾覆。隨之而來的，就會遭到懲罰。

鼎卦的「鼎實」、「雉膏」亦含有養賢、用賢之義。從任命者的角度而言，聖明之君無棄才，如何識才、用才、將合適的人才放到合適的位置上是至關重要。

3. 劉蔚華，《解讀周易》（濟南：齊魯書社，二〇〇七），頁二五八。

震卦第五十一

震下　震上

震①：亨。震來虩虩，笑言啞啞②。震驚百里，不喪匕鬯③。

初九：震來虩虩，后笑言啞啞，吉。

六二：震來厲，億喪貝，躋于九陵，勿逐，七日得④。

六三：震蘇蘇，震行无眚⑤。

九四：震遂泥⑥。

六五：震往來厲，億无喪有事⑦。

上六：震索索，視矍矍，征凶⑧。震不于其躬，於其鄰，无咎，婚媾有言⑨。

導讀

震卦是八純卦之一。震卦為雷，下卦和上卦兩震卦組合，象徵雷聲滾滾，接連而至，威勢迅猛，使人驚懼。面對這樣的突發情況，不同心理素質的人會有不同的應激反應。卦辭中手持祭祀器具匕鬯的主祭者，在被突然而至的震雷產生最初恐懼之後，馬上鎮定下來，談笑自若，並沒有出現失態慌亂，也沒有被嚇得將匕鬯掉到地上。經受住了突發情況的考驗，說明是心理素質極強、能夠擔當大任的人。爻辭描述了當遇到震雷一樣的突發事件時，所產生的不同反應和隨之而來的吉凶結局。應對的總原則是，要有恐懼戒備之心，但又不能因此而被嚇得失去主張和判斷力。

譯文

震：亨通。迅雷霹靂忽然轟響而來，因恐懼而警戒自勵，繼而談笑自若。迅雷霹靂聲震百里，（主祭人）沒有被嚇得失落手中所持的勺匙和香酒。

初九：迅雷霹靂忽然轟響而來，起初恐懼戒備，後來談笑自若，吉利。
六二：迅雷霹靂來勢危厲，臆測到會因此喪失大量錢貝，匆忙登到重山深處去躲避，不必急著追索，只需七日週期就會失而復得。
六三：被迅雷霹靂嚇得發抖，震雷滾滾而過沒有造成災禍。
九四：被迅雷霹靂嚇得墜入泥中。
六五：迅雷霹靂連續不斷，危厲，估計無損於事。
上六：被迅雷霹靂嚇得縮手縮腳，眼神四下驚顧，前行凶險。震雷沒有劈中他自身，卻劈中了鄰居，沒有咎害，在婚姻上將有爭執糾紛。

注釋

①**震**：卦名。「震」為雷，雷之巨者，即所謂霹靂，表現為雷霆震動。「震」即為震動義。震卦上下皆為震卦，是八純卦之一。

②**震來虩虩（ㄒㄧˋ），笑言啞啞（ㄜˋ）**：迅雷霹靂忽然轟響，嚇得立刻恐懼戒備，

繼而談笑自若。「震來」指震雷聲忽然轟響而來，比喻突發事件突然爆發。「虩虩」是形容恐懼的樣子，「啞啞」是狀聲詞，形容笑聲。此句意指剛聽到突發情況，起初的反應是恐懼，因恐懼而警戒自勵，繼而轉危為泰，談笑自若。

③**震驚百里，不喪匕鬯（ㄔㄤˋ）**：迅雷霹靂聲震百里，（主祭人）卻沒有被嚇得失落手中所持勺匙和香酒。「喪」指喪失、失落。「匕鬯」皆為古人祭祀時所用之器具，匕為長柄勺、匙狀的取食用具，祭禮時主祭人用匕從鼎中取食物供品盛入俎中供奉祭禮；鬯是用黑黍和鬱金香合釀而成的香酒。

④**震來厲，億喪貝，躋于九陵，勿逐，七日得**：迅雷霹靂來勢危厲，臆測到因此會喪失大量錢貝，匆忙登到重山深處去躲避，但不必急著追索，只需七日週期就會失而復得。「厲」是危險。「億」同「臆」，臆測、估計；「貝」是錢貝、財物。「躋」是升、登，「九陵」指九重之陵，喻指重山深處。「逐」是追尋、追索。

⑤**震蘇蘇，震行无眚（ㄕㄥˇ）**：被迅雷霹靂嚇得發抖，震雷滾滾而過沒有造成災禍。「蘇蘇」是被嚇得惶懼哆嗦的樣子，「震行」是震雷滾過，「眚」的本義為眼睛長了遮蔽視線的病，引申為災禍、災難。

⑥**震遂泥**：被迅雷霹靂嚇得墜入泥中。「遂」或作「隊」，古「墜」字，即今「墜」，墜入、跌入。

⑦**震往來，厲，億无喪有事**：迅雷霹靂連續不斷，危厲，估計無損於事。「往來」指往來反覆、連續不斷，「億」是臆、臆測、估計，「有事」指於事。

⑧**震索索，視矍矍，征凶**：被迅雷霹靂嚇得縮手縮腳，眼神四下驚顧，前行凶險。「索索」是退縮不前的樣子，「矍矍」指倉惶害怕，眼神四下驚顧的樣子。

⑨**震不於其躬，于其鄰，无咎，婚媾有言**：震雷沒有劈中他自身，卻劈中了鄰居，沒有咎害，在婚姻上將有麻煩。「躬」指自身，「婚媾」是婚姻，「有言」指有爭執糾紛。

賞析與點評

盡人事，移天意

震卦的卦名和卦爻辭中的「震」，指的是自然界中發生的震雷。在原始社會中，人類對於天空中烏雲密布、震雷滾滾的現象，內心是充滿恐懼的。《竹書紀年》記載商王武乙三十五年「王畋於河渭，大雷震死」，人會被震雷劈死，非常恐怖。《左傳》僖公十五年「震夷伯之廟」，宗廟遭到震雷，這對於有著祖先崇拜的古人來說，會產生極大的震恐。

對於打雷的恐懼，發乎人性的自然情性。震卦記錄著人們對於震雷的恐懼，卦爻辭中的「虩虩」、「蘇蘇」、「索索」、「矍矍」、「遂泥」描述的都是被震雷嚇得驚惶失措的恐懼貌。但同時，震卦中也描述了有人能夠鎮定沉穩、談笑自若，手裡拿著祭祀的匕鬯，竟然沒有被嚇得掉到地上，這充分顯示了對於震雷的神祕性和懲罰性的消解。初九爻描述從開始的恐懼到後來的談笑自若，有一個認識發展的過程，態度隨認識而轉變。六二爻記錄了一則故事：當雷電交加時，某人臆測因此喪失了大量錢貝，匆忙登到重山深處去躲避，占筮得到的占辭勸告，不要冒著危險去找尋，七日之內可失而復得，後來果然得到驗證。六三爻被嚇得哆嗦，但沒有造成災禍；九四爻被嚇得跌墜到泥裡；六五爻經歷了連續不斷的震雷，最後於事無損。上六爻很有戲劇性，被震雷嚇傻了，渾身戰慄，動彈不得，結果雷劈中了鄰居，他自身什麼事都沒有。

殷代的龜卜等卜辭關於吉凶福禍的預言直接而確定，卜兆得出的預示很明確，所占卜之事是吉是凶，是否會下雨，能不能得到鬼神的護祐，卦辭相當決斷，神意不可更改，人只有被動承受。當後來周代改為用蓍草占筮之後，《周易》古經卦爻辭的判斷不再那麼決斷，而是明顯增加了人為的因素，筮得的卦和爻，吉凶有了空間彈性，在卦爻辭規定條件下，人的選擇可以改變吉凶走向。也就是說，筮得的卦即使不利，人通過正確的選擇和努力，也可以化凶為吉；同理，如果人沒有選擇正確的方向去努力，也可能變吉為凶。因此，最後的吉凶是客觀規定性與人的主觀能動性相結合的產物，這就形成了「盡人事，移天意」的思想意識。盡人事可轉移天意的意識之萌生，改變了人類對於自己和對於自然的認識，改變了整個精神世界。[1]

1. 陳咏明，〈《易經》與占筮〉，朱伯崑主編，《周易知識通覽》（濟南：齊魯書社，一九九三），頁一七。

艮卦第五十二

艮下　艮上

［艮］①：艮其背，不獲其身。行其庭，不見其人，无咎②。

初六：艮其趾，无咎，利永貞③。

六二：艮其腓，不拯其隨，其心不快④。

九三：艮其限，列其夤，厲薰心⑤。

六四：艮其身，无咎。

六五：艮其輔，言有序，悔亡⑥。

上九：敦艮，吉⑦。

導讀

艮卦與震卦是一對覆卦，震卦的卦象顛倒過來就是艮卦，卦義也相反。震卦的卦象是雷，象徵突發的震動，而艮卦的卦象是山，象徵安止不動。前後兩卦一動一靜，形成鮮明對比。艮卦是八純卦之一，由上下兩個相同的艮卦組成，就像兩座山靜止地矗立著，寧靜安穩，止於其所，彼此保持長久不變的距離。艮卦的卦辭很奇特，從文字描述來看，是要去制止一個人，卻沒能制止住，行到庭院裡，人卻不見了。艮卦將整個卦形比喻作一個人的背面形象，從初爻象徵的腳趾開始，依次向上艮止。與艮卦類似的卦形是咸卦，咸卦比喻為一個人的正面形象，從初爻象徵的腳拇趾開始，依次向上感通。有不少學者認為艮卦爻辭描述的是古代氣功導引的修煉次第。

譯文

［艮］：制止他的後背，未能達到制止他全身的目的。追隨行走到他的庭院，卻不見了他的蹤影，沒有咎害。

初六：制止他的腳趾（勸止其前行），沒有咎害，利於占問長久之事。

六二：制止他的小腿肚（不讓他行動），使他抬不起他的腳，他心裡很不痛快。

九三：制止他的腰部，撕裂了他後背的夾脊肉，危險薰灼著他的內心。

六四：制止他的身體，沒有咎害。

六五：制止他隨便說話，使他出言有條理，悔恨消除。

上九：以敦厚質樸的方式加以制止，吉利。

注釋

①［艮］（ㄍㄣˋ）：卦名。艮卦與震卦的卦義相反，震為動，艮為止。「止」有限止、

制止、停止、安止等義。漢帛本作「根」。艮卦上下皆為艮卦，是八純卦之一。

②**艮其背，不獲其身。行其庭，不見其人，无咎：**制止他的後背，未能獲得制止他全身的目的。行走到他的庭院，見不到他的蹤影，沒有咎害。「艮」是止。「艮其背，不獲其身」指想要去制止對方，卻因是從後背去制止，方位不對而沒有達到制止住對方的目的。於是追進庭院中，卻又不見對方的蹤影。雖然制止的目的沒有達到，但既然不見了，也就不必再強求，這樣的結果並沒有咎害。占筮而得此卦者，原意是要制止他人，當沒有能夠止住他人時，則反觀而止住自身的行為，沒有咎害。

③**艮其趾，无咎，利永貞：**制止他的腳趾（勸止其前行），沒有咎害，利於占問長久之事。「趾」是腳趾，用來行動前行的部位。「艮其趾」即「止其動」，停止行動，這樣對長久的打算有利。

④**艮其腓（ㄈㄟˊ），不拯其隨，其心不快：**制止他的小腿肚（不讓他行動），使他抬不起腳，他心裡很不痛快。「腓」是脛骨後的肉，即腿肚子；「拯」是舉、抬；「其隨」指小腿的隨動者，即腳。制止小腿的腿肚肌肉的動作，就使得腳抬不起來，從而不能前行，以此方法制止其行動。這樣被限制行動，對方的內心很不痛快。

⑤**艮其限，列其夤（一ㄣˊ），厲薰心：**制止他的腰部，撕裂了他後背的夾脊肉，危險薰灼著他的內心。「限」是界限，於身體而言，腰部是上、下身體的界限，因此「限」指腰部。「列」同「裂」，「夤」是夾脊肉，「厲」是危險，「薰」是焦灼、薰烤。此爻指以強力制止對方的關鍵環節，致使直接關聯的部位受到損傷。對方為此危厲灼心。

⑥**艮其輔，言有序，悔亡：**制止他隨便說話，使他出言有條理，悔恨消除。「輔」指口頰，用來講話的部位。

⑦**敦艮，吉：**以敦厚質樸的方式加以制止，吉利。「敦」是敦厚。

賞析與點評

動與靜的辯證

上一卦的震卦是在雷聲滾滾中圍繞突發的震動探討問題，但細細品味會發現，震卦有著動中寓靜的內涵，外動內靜，始動終靜，事物有其趨向於動態平衡的內存規律。震卦表面上一直在講動，內在卻強調心的靜定，初始恐懼是應激反應，也是預防機制，繼而「笑言啞啞」，鎮定自若，便是動中之靜，這是內外之動靜。還有終始之動靜，北宋思想家周敦頤（一〇一七—一〇七三）以太極之理非常精闢地論述了陰陽動靜的關係。[1]

艮的卦象是山，山的形象高大安穩，堅實厚重，給人以篤實可靠、屹立不動之感。從卦象看，卦象為山，安於靜止，上下兩體為兩山並立，有對峙靜止之象，是為艮。從爻象看，在上下兩個艮卦中，一陽爻升到兩陰爻之上，陽本性好動但已至極，無處可進，動極而靜，轉為靜止，兩個陰爻本性好靜，靜待於陽爻之下，呈現為上止下靜之態，是為艮。震與艮彼此涵攝，動靜相養，前後相隨。

《老子》十五章：「孰能濁以靜之徐清？孰能安以動之徐生？」「濁」是動盪的狀態，體道之士在動盪的狀態中，透過「靜」的功夫，恬退自養，靜定持心，轉入清明的境界，呈現出一種動極而靜的生命活動過程。而在長久的沉靜安定（「安」）之中，體道之士又能生動起來，趨於創造的活動（「生」），呈現出另一番靜極而動的生命活動過程。「動」、「靜」之間，透露著「動靜相養」的辯證思維。將震、艮兩卦合而觀之，可得此意。

1. 周敦頤《太極圖說》：「太極動而生陽，動極而靜，靜而生陰，靜極復動。一動一靜，互為其根。分陰分陽，兩儀立焉。陽變陰合，而生水、火、木、金、土。五氣順布，四時行焉。五行一陰陽也；陰陽一太極也；太極本無極也。」

行其庭，不見其人——退藏於密

明代的易學家來知德（一五二六—一六〇四）解釋卦辭「艮其背，不獲其身。行其庭不見其人，无咎」，認為這是《易傳》裡所說的「退藏於密」，也即《莊子》裡所說的「深根寧極而待」，也即《禮記·中庸》裡所說的：「夫焉有所倚，肫肫其仁，淵淵其淵，浩浩其天。」其內涵是沉靜、內斂、悠久、深厚、正固和養育。由此，中國人的人格、精神、德行方能得其大養，切實體認，人生由此養生命德慧，深蓄厚養，方能通達於道。艮卦蘊含了易道深厚精微之旨，艮卦的上下卦體都是「艮」，一陽爻居於外，陽剛堅定，不懼怕外來的壓力和逼迫，如同泰山一樣安靜沉穩，保護著內在陰爻的柔中之氣，調養生息，化天地之機，敦厚而不移。這就是艮卦的氣象。

漸卦第五十三

巽上 艮下

漸①：女歸吉，利貞②。

初六：鴻漸于干，小子厲，有言，无咎③。

六二：鴻漸于磐，飲食衎衎，吉④。

九三：鴻漸于陸，夫征不復，婦孕不育，凶；利禦寇⑤。

六四：鴻漸于木，或得其桷，无咎⑥。

九五：鴻漸于陵，婦三歲不孕，終莫之勝，吉⑦。

上九：鴻漸于逵，其羽可用為儀，吉⑧。

導讀

漸卦的卦義為漸進、緩進。下卦為艮，為山；上卦為巽，為木。上下兩卦組合，是木在山上之象。樹木顯得高，是因為長在山上，可見凡事發生必有根據和原因，其最終呈現的結果，必是依據條件順次發展而來，所以此卦稱為漸卦。漸卦卦爻辭中所運用的意象，最為明顯的以兩種事物進行取象比類的象徵：一個是以女子婚嫁為喻，一個是以鴻雁漸次高飛為喻，用來表述事物的秩序性和漸進性。

譯文

漸：女子出嫁吉利，占問有利。

初六：鴻雁漸進飛至於水邊河岸，小孩子遇到危險，有譏諷嘲笑的話語，沒有咎害。

六二：鴻雁漸進飛至水邊的大石上，和樂歡暢地吃喝，吉利。

九三：鴻雁漸進飛到高地上，丈夫外出遠行不回來，婦人懷孕後流產，凶險，利於抵禦外來侵犯。
六四：鴻雁漸進飛到樹木上，間或覓到方形的木椽棲息，沒有咎害。
九五：鴻雁漸進飛到了高陵之上，婦人三年不懷孕，但最終未能使之屈服，吉利。
上九：鴻雁漸進飛上了雲天，其漂亮的羽毛可以用作表率。

注釋

①**漸**：卦名。「漸」有循序漸進之義。

②**女歸吉，利貞**：女子出嫁吉利，占問有利。「歸」指出嫁，古代女子謂嫁為「歸」，是以嫁人為歸宿的意思。

③**鴻漸于干，小子厲，有言，无咎**：鴻雁漸進飛至於水邊河岸，小孩子遇到危險，有閒言蜚語，沒有咎害。「鴻」是鴻雁，「干」指水邊河岸，「小子」是涉世未深的小孩子，「言」是閒言、譏諷嘲笑的話語。

④**鴻漸于磐，飲食衎衎（ㄎㄢˋ），吉**：鴻雁漸進飛至水邊的大石上，和樂歡暢地吃喝，吉利。「磐」是厚重的大石，「衎衎」是和樂的樣子。

⑤**鴻漸于陸，夫征不復，婦孕不育，凶；利禦寇**：鴻雁漸進飛到高地上，丈夫外出遠行不回來，婦人懷孕而流產，凶險，利於抵禦外來侵犯。「陸」是高地，「征」是出外遠行。「婦孕不育」是指婦人懷孕但不能正常生育而流產，此與「夫征不復」相應，象徵事情有始無終。

⑥**鴻漸于木，或得其桷（ㄐㄩㄝˊ），无咎**：鴻雁漸進飛到樹木上，間或覓到方形的木椽棲息，沒有咎害。「或」是或有、間或，「得」是覓得、找到，「桷」是方形的木椽，這裡形容橫向平緩可供棲息的樹枝。

⑦**鴻漸于陵，婦三歲不孕，終莫之勝，吉**：鴻雁漸進飛到了高陵之上，婦人三年不懷孕，但最終未能使之屈服，吉利。「婦三歲不孕」是說婦人三年沒有懷孕，與屯卦六二爻「女子貞不字，十年乃字」意思相近。「終莫之勝」即「終莫勝之」，最終未能使之屈服。

⑧**鴻漸于逵，其羽可用為儀，吉**：鴻雁群起而高飛，離開高陵飛到了雲天之上，其

羽毛高潔華美，儀態飄逸遠舉，雁陣整齊有序，在天空中自由飛翔，吉祥無比，足可以成為人們的儀飾表率，使人們讚歎效法。「陸」同「逵」，此處指天上的雲路。「儀」指典範、表率。

賞析與點評

充滿生活氣息的哲理詩

漸卦各爻通過鴻雁漸次飛到不同地方，比喻循序漸進的過程，以所處的不同環境和行為，預示其吉凶，我們可以看到漸卦爻辭分明的次第：鴻漸于干、于磐、于陸、于木、于陵、于逵。通過描述鴻雁逐漸飛高，從水岸邊——磐石上——高地上——山上樹木——高陵——雲路的漸進過程，由低到高依次取象，直到翱翔於雲天，大展鴻圖，成為「其羽可用為儀」的表率，呈現了事物由低漸高、循序漸進的發展規律，運用象徵、比喻的手法、簡練的語言闡示義理，描寫出自然事物的動態形象。漸卦與乾卦從潛龍、見龍、惕龍、躍龍、飛龍的向上騰飛有異曲同工之妙。漸卦每一爻辭的前半部分以鴻雁漸飛為喻，後半部分則反映了一個女子婚後生活逐漸改善、命運逐漸轉好的曲折過程。

漸卦所記可說是一首充滿自然和生活氣息的哲理詩。在《周易》古經中，有不少爻辭如同詩歌，與《詩經》的表現手法頗為相似，漸卦是一個較為清晰而典型的例子。《詩經》裡的民歌常用比興的手法，《易經》中的比喻則是受到民歌的啟示當無問題，而且直接採用民歌的語句都不無可能。[1]我們不妨試舉兩例，如《周頌·小毖（ㄅㄧˋ）》：

> 予其懲，而毖後患。莫予荓（ㄆㄧㄥˊ）蜂，自求辛螫（ㄓㄜ）。
> 肇允彼桃蟲，拚飛維鳥。未堪家多難，予又集於蓼。

詩中用了兩個比喻，以打細蜂招來被螫比喻無故招災惹禍；輕信看似桃蟲（即鷦鷯）的小鳥，沒想到小鳥長大變成了大雕，故古語曰「鷦鷯生雕」，「言始小而終大也」[2]。家國未堪多難，我又如同棲於蓼花上，比喻陷入困境。這首詩舊說認為是周成

1. 高亨，《文史述林》（北京：中華書局，一九八〇），頁三三九。
2. （南宋）朱熹，《詩集傳》（南京：鳳凰出版社，二〇〇七），頁二七二。

王告廟求助的歌，比《易經》稍晚，後代常用的「懲前毖後」的成語，即出於此詩。[3]由漸卦和〈小毖〉來看，西周初年詩歌中比喻手法的運用，已經達到初步成熟的階段。

從文學的角度來看卦爻辭就會發現其詩歌價值。詩歌在形式上一般體現為句式整齊，語言精練，以節奏和韻律悅人，在內容上則表現為意象鮮明，意境渾融，以詩情感人。《詩經》中另一首詩可看出與漸卦爻辭明顯的相似之處，《詩經．小雅．鴻雁》：

鴻雁于飛，肅肅其羽。
之子于征，劬勞于野。

這四句詩描述征夫在外服役的勞苦，與漸卦九三爻「鴻漸于陸，夫征不復，婦孕不育，凶；利禦寇」的意境相同，爻辭中除了描述征夫出征在外不能回來，還寫了婦人在家孕而不能養育的悲苦。從句式上來看，〈鴻雁〉與明夷卦初九爻句式更接近：「明夷于飛，垂其翼，君子于行，三日不食」，而在意境和情感表達上與漸卦九三爻更契合。據此看來，把卦爻辭裡以四言為主的句式、比興手法的運用視為中國古代詩歌的濫觴，是毫不牽強並令人信服的。[4]

3. 程俊英，《詩經譯註》（上海：上海古籍出版社，二〇〇八），頁五三六。

4. 袁行霈總顧問、張慶利主編，《中國文學史話．先秦卷》（長春：吉林人民出版社，一九九八），頁七五。

歸妹卦第五十四

䷵

兌下　震上

歸妹①：征凶，无攸利②。

初九：歸妹以娣，跛能履，征吉③。

九二：眇能視，利幽人之貞④。

六三：歸妹以須，反歸以娣⑤。

九四：歸妹愆期，遲歸有時⑥。

六五：帝乙歸妹，其君之袂不如其娣之袂良，月几望，吉⑦。

上六：女承筐，无實，士刲羊，无血，无攸利⑧。

導讀

歸妹卦與漸卦是一對覆卦，漸卦的卦象顛倒就是歸妹卦。漸卦的卦義以女子出嫁為喻，講依禮漸進，卦辭為吉；歸妹卦的卦義亦與女子出嫁有關，卦辭卻是「征凶，无攸利」。歸妹卦由兌下震上組成，下卦兌為澤，為少女，上卦震為雷，為長男，上下組合，有少女主動取悅長男之象，這不符合傳統的婚姻禮制習俗，所以卦辭認為「征凶」，是指如果繼續這種關係，就會有凶險，沒什麼好處。卦中各爻亦多以婚嫁為言，並且再次取用了「帝乙歸妹」的典故（泰卦六五爻亦有）。

譯文

歸妹：行事有凶險，沒有什麼利處。

初九：嫁出少女並以她的妹妹作陪嫁，跛腳也能走路，行事吉利。

九二：一隻眼盲了還能看見，利於幽居獨處的人占問。

六三：嫁出少女並以她的姐姐作陪嫁（這樣做不合禮法），因而姐姐被遣歸娘家而仍以妹妹陪嫁。

九四：少女出嫁耽誤了婚期，遲嫁的原因是有所等待。

六五：帝乙嫁女，新娘的衣飾打扮不如她陪嫁的妹妹衣飾漂亮，月亮將要圓滿而未滿，吉利。

上六：女子捧筐，裡面空無一物，男子宰羊，沒有得到羊血，無所利。

注釋

①**歸妹：**卦名。「歸妹」即嫁女，「女」指少女。

②**征凶，无攸利：**行事有凶險，沒有什麼利處。「征」在《易》中有三義：征伐、出行、行事。歸妹卦講少女出嫁，因而此處之「征」當為行嫁娶之事。

③**歸妹以娣，跛能履，征吉：**嫁出少女並以她的妹妹作陪嫁，跛腳也能走路，行事吉利。「娣」即女弟，少女的妹妹。「歸妹以娣」是說以少女的妹妹做陪嫁，古代父系

社會姐妹共嫁一夫，幼為娣，長為姒。「跛」的本義指跛腳，喻指能力不足。「歸妹以娣，跛能履」此處喻指在自身能力不足的情況下，有妹妹相助就能夠彌補不足而履行職分。這是古代的婚姻習俗。

④**眇（ㄇㄧㄠˇ）能視，利幽人之貞**：一隻眼盲了還能看見，利於幽居獨處的人占問。「眇」是少目，即一隻眼盲，或曰目小而視力不佳。「幽人」是幽居之人，朱駿聲（一七八八—一八五八）說：「幽人，男未仕，女未嫁之名。」此文言女子未能找到相配的伴侶，要安靜等待。「利幽人之貞」指利於幽人占問，是個好兆頭。

⑤**歸妹以須，反歸以娣**：嫁出少女並以她的姐姐作陪嫁（這樣做不合禮法），因而姐姐被遣歸娘家而仍以妹妹陪嫁。「須」同「嬃」（ㄒㄩ），古代楚人對姐姐的稱謂為嬃。「反歸」即遣歸、來歸。此爻強調嫁娶之事要合於禮法。

⑥**歸妹愆（ㄑㄧㄢ）期，遲歸有時**：少女出嫁延誤了婚期，遲嫁的原因是有所等待。「愆」指耽誤、延誤，「時」通「伺」，指等待。

⑦**帝乙歸妹，其君之袂（ㄇㄟˋ），不如其娣之袂良，月幾望，吉**：帝乙嫁女，新娘的衣飾打扮不如陪嫁的妹妹姣美，月亮將要圓滿而未滿，吉利。「帝乙」是商王朝的國

君殷紂王之父，天下諸侯的共主將女兒下嫁；帝乙曾嫁女兒於周國的國君姬昌（即後來的周文王）。「君」指正妻、君夫人，此處指婚禮中的新娘。「袂」本指衣袖，此泛指衣著服飾。「良」指美、好看、漂亮。「几」是幾乎、將要；「月几望」指月亮即將圓滿，喻指對婚姻有著美好的期望。

⑧**女承筐，无實，士刲（ㄎㄨㄟ）羊，无血，无攸利：**女子捧筐，裡面空無一物；男子宰羊，沒有得到羊血，無所利。「承」指捧持，「刲」指宰殺，「實」為陽，「血」為陰。「无實」、「无血」喻指婚配不終。

賞析與點評

「帝乙歸妹」的故事

帝乙是商代最後一個君王殷紂王的父親，歸妹就是嫁女。帝乙嫁女是商代後期政治生活中的一件大事，帝乙嫁女，嫁給誰呢？諸子百家及《史記》都沒有記載，顧頡剛卻從《詩經．大明》篇中找出了線索，原來她嫁的人就是鼎鼎大名的周文王。[1] 並通過〈大明〉中的詩句「大邦有子，俔天之妹」，論證出此「妹」為殷王室的女兒，帝乙嫁女給文王，是大邦之女嫁於小邦之周，周國舉行了隆重慶典，使之成為周國上下皆知的重大政治事件。有莘國的太姒則是周文王之後再娶的另一個妻子，是武王之母。

近代一些歷史學家從「帝乙歸妹」中，探討出殷周關係發展的脈絡。他們認為商王朝後期的文丁時代，位於殷商西北的部落聯盟鬼方勢力強大，殷、周為抵抗鬼方的西侵，雙方組成了聯盟。季曆娶太任，出戰多次告捷，文丁忌憚，殺了季曆。季曆的兒子姬昌（周文王）在帝乙二年舉後伐商，戰敗。當時，夷人也在東方造反，帝乙為出兵東方，無力再與西面的周國作戰，於是採取安撫手段，帝乙嫁妹給文王，就是在這樣的歷史背景下產生的。[2]

古代婚姻的媵妾制

在六十四卦中，屬於男女婚嫁結合的卦有四個：咸（兌艮）、恒（震巽）、漸（巽

1. 胡道靜、戚文編著，《周易十講》（增補本）（上海：上海人民出版社，二〇〇三），頁四〇。
2. 同上註，頁四二。

艮）、歸妹（震兌），足見婚姻家庭問題在《易經》中占有比較重要的位置，受到了宗法社會的重視。[3]歸妹卦爻辭中涉及到古代婚姻的媵妾制，《春秋公羊傳・莊公十九年》中解釋道：「媵者何？諸侯娶一國，則二國往媵之，以侄娣從。……諸侯一聘九女，諸侯不再娶。」《春秋左氏傳・成公八年》中記載：「凡諸侯之嫁女，同姓媵之，異姓則否。」在周代的婚禮制度中，一個諸侯國的國君或世子要迎娶其他諸侯國國君的女兒為妻，出嫁國除了要嫁出一個將成為正妻的公主外，另外還要選兩個公主的姐妹一同陪嫁過去，如果公主沒有待嫁的親姐妹，就要選國君的侄女來補充，這樣出嫁國一次就嫁出了三女。同時，按照規定，與出嫁公主之國同姓的諸侯國中，還有兩國要出陪嫁女子，這兩個諸侯國各自選三個女子，可以是該國國君的女兒或侄女。三個諸侯國一共嫁出了九個女子，如此娶親的諸侯國君一聘就娶回了九女，以後這一生就不能再娶了。這九女中除正妻外，其餘八人就是「媵」，也稱「媵妾」。諸侯的婚禮進行如此規定的理由是什麼呢？說到底，就是為了確保後宮安穩，子嗣繁衍不絕。

「媵妾制」隨著秦帝國的統一而消失了，因為天下只有一個國了，皇帝娶妻就成了一妻多妾制，但作為陪嫁女的「媵」卻在後來相當長的時間裡都存在著，只是含義有所變化，沒有了周代的嚴格規定、沒有了嚴格的身分與人數的限制。

現代社會婚姻制度是一夫一妻制，澈底打破了原來的一妻多妾制，媵妾、侄娣也已澈底成為歷史。

帝乙之妹不如陪嫁女子姣美

歸妹卦六五爻辭：「帝乙歸妹，其君之袂，不如其娣之袂良。」高亨認為，「袂」疑借為「妜」（ㄐㄩせ），同聲系，古通用。並據《說文》許訓，認為當謂鼻目間之容態，與貌字義相近。[4] 這句爻辭的意思是，帝乙所嫁之妹還不如陪嫁的女子鼻目間之容態姣美。

傳統中的解釋認為，嫡夫人的容飾不如從娣的容飾，這說明帝乙之妹「尚德」而「不貴飾」[5]。當代青年學者何益鑫則認為，「其君之袂，不如其娣之袂良」作為一個如實

3. 劉蔚華，《解讀周易》（濟南：齊魯書社，二〇〇七），頁二六九。
4. 高亨，《周易古經今注》（上海：上海書店，一九九一），頁一八八～一八九。
5. （北宋）程顥、程頤，《二程集》：「娣媵者，以容飾為事者也。衣袂，所以為容飾也。六五尊貴之女，尚禮而不尚飾，故不袂，其袂不及其娣之袂良也。」

地描述，不但不能說明帝乙之妹的賢德，反而表現出帝妹對這次婚嫁沒有引起足夠的重視，連必要的容貌修飾都不能符合禮制規範。[6]

一個筮例的佐證

歸妹卦的卦辭直言「征凶，无攸利」，總體而言，不是一個吉卦。歷史上有過一次筮得歸妹卦的紀錄，《左傳·僖公十五年》記載：

> 初，晉獻公筮嫁伯姬于秦，遇歸妹之睽。史蘇占之，曰：「不吉。其繇曰：『士刲羊，亦無衁也；女承筐，亦無貺也。』」

歸妹卦爻辭多言婚姻，此蓋亦言婚姻，且獻公此筮亦問婚姻。刲羊、承筐乃古代婚姻之禮，刲羊而無血，承筐而無實，故言不吉，《易》亦云「无攸利」。[7]

這一筮例記載的是晉獻公想要把伯姬嫁到秦國，占筮此事的吉凶，結果筮得了歸妹卦的上六爻，爻辭顯示：「女承筐，无實，士刲羊，无血，无攸利。」據《儀禮·士昏禮》：「婦入三月，然後祭行。」「婦入三月，乃奠菜」。《儀禮·少牢饋食禮》：「主婦設黍稷，祭則司馬刲羊，司士擊豕。」說明婚後三個月，祭祀時主婦參加助祭，奉筐裝著祭品如粢米等進行祭奠；士宰羊獻牲。[8] 承筐、刲羊是用於祭祀的行為，而「无實、无血」說明祭祀沒有成功進行，明顯是不吉之兆。因此，史蘇曰：「不吉」。

「女承筐，无實；士刲羊，无血」——關於生殖的隱喻

通過上述筮例，已知歸妹卦上六爻辭喻示「不吉」，但爻辭所顯之象如此詭異，不像是現實中發生的景象，既然是去祭祀，哪有「承虛筐」的道理？又怎麼會有殺羊不見血的咄咄怪事呢？既然不是現實，那麼很可能就是一種隱喻，古人用以隱祕地表達一種「不吉」的現實情況是什麼呢？下面引用學者臧守虎的一篇論述以探討此爻之所

6. 何益鑫，《《周易》卦爻辭歷史敘事研究》（上海：上海人民出版社，二〇二一），頁一一七～一一八。
7. 楊伯峻編著，《春秋左傳注》（北京：中華書局，一九九〇），頁三五三～三五四。
8. 李鏡池、曹礎基，《周易通義》（北京：中華書局，一九八一），頁一〇九。

指：[9]在世界範圍的古代文化中，凹窪、中虛之物曾是女性、女陰的象徵。「筐」是一種凹窪、中虛之物，也有類似的象徵意味，如《詩・周南・卷耳》：「采采卷耳，不盈頃筐；嗟我懷人，寘彼周行。」《召南・摽有梅》：「摽有梅，頃筐塈之；求我庶士，迨其謂之。」上述兩則「筐」皆是；又如馬王堆漢墓帛書《合陰陽》有曰：「凡將合陰陽之方，土棺陽，循肘房，抵腋旁，上灶綱，抵領鄉，循承筐。」

關於其中的「承筐」，夏含夷（Edward L. Shaughnessy）說：「在不遲於西漢以前，就是對女人陰道傳統的暗示。」[10]而羊因其生產小羊羔時順滑暢達，在古代是生殖崇拜物件之一，如《詩・大雅・生民》：「先生如達，不坼不副，無菑無害。」其中以母羊生小羊形容姜嫄生后稷之時的順滑暢達、無撕裂痛苦；金文中的「美」字是一個孕婦頭戴羊角或羊骨的形象，是孕婦祈求自己能像羊一樣在分娩時順滑暢達之意。羊（母羊）因此也就成了女人的象徵，在《周易・說卦》中羊正是與少女、妾同屬。故爻辭中「女承筐，无實；士刲羊，无血」實是隱喻、暗示男女夫婦不能行人道、生育子女。

《來氏易注》云：「凡夫婦祭祀，承筐而採蘋蘩者，女之事也；刲羊而實鼎俎者，男之事也。……不成夫婦則不能供祭祀矣。『无攸利』者，人倫以廢，後嗣以絕，有何攸利？」[11]此爻辭所示，婚姻因無後嗣而未得善終，與卦辭的「征凶，无攸利」相呼應。

9. 臧守虎，〈飲食‧男女‧鼎新——《易經‧鼎卦》及「鼎新」之義的發生新解〉，《古籍整理研究學刊》二〇〇四年第六期（長春），頁二九～三四。

10. （美）夏含夷著，李衡眉、郭明勤譯，〈結婚、離婚與革命——《周易》的言外之意〉，《周易研究》一九九四年第二期（濟南），頁四五～五一。

11. （明）來知德，《周易集注——易經來注圖解》（北京：九州出版社，二〇一〇），頁三八九。

豐卦第五十五

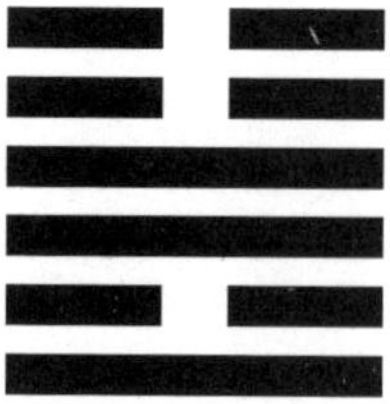

震上　離下

豐①：亨，王假之②。勿憂，宜日中③。

初九：遇其配主，雖旬无咎，往有尚④。

六二：豐其蔀，日中見斗，往得疑疾，有孚發若，吉⑤。

九三：豐其沛，日中見昧，折其右肱，无咎⑥。

九四：豐其蔀，日中見斗，遇其夷主，吉⑦。

六五：來章，有慶譽，吉⑧。

上六：豐其屋，蔀其家，闚其戶，闃其无人，三歲不覿，凶⑨。

導讀

豐卦的卦義為豐大、豐盈、盛多。豐卦由離卦和震卦組成，下卦為離卦，離為火，也象徵在自然天象中像火一樣的閃電，上卦震卦，為雷。離卦與震卦組合到一起，有雷電俱至，雷聲光電，聲勢浩大，可謂豐大亨通，故而此卦為「豐」。但是，由於在豐大亨通之時，人們常會陷於安樂，以致判斷事物昏昧不明，所以在豐卦中，各爻的「豐」卻是以日食遮蔽太陽的陰影無比豐大為喻，以此來提醒當如何應對暫時的黑暗，從而儘量保有豐大的局面。

譯文

豐：亨通，君王來到這裡。不要擔憂，適宜在正午之時（祭祀）。

初九：遇到與其相配之主，雖需十天那麼久（才可以達成）但沒有咎害，前往會有嘉賞。

六二：擴張那帷幕（遮蔽陽光），（以致於）在正中午能看見天上的北斗星，這時前往行事會得疑惑之疾，有卦兆顯示，即將轉為吉利。

九三：擴張那旛幔，（天空更加黑暗了，以致於）在正中午看見天上的小星星，折斷了他的右臂，沒有咎害。

九四：擴張那帷幕，正午看見北斗星，遇見同輩之主，吉利。

六五：光明降臨，有歡慶讚譽，吉利。

上六：擴張那屋宇（建得很高大），卻用帷幕遮蔽了居室，窺視其門戶，寂靜沒有人聲，三年也不見有人出來，凶險。

注釋

①**豐**：卦名。「豐」有豐大、豐盈之義，用作動詞則為擴張、增大。

②**亨，王假之**：亨通，君王來到這裡。「假」通「格」，指至、到達；「之」是代詞，指這裡。「王假之」通常跟祭祀有關。

③勿憂，宜日中：不要擔憂，適宜在正午之時（祭祀）。「日中」指太陽升至中天的正午時刻。

④遇其配主，雖旬无咎，往有尚：遇到與其相配之主，雖需十天才可以達成但沒有咎害，前往會有嘉賞。「配主」是相配之主，賢臣所遇之明主。「旬」是時間單位，一旬為十天。[1]「尚」通「賞」，「有尚」就是有嘉賞。

⑤豐其蔀（ㄅㄨˋ），日中見斗，往得疑疾，有孚發若，吉：擴張那帷幕（遮蔽陽光），（以致於）在正中午能看見天上的北斗星，這時前往行事會得疑惑之疾，有卦兆顯示，即將轉為吉利。「蔀」指覆蓋於棚架上以遮蔽陽光的帷幕，用以比喻日蝕時不斷擴張的陰影。「斗」是北斗星。「有孚」指有卦兆顯示某種跡象，「發」是發出、顯現，「若」是語氣詞。

1. 《周易學說》引劉沅曰：「初應四，四，震主也。初九以明至初，應動之初，同德相配，故謂四為配主。旬，十日，數之盈也。旬无咎，爻喜其初豐。」

⑥**豐其沛，日中見昧（ㄇㄟˋ），折其右肱（ㄍㄨㄥ），无咎**：擴張那幡幔，（天空更加黑暗了，以致於）在正中午看見天上的小星星，折斷了他的右臂，沒有咎害。「沛」通「旆」，指幡幔，用以比喻日蝕時遮蔽太陽的陰影。「昧」指小星，白天能夠見到小星，應是日全蝕呈現的景象。「肱」是胳膊由肘到肩的部分，「右肱」常用來形容重要輔佐力量。

⑦**豐其蔀，日中見斗，遇其夷主，吉**：擴張那帷幕，正午看見北斗星，遇見同輩之主，吉利。「夷」指同輩，「夷主」是同輩之主，即同輩中的佼佼者。

⑧**來章，有慶譽，吉**：光明降臨，有歡慶讚譽，吉利。「來」是到來、降臨，「章」指光明。此爻為日蝕結束，光明重現的景象。

⑨**豐其屋，蔀其家，窺其戶，闃（ㄑㄩˋ）其无人，三歲不覿（ㄉㄧˊ），凶**：擴張那屋宇（建得很高大），卻用帷幕遮蔽了居室，窺視其門戶，寂靜沒有人聲，三年也不見有人出來，凶險。「豐其屋」形容房屋建築高大氣派。「蔀」是名詞用作動詞，用帷幕遮蔽。「闃」形容寂靜，「覿」指見面。

賞析與點評

白天見到北斗星——關於古代日食的紀錄

日食是一種奇異的自然現象，爻辭中有關於日偏食的記載，反映了古人對天文現象的認識。「日中見斗」的記載，在中國天文學史上具有史料的價值。[2]

豐卦中各爻辭，以日食為喻，在正中午的天空，黑暗到可以看到北斗星，至為黑暗時，甚至可以看到微茫的小星，這在尚未了解日食原因的古代來說，是多麼驚心動魄、令人惶恐的天象！然而，細看豐卦的卦辭、爻辭，有一「亨」三「吉」，有「勿憂」、「有尚（賞）」之辭，可見，《易經》的編纂者已經掌握了日食的規律，明白日食所形成的巨大黑暗只是暫時的，因此體現在卦爻辭中，既有警醒之義，又有積極鼓勵之辭。日食所呈現的光明與黑暗的交替如此，但在這交替中，人如果不能夠保持清醒地對自我善加把持，那就有可能會在黑暗中迷亂、迷失。

---

2. 唐明邦主編、評注，《周易》（武漢：長江文藝出版社，二〇一八），頁一三八。

《詩經》與《左傳》中的「豐」

關於豐卦有多種解釋，如以「豐其蔀」等為盛大光明被遮蔽，「日中見斗」等為日食現象。在《詩經》中有最早關於日食的詩句，並緊接著在後文中引用了豐卦之象，這首詩是《詩經．十月之交》：

彼月而食，則維其常；此日而食，于何不臧。爗爗震電，不寧不令。百川沸騰，山塚崒崩。高岸為谷，深谷為陵。哀今之人，胡憯莫懲？

「此日而食」明確是在寫日食，「爗爗震電」則是上卦為震、下卦為離，兩卦組合而成的豐卦之象，說明此詩是在引用豐卦的卦象、卦義來對應描述時局。《毛詩序》言〈十月之交〉是諷刺周幽王的詩。[3] 天文學家陳遵嬀（一九〇一—一九九一）在〈從十二月十四日日環食談起〉（《光明日報》一九九五年）一文中，認為這首詩是中國關於日食最早最可靠的記載。據此可以確定詩作於周幽王六年，即公元前七七六年。[4]

《左傳．宣公六年》有一個關於豐卦的筮例：「鄭公子曼滿，與王子伯廖語，欲為卿伯廖告人曰，無德而貪，其在《周易》豐之離，弗過之矣。間一歲，鄭人殺之。」這是王子伯廖暗引豐卦上六的爻辭，來論定鄭公子曼滿必然遭禍。「豐其屋，蔀其家」是描繪貴族住著高大房屋，搭著涼棚。「窺其戶，闃其無人，三歲不覿」是描寫屋主已去，門庭寂靜，三年不見其人，這是貴族遭禍而去的現象。伯廖認為曼滿必有這樣的結局，不過僅舉出這一爻，未提出爻辭而已。

---

3. （明）馬瑞辰，《毛詩傳箋通釋》（北京：中華書局，二〇〇八），頁六一一。
4. 程俊英，《詩經譯註》（上海：上海古籍出版社，二〇〇八），頁三一四。

旅卦第五十六

艮下　離上

旅①：小亨，旅貞吉②。

初六：旅瑣瑣，斯其所取災③。

六二：旅即次，懷其資，得童僕，貞（吉）④。

九三：旅焚其次，喪其童僕，貞厲⑤。

九四：旅于處，得其資斧，我心不快⑥。

六五：射雉，一矢亡，終以譽命⑦。

上九：鳥焚其巢，旅人先笑后號咷。喪牛于易，凶⑧。

導讀

旅卦與豐卦是一對覆卦，豐卦的卦象顛倒就是旅卦，卦義既相反，又相因。豐卦講在豐盈的前提下如何保豐而不衰；旅卦的卦義則是講羈旅行役，旅途漂泊不定，無所依託，與豐卦盛大豐盈的背景形成鮮明的對比。旅卦也可以看作是豐卦最上爻所示，家世衰落之後，「窺其戶，闃其無人」，其人已離家流亡於外的情景，所以豐與旅的卦義既相反又相因。從卦象看，旅卦艮下離上，艮為山，離為火，兩卦組合，是山上有火之象。山是靜止不動的，而火是迅速燃燒移動的，山如同旅舍，而火如同旅人，山上的火，不會漫無止境地燃燒下去，就像人漂泊在外，不會長久地停留在途中，最終還是要找到歸宿或回歸故鄉，所以此卦稱旅卦。旅卦主要闡述在不安定的旅途中如何求得安定，卦爻辭中充滿了旅人心情上的喜樂悲歡和起起落落。

譯文

旅：小有亨通，占問行旅吉祥。
初六：行旅之人疑心太重，這是他招致災禍的原因。
六二：旅人在途中入住旅館，懷藏著資財，獲得了童僕相隨，占問（吉利）。
九三：旅人居住的旅館被火燒了，失掉了童僕，占問有危險。
九四：旅人前往新的住所，得到了他的資財，（但他的感覺是）我心裡並不暢快。
六五：射中雉鳥，卻被雉鳥帶著那只箭飛走了，最終得到了善射的美名。
上九：如同鳥兒得到巢窩又被焚燒一樣，旅人先開懷歡笑後又號啕大哭。在田邊失去了牛，凶險。

注釋

①**旅：**卦名。「旅」有行旅、羈旅、旅居為客之義。

②**小亨，旅貞吉：**小有亨通，占問行旅吉祥。「旅貞」指對於行旅之事的占問。

③**旅瑣瑣，斯其所取災：**行旅之人疑心太重，這是他招致災禍的原因。「瑣瑣」指心胸狹窄、多疑，「斯」指這，「取」指是招致。

④**旅即次，懷其資，得童僕，貞（吉）：**旅人在途中入住旅館，懷藏著資財，獲得了童僕相隨，占問（吉利）。「即」是就、就居，「次」是客舍、旅館，「資」指旅人的盤纏資財，「童僕」指未成年的奴僕。「貞（吉）」是占問（吉利），據高亨考證此處「貞」字後脱「吉」字。[1]

⑤**旅焚其次，喪其童僕，貞厲：**旅人居住的旅館被火燒了，失掉了童僕，占問有危險。「次」指客舍，即旅館。

⑥**旅于處，得其資斧，我心不快：**旅人前往新的住所，得到了他的資財，（但他的感覺是）我心裡並不暢快。「于」是往，「處」是處所、住所。「資斧」指錢財，「斧」

---

1. 高亨，《周易古經通說》（北京：中華書局，一九五八），頁八六。

是古代斧形的金屬貨幣。「不快」指不愉快、不暢快。

⑦**射雉，一矢亡，終以譽命：**射中雉鳥，卻被雉鳥帶著那只箭飛走了，最終得到了善射的美名。「雉」是雉鳥（山野雞），「矢」是箭矢，「亡」指喪失、失去，「譽」是美譽，「命」即「名」，「譽命」指美名。

⑧**鳥焚其巢，旅人先笑后號咷。喪牛于易，凶：**如同鳥兒得到巢窩卻又被焚燒一樣，旅人先是開懷歡笑後又號啕大哭。在田邊失去了牛，凶險。「號咷」指號啕大哭。「喪牛于易」據學者考證，此爻辭所述乃殷商先祖王亥的故事，王亥曾在有易人居住的地區牧畜牛羊，後來被有易人殺害，牛羊被奪。

賞析與點評

殷代的商旅活動很發達

旅卦六二爻說：「旅即次，懷其資，得僮僕貞。」九四爻說：「旅于處，得其資斧。」巽卦上九爻卻說：「巽在林下，喪其齎斧。」資斧就是齎斧，可見旅人所懷的資除了一般的「貝」，還可以帶著「斧」，而「斧」後來就變成為「布」，旅人雖不一定就是商人，但「遠服賈」的商人，同時也必然是旅人。商朝的交通是很發達的，可以說「四海來假」，殷墟發掘其中有許多熱帶動物的骨骼，科學家認為是遠方運來的，卜用的龜也是外地來的，可見殷代的商賈們是活動是十分活躍的。[2]

人在旅途，如何自處

老子說：「重為輕根，靜為躁君。是以君子終日行不離輜重。雖有榮觀，燕處超然。」（二十六章）「重」是「輕」的根本，「靜」是「躁」的君主。「輕」如果失去了「重」作為根本，就會進退失據，飄浮不定；行動之所以能夠從容不迫，是因為有靜定的制約。明白了這個道理，在行動的旅途中切忌輕浮躁進，而應執道御時，以靜重為主。「輜重」是指古代有帷蓋的載重車，此處喻指行動中靜重的根本。「是以聖人終日行不離輜重」，所以聖人每天行走，寸步不離根本。「雖有榮觀，燕處超然」，嚴靈峰

2. 唐蘭，〈關於商代社會性質的討論（對於于省吾先生「從甲骨文看商代社會性質」一文的意見）〉，《歷史研究》一九五八年第一期（北京），頁一七～二七。

解釋：「言雖有繁華之宮觀，能退居靜處，超然物外；不以經心而為所動也。」[3]

就旅卦而言，在旅途中有時也會遇到順境和榮耀的事，比如六二爻「旅即次，懷其資，得童僕」，既有住處，懷藏著資財，還獲得了童僕相隨，這是順境；上九爻高居於高枝上的鳥巢中，象徵上九獲得了高位，堪為「榮觀」了，這時既需要「行不離輜重」，也需要「燕處超然」，可是上九沒有這麼做，他居於高位上放肆大笑，盡顯既輕且躁之態。老子說「輕則失根，躁則失君」。像上九這樣外來的旅人偶獲高位就如此輕浮而不知收斂，必然會惹來忌恨和禍端，結果「鳥焚其巢」，棲身之所被焚毀，「旅人先笑後號咷」，先前的放肆大笑變成了號啕大哭。

據王國維、顧頡剛考證，認為旅卦上九爻辭記錄的是商人先祖王亥在有易放牧，被有易部落首領殺害的故事。《竹書紀年》載：「殷王子亥，賓于有易而淫焉，有易之君緜臣殺而放之。」王亥在有易獲得很高的待遇，卻因為品行不端被殺害，「鳥焚其巢，旅人先笑後號咷。喪牛于易，凶」正是這一事件的記錄。

孔子筮得旅卦而泣

《易緯．乾鑿度》[4]記載孔子：

生不知《易》本，偶筮其命，得旅，請益於商瞿氏。[5]曰：「子有聖知而無位。」孔子泣而曰：「鳳鳥不來，河無圖至，嗚呼！天之命也。」

這段是說，孔子剛開始時並不知《易》，偶然用《易》占其命，得旅卦，請教商瞿。商瞿說：「先生您有聖人的智慧，卻沒有聖知的權位。」孔子哭著說：「鳳凰不向這裡飛來，黃河沒有龍圖出現，這是天命啊！」[6]鳳凰是瑞鳥，盛世才會飛來，黃河有龍圖出現，是有道之世的瑞兆，如今鳳鳥不來，河不出圖，只能慨歎生不逢時，遭遇一個離亂憂患的時代，註定一生將在羈旅顛沛之中。

孔子筮得旅卦，如旅卦所示，漂泊一生。他帶著弟子四處奔波，想要在亂世找到可

3. 嚴靈峰，《老子達解》（臺北：華正書局，一九六九），頁一三三。

4. 〈乾鑿度〉是《易緯》中最重要的一篇。《四庫全書總目提要》評曰：「說者稱其書出於先秦，自《後漢書》、南北朝諸史及唐人撰《五經正義》，李鼎祚作《周易集解》，徵引最多，皆於《易》旨有所發明。較他緯獨為醇正。」

5. 商瞿：孔子弟子，孔子易學的第一代傳人。《史記．仲尼弟子列傳》云：「商瞿，魯人，字子木，少孔子二九歲。孔子傳《易》於瞿，瞿傳楚人馯臂子弘。」

6. 尚秉和、劉光本，《周易古筮考通解》（太原：山西古籍出版社，一九九四），頁三二一。

以推行仁政理念的國家，但羈旅途中遭受太多冷眼、嘲諷、威脅和圍困，他在當世不但沒有實現理想，還付出自己的一生在顛沛流離的旅途中。旅卦的六五爻用短短的九個字「射雉，一矢亡，終以譽命」就說明了有關於人生的意義。孔子漂泊一生，不斷地修身求道，致力於經世致用，雖終其一生沒有在當世達成志向，但為後世的文化傳承和發展做出了無可替代的貢獻，為後世所景仰，這就叫作「終以譽命」。

巽卦第五十七

巽下　巽上

巽①：小亨，利攸往，利見大人②。

初六：進退，利武人之貞③。

九二：巽在牀下，用史巫紛若，吉，无咎④。

九三：頻巽，吝⑤。

六四：悔亡，田獲三品⑥。

九五：貞吉，悔亡，无不利。无初有終，先庚三日，后庚三日，吉⑦。

上九：巽在牀下，喪其資斧，貞凶⑧。

導讀

巽卦是講遜順之卦。巽卦是八純卦之一，上下卦皆為巽卦。巽為風，兩巽相連，有柔順之風一陣陣吹拂之象，風低伏，柔和，無所不至。巽卦卦辭「小亨，利有攸往」，是說占得此卦，有小亨通，利於前往做事。巽卦主張做事的態度應是遜順的。六個爻分別顯示了在不同的地位和職業中，宜於進退的原則和遜順的程度。

譯文

巽：小有亨通，利於有所前往，利於見到大人。

初六：有進有退，利於勇武之人占問（可起到提醒勸誡作用）。

九二：卑伏於床下，利於史巫謙卑恭敬、綿密不斷地進行念誦祈禱，吉利，沒有咎害。

九三：憂懼地卑伏，有憾惜。

六四：悔恨消亡，田獵獲取的獵物分為三類。
九五：占問吉利，悔恨消亡，沒有不利的事。開始不太順利但最後結果不錯，庚日前第三天的丁日，庚日後第三天的癸日，是吉日。
上九：卑伏於床下，喪失了資財，占問有凶險。

注釋

①**巽（ㄒㄩㄣˋ）：**卦名。《雜卦》：「巽，伏也」，此即「巽」本義。「巽」通「遜」，有遜順、謙退、卑伏之義。帛書本作「筭（ㄙㄨㄢˋ）」，古同「算」，是筮卦占算用的籌策（算卦工具），引申為籌畫、計算。巽卦上下皆為巽卦，是八純卦之一。

②**小亨，利攸往，利見大人：**小有亨通，利於有所前往，利於見到大人。「攸」指所。此卦辭義為可以在小事情上（或者小程度上）亨通順利，因此可以前往行事，宜於去尋求有能量之人的幫助。

③**進退，利武人之貞：**有進有退，利於勇武之人占問（可起到提醒勸誡作用）。「進

退」指進退決擇，或進攻，或退守。「武人」指勇武之人，比如軍人、武士及有勇武之力的人。

④巽在牀下，用史巫紛若，吉，无咎：卑伏於床下，利於史巫謙卑恭敬、綿密不斷地進行念誦祈禱，吉利，沒有咎害。「巽在床下」是說巽順地伏到床下去了，喻指極為謙卑恭順。「用」是利於；「史巫」是古代掌管占筮的神職人員，類於如今的祭司、教士、僧侶、主卜筮吉凶的筮人等神職人員；「紛若」是形容神職人員綿密不斷地念誦祈禱的樣子。

⑤頻巽，吝：憂懼地卑伏，有憾惜。「頻」通「顰」，指皺著眉頭的樣子，形容心懷憂懼。

⑥悔亡，田獲三品：悔恨消亡，田獵獲取的獵物分為三類。「田」指田獵、打獵，「品」指品類、種類；「田獲三品」指獲取的獵物分為三類，分別用於三種用途，用於祭祀、

招待賓客和君王享用。[1]

⑦**无初有終，先庚三日，后庚三日，吉：**開始不太順利但最後結果不錯，庚日前第三天的丁日，庚日後第三天的癸日，是吉日。「先庚」指先於庚日，即在庚日之前。古人用以紀日的「十天干」為：甲、乙、丙、丁、戊、己、庚、辛、壬、癸。庚前三日為丁日，「后庚」則是指庚後三日為癸日。爻辭指出這兩日為吉日。

⑧**巽在牀下，喪其資斧，貞凶：**卑伏於床下，喪失了資財，占問有凶險。「資斧」指資財，「斧」是古代斧形的金屬貨幣。

賞析與點評

守柔易乎？

巽卦由上下兩個巽體組成，巽下巽上，巽先巽後，都是巽，是柔之又柔，所以對應於《老子》之柔，頗能申發其深意。

其實，人想真正做到柔，並且能把柔做得恰到好處，非常不容易。老子說「守柔曰強」（五十二章），認為能夠守柔才是真正的「強」，指明「天下之至柔，馳騁天下之至堅」（四十三章）。

老子強調：「人之生也柔弱，其死也堅強；草木之生也柔脆，其死也枯槁。故堅強者死之徒，柔弱者生之徒。是以兵強則不勝，木強則折。強大處下，柔弱處上。」（七十六章）所以，人要時刻保持柔的狀態，不應動輒自恃剛強，惟有柔和才可以保持生機、把握先機、有足夠的空間和餘量來調和陰陽，以使氣韻從容、持久不壞。老子認為，大道尚柔，人如果善於運用柔的道理，無論對於人的身心健康，還是對於為人處事的和氣順達，以及對於和於天下的社會治理，都大有裨益。所以，在《老子》中有很多關於守柔的建議，守柔以達到虛靜無為、柔弱不爭。

但是老子卻又感歎說：「吾言甚易知，甚易行。天下莫能知，莫能行。」（七十章）那是因為人在平常無事的時候，心平氣和，很柔和的樣子，但一旦遇到事情，被激發、

1. 李鼎祚在《周易集解》中指出夏、秋、冬三季田獵皆有專名，並加案語曰：「案《穀梁傳》曰：夏曰苗，秋曰蒐，冬曰狩。田獲三品：一為乾豆，二為賓客，三為充君之庖。」李氏認為「一為乾豆」，供祭祀之用；「二為賓客」，供賓客宴飲享用；「三為充君之庖」，充實君王的庖廚供君王享用。

被觸動，就一下子激變而為剛，甚至於剛亢而怒發，柔一變而為剛，只是瞬間的事。在這樣的時候，才能看出一個人的修養。這時候的剛，不是真正的陽剛，而是老子所說的「心使氣日強。物壯則老，謂之不道。不道早已」（五十五章），被激而起的剛，是衝動、是情緒、是逞強，人被這種激怒帶入非理性狀態之中，自我都很難控制。所以，巽卦上下卦都是巽，象徵始終巽順，不被觸發而激變為剛，這才是要努力修養處。具備這樣的修養之後，辦大事、擔大任，都有了大的涵養，做事就能夠沉穩安泰而少犯錯誤了。

剛柔辯證

巽卦的卦義圍繞卑伏、遜順而設，卦辭言「小有亨通，利於有所前往，利於見到大人」，遜順之道可以亨通。從效果上來看，僅為小亨通。柔之勝剛，不是以激烈的方式，而是以柔順緩和的方式獲得。在具體到六爻時，暗含了遜順地「有所前往」過程中的權變之理，提示了在不同情況下柔與剛的辯證關係。卦中兩陰爻：初六爻位卑柔弱，進退疑懼；六四爻不善於把握守柔的底線，而致使有悔，因而勉勵兩個陰爻要柔而能剛，初六爻「利武人之貞」而能夠志治，六四爻「田獲三品」而悔恨消除。卦中四個陽爻：九三爻與上九爻，一個過剛而生「吝」，一個過柔而有「凶」，可見巽順要把握剛柔適度，以中道平衡為佳，過與不及都有問題；易道貴中，巽道尤其貴中。九二爻與九五爻居上下兩體的中位，九二爻在下卦中爻，竭盡赤誠，申命行道，吉而无咎；九五爻在政令要變更之前有所準備，在變更之後觀察實效，通權達變，貞吉無不利。

《易經》的卦爻結構幾乎皆以兩兩相偶的模式組成，兩儀、四象、八卦、六十四卦都是成對出現，無不體現著陰與陽、剛與柔對舉的思維範式。老子受到《易經》的啟迪與影響，書中的概念範疇也是成對出現，體現了與《易經》同樣的思維模式：「有無相生，難易相成，長短相形，高下相盈，音聲相和，前後相隨」（二章）、「萬物負陰而抱陽，沖氣以為和」（四十二章）、「將欲歙之，必固張之；將欲弱之，必固強之；將欲廢之，必固舉之；將欲取之，必固興之。是謂微明。柔弱勝剛強。」（三十六章）從這樣陰陽對舉、剛柔並論的思維模式中，不難看出，老子所強調的柔，其內在必有剛，只不過是「知其雄，守其雌，……知其榮，守其辱」（二十八章），可見老子深諳易道而知幾用柔，順應天道，「道常無為而無不為」（三十七章），得天道之助，柔而不爭，勢當水到渠成，又何必自逞剛強。

兌卦第五十八

兌下　兌上

兌①：亨，利貞。

初九：和兌，吉②。

九二：孚兌，吉，悔亡③。

六三：來兌，凶④。

九四：商兌，未寧，介疾有喜⑤。

九五：孚于剝，有厲⑥。

上六：引兌⑦。

導讀

兑卦與巽卦是一對覆卦，巽卦的卦象顛倒就是兑卦。兑卦是八純卦之一，由上下兩個兑卦組成。「兑」是「悅、說、脫」等字還沒有添加偏旁的本字，古代字少，一字多用，後代為分別起見才加上偏旁而成為形聲字。[1]本卦中，上卦和下卦都是兑卦，象徵彼此喜悅、悅而又悅。兑卦的卦象為澤，兩個兑卦相連，象徵兩泓澤水彼此潤澤、互為增益。兑卦的卦辭顯示亨通，利於占問，簡單順暢。六個爻分別顯示了如何獲得喜悅的情況，因獲取的方式不同，而有吉有凶。

1. 李鏡池，《周易探源》（北京：中華書局，一九七八），頁二一九。

譯文

兌：亨通，利於占問。
初九：和平喜悅，吉利。
九二：有卦兆顯示會有喜悅，吉利，悔恨消亡。
六三：曲意逢迎前來取悅，凶險。
九四：商談使雙方都喜悅的方案，沒有商量妥當，但是小的疾患解決了。
九五：卦兆顯示將被侵剝，有危險。
上六：引導喜悅。

注釋

①**兌：**卦名。卦象象徵水澤，兩個兑卦象徵兩個水澤相連，彼此滋潤。「兑」有喜悅、言說、兑現義，其中以「悅」為主。兑卦上下皆為兑卦，是八純卦之一。

②**和兌，吉：**和平喜悅，吉利。「和」指和平、和諧。

③**孚兌，吉，悔亡：**有卦兆顯示會有喜悅，吉利，悔恨消亡。「孚」指卦兆顯示。

④**來兌，凶：**曲意逢迎前來取悅，凶險。

⑤**商兌，未寧，介疾有喜：**商談使雙方都喜悅的方案，沒有商量妥當，但是小的疾患解決了。「商」是商量、商談。「未寧」指未妥、還沒有定下來。「介」是微小的，「有喜」指痊癒，這裡指解決了。

⑥**孚于剝，有厲：**卦兆顯示將被侵剝，有危險。

⑦**引兌：**引導喜悅。《說文》：「引，張弓也。」「引」的初義是射箭時拉開弓，逐漸把弓拉滿的過程，而把箭射出去則稱為「發」，如果弓已拉滿，箭在弦上，但不射出去，叫作「引而不發」。所以「引兌」有牽引、引導使人逐漸喜悅充盈的意思。

賞析與點評

兩個邦國和平共悅之道

兌卦的六爻爻辭，似乎都是在說邦國與邦國之間如何相處以達到和平共悅的問題。初九爻顯示「和兑」，和平喜悦，彼此平和自然，相處愉快，這是邦國之間最希望保持的狀態，吉利。九二爻「孚兑，吉。悔亡」，意思是有卦兆顯示會有喜悦，吉利，悔恨消亡。說明當下小有芥蒂，於是進行了占問，得到的兆示是喜悦，此乃吉兆，問卜者心中的悔恨消除，不那麼擔心了。六三爻「來兑」，對方曲意逢迎地前來取悦，這種不是出於真誠的取悦，恐怕暗含惡意，所以要清醒辨別，否則將有被欺騙的凶險。九四爻「商兑，未寧」，兩國商談使雙方都喜悦滿意的方案，哪有那麼容易，一直沒有商量妥當，但是通過這樣的磋商和談判，解決了一些小問題。九五爻「孚于剝」，進行占問，卦兆顯示將被侵剝，有危險。可見，磋商談判沒有成功，兩國關係出現危機。上六爻「引兑」，於是想辦法補救以修復兩國關係，引導雙方走向和平共悦的局面。兑卦簡潔明瞭的六爻，可謂對兩國關係謀求和悦相處的努力過程曲盡其妙。當然，作為卜辭的兑卦卦爻辭，也可以象徵其他領域尋求和悦之事，同樣具體啟迪和指導的作用。

老子對於邦國間如何才能達成和平共悅的關係，有著深刻地理解，他認為和平相處的關係主要有賴於大國的態度，他說：「大邦者下流，天下之交，天下之牝。牝常以靜勝牡，以靜為下。故大邦以下小邦，則取小邦；小邦以下大邦，則取大邦。故或下以取，或下而取。大邦不過欲兼畜人，小邦不過欲入事人。夫兩者各得其所欲，大者宜為下。」（六十一章）大國要像居於江河下流的大海般，海納百川，處於天下雌柔之位。雌柔常以靜定長久勝過短暫的雄強，就是因為能夠靜定處下的緣故。所以，大國對小謙下，可以會聚小國；小國對大國謙下，可以見容於大國。謙下的態度是使雙方和平共悅的前提，雙方都以謙下相待，就能夠實現大國和小國和平相處的願望，大國尤其應該謙下。

老子強調大國要謙下包容，不要自恃強大而凌越弱小。除「謙下」之外，老子還說到雌靜，雌靜是針對躁動提出的，躁動是因貪欲所驅使，容易產生侵略行為，而戰爭不但不會帶來和平，還會造成巨大的損失和傷痛，這在《老子》其他章節中多有論述。所以，大國要雌柔靜定，才有天下和平共悅的長治久安。

渙卦第五十九

坎下　巽上

渙①：亨，王假有廟，利涉大川，利貞②。

初六：用拯馬壯，吉③。

九二：渙奔其机，悔亡④。

六三：渙其躬，无悔⑤。

六四：渙其群，元吉。渙有丘，匪夷所思⑥。

九五：渙汗其大號，渙王居，无咎⑦。

上九：渙其血去，逖出，无咎⑧。

導讀

渙卦是有關發洪水的卦。黃河之水孕育了黃河流域的中華先民，是滋養農耕文明的生命之源，同時伴隨著文明發展的是洪水考驗。在中國很早的古代傳説中，就有大禹治水的故事流傳至今，留下了上古發生大洪水的記憶。渙卦由巽卦和坎卦組成，坎為水，巽為風，風吹行在水面上，水波向外擴散開去，稱作「渙」，象徵洪水氾濫四散。卦辭「亨，王假有廟」，「亨」寓意洪水之災終會結束而達至亨通。「王假有廟」是指古代每遭遇洪水，古人認為是天神降災，君王就會到宗廟中進行祭祀，向神明祈禱，禳除災禍。六爻的爻辭分別描述了從開始發洪水到洪水退去，記述了整個過程的六個不同場景，可謂驚心動魄。此為古人經歷洪水的現實紀錄，也是古人防治洪水的經驗總結。

譯文

渙：亨通，君王至宗廟（祭祀神明，祈福禳災），利於涉越大川，占問有利。
初六：有人乘著健壯的馬前來營救，吉利。
九二：洪水沖向臺階，憂悔消亡。
六三：洪水沖及自身，不後悔。
六四：洪水沖向人群，大為吉利（因為人群在丘陵之上，值得慶倖），洪水沖向那丘陵，水勢之大非平常所能想像。
九五：洪水浩瀚奔騰咆哮，洪水沖向王宮，沒有咎害。
上九：洪水的憂患過去了，治患救災的警報解除，沒有災咎了。

注釋

①**渙**：卦名。「渙」指水流盛大，四處流散，氾濫成災。

②**亨，王假有廟，利涉大川，利貞：**亨通，君王來至廟中（祭祀神明，祈求禳除災禍），利於涉越大川，占問有利。「假」通「格」，指至。

③**用拯馬壯，吉：**有人乘著健壯的馬前來營救（被困在水中的人），吉利。「用拯馬壯」即「用壯馬拯」，指用健壯的馬前來營救，比喻救援措施及時得力。

④**渙奔其机，悔亡：**洪水沖向臺階，憂悔消亡。「机」在帛書本作「階」，指臺階。

⑤**渙其躬，无悔：**洪水沖及自身，不後悔。「躬」是自身。

⑥**渙其群，元吉，渙有丘，匪夷所思：**洪水沖向人群，大為吉利（因為人群在丘陵之上，值得慶倖），洪水沖向那丘陵，水勢之大非平常所能想像。「丘」指高高的丘陵，「匪」同「非」，「夷」指平常。

⑦**渙汗其大號，渙王居，无咎：**洪水浩瀚奔騰咆哮，洪水沖向王宮，沒有咎害。「汗」指大，形容水勢浩大；「渙汗」猶浩瀚。「大號」指奔騰咆哮、聲勢浩大。「王居」指王的居所，即王宮。此爻形容洪水已威脅到王的居所，王宮處於高地，得以无咎。

⑧**渙其血去，逖出，无咎：**洪水的憂患過去了，治患救災的警報排除，沒有災咎了。「血」同「恤」，指憂患，「去」是離去。「逖」同「惕」，指惕懼、戒惕，這裡指警惕

災情的警報，「出」是排除、解除。

賞析與點評

渙卦不見一個「凶」字

渙卦描述了上古時代特大洪水氾濫的情景。類似的洪水「集體回憶」充滿在世界各地古老民族的口頭傳說和文字記載中，距今約四千年以前，即地質學上的「新冰期」（距今約一萬年前開始的維爾姆冰期〔Würm glaciation〕）之後，由於冰雪消融，世界上許多地區都經受了洪水之災，猶太、印度、希臘等古代神話中都有關於洪水的記載。黃河流域的華夏初民，也經歷了至少有百年之久的水患。[1]

大約西元前二十三世紀的顓頊時代就有共工因治水失敗而被誅殺的傳說，共工不知因地勢而導水，只是築堤防水，以至於為害天下。到了西元前二十二世紀的堯舜時代，水災依然時常發生，人民被迫逃到被洪水包圍的丘陵和山岡上避難，山下洪水滔滔，五穀不登；山上草木叢生，禽獸襲人，堯的統治面臨著如何治水防獸的大事。初時，在四嶽的推薦下，堯派鯀去負責治水，但鯀不了解水向下流的本性，採取了共工那種修壩堵水的方法，忙了九年以失敗告終。舜當權時，任命鯀的兒子禹負責治水，並派契（商族祖先）、后稷（周族祖先）、皋陶（東夷首領）協助禹，禹總結了其父治水失敗的教訓，變堵為導，利用水往下流的本性，以疏通河道排導秋水為主，以修壩防水為輔，居處十三年，實地測量山川地勢，因地制宜，治水成功。[2]劉彬認為渙卦是有關洪水之卦：「謂占渙卦發洪水之象，可明禹稱揚上帝之命治水，救助民眾之義。」[3]

渙卦是以洪水為象來講天地之間有渙散之事。從《易》而言，凡世間象，有其弊，亦有其利，利與弊要辯證地看待。渙卦與別卦不同之處在於前者把災劫看成是一種機遇，並堅信通過洪水的蕩滌洗禮，經受苦難的砥礪與磨煉，人們在付出巨大的代價、總結經驗教訓之後，一定能創造出更美好的將來。所以全體卦爻辭都是利、吉、元吉、无咎，完全不見一個「凶」字。[4]

---

1. 顧伯平等主編，《中國哲學全書》（上海：上海人民出版社，一九九四），頁三。
2. 同上註。
3. 劉彬、劉永昆，〈《周易》古經渙卦當為發洪水之義〉，《孔子研究》二〇一八年第五期（濟南），頁七七～八五。
4. 周錫䪖，《周易導讀及譯註》（香港：中華書局，二〇一七），頁三九四～三九五。

節卦第六十

䷻

兌下　坎上

節[1]：亨。苦節，不可貞[2]。

初九：不出戶庭，无咎[3]。

九二：不出門庭，凶[4]。

六三：不節若，則嗟若，无咎[5]。

六四：安節[6]，亨。

九五：甘節，吉。往有尚[7]。

上六：苦節，貞凶，悔亡[8]。

導讀

節卦與渙卦是一對覆卦，渙卦的卦象顛倒就是節卦，卦義也相反，渙卦是渙散、流散，而節卦是節制、節儉。節卦下卦為兑，為澤，上卦為坎，為水，上下卦組合，是澤中有水之象。水被澤堤圍起來進行約束和節止，從而使水不再四處漶漫，所以此卦有節止、節制、調節之象。卦辭表示，有效地進行節制和調節是可以亨通的，若以節制為苦，或者節制別人使之太過困苦，則想要做的事就不用占問了，因為苦節不可能長久，事情也就難以堅持做下去。六個爻分別闡述了要根據具體情況來調節「出」和「不出」的行為；如果不懂得善加節制就一定會有歎息後悔的一天，以及「節」的不同態度、程度和後果，包括安節、甘節和苦節。

譯文

節：亨通。若以節制為苦，則占問之事不可行。
初九：居於屋中不出去，沒有咎害。
九二：不出家門，凶險。
六三：如果不善加節制，就會帶來憂傷悲歎，沒有咎害。
六四：安於節制，亨通。
九五：樂於節制自身，吉利，前往行事會有嘉賞。
上六：苦於節制，占問有凶險，但最終憂悔會消除。

注釋

①**節**：卦名。「節」有節制、限制、約束之義。爻辭中諸「節」字有三種意涵：其一指主體的自我節制，其二指主體對客體（他人或民眾）的節制，其三兼具以上兩者，

既節制自我也節制民眾。

②**苦節，不可貞：**若以自我節制為苦（或對民眾過分節制致使民眾受困苦），則占問之事不可行。「苦」的本義為苦菜，與「甘」相對，指困苦、痛苦、勞苦等。此卦義可從兩個方面解釋：一、從修身來說，艱難困苦，玉汝於成，適當甚至較為艱苦的自律和節制是必要的磨礪，人不應以節儉和節制為苦，否則就做不成事業。「不可貞」指占問之事不可行。二、從為政者治理民眾來說，如果不加約束和節制，社會就會混亂無序，但如果政令太過苛刻，成為刻薄寡恩、苛政苦民，就會物極必反，其政令必不能行之長久，因而占問之事不可行。本書從修身的角度，取前者。

③**不出戶庭，无咎：**居於屋中不出去，沒有咎害。「戶庭」是內宅。初爻所示，居家不出門就會免於咎害。

④**不出門庭，凶：**不出家門，凶險。「門庭」是庭院大門。二爻所示，如果不出門就會有凶險，出門避難為好。

⑤**不節若，則嗟若，无咎：**如果不善加節制，就會帶來憂傷悲歎，沒有咎害。「嗟」指憂傷悲歎，「若」是語氣詞。「不節若，則嗟若」可作兩解：一、如果自身不知節制，

將來就會有悲劇的結局，想通了這個道理沒有咎害。二、看到有不節制的行為現象（包括自身在內），就會歎息，以思改正，則沒有咎害。

⑥**安節：**安於節制。

⑦**甘節，吉，往有尚：**樂於節制自身，吉利，前往行事會有嘉賞。「甘」指甘願，「甘節」是甘於節制，即樂於節制自身。「尚」指賞。

⑧**苦節，貞凶，悔亡：**苦於節制，占問有凶險，但最終憂悔會消除。「苦節」可參看本卦注釋②。

賞析與點評

以節制為美德

節卦六四爻：「安節，亨」；九五爻：「甘節，吉，往有尚」。認為安於節制、甘於節制，以自我節制為美德是吉利亨通的。老子把「儉」視為人生處世的三大法寶之一，曰：「我有三寶，持而保之：一曰慈，二曰儉，三曰不敢為天下先。慈故能勇；儉故能廣；不敢為天下先，故能成器長。」（六十七章）「慈」是慈愛之心加上同理心，能夠與他們感同身受，是人類友好相處的基本動力；「儉」意指含藏培蓄，不奢靡；「不敢為天下先」即是謙讓、不爭。從廣義上來說，「三寶」都是「節」，「慈」是對自我中心精神情感的「節」，而把精神情感轉向愛他、利他，是節己而慈愛於人；「儉」是對物質、感官欲望的「節」；「不敢為天下先」是對權力、意志欲望的「節」。老子的「三寶」是深得「安節」、「甘節」之至味。

「節」有何好處？《老子》五十九章：「治人事天，莫若嗇。……是謂深根固柢、長生久視之道。」此章之「嗇」與「三寶」之「儉」的意思頗為接近，但也有所不同，「嗇」這個概念並非是指財物上的吝嗇，而是強調精神層面的愛惜保養。河上公注將「嗇」解釋為「蓄養精氣」，說「治國者當愛惜民財」、「治身者當愛惜精氣」，即培蓄能量，守精固氣，避免耗散精神，不斷充實生命力，這就是「深根固柢、長生久視之道」。

老子宣導的「儉」與「嗇」，用在治國上是同樣的道理，愛惜民財、不輕用民力、不耗散民心，是使國運生命力長久、長治久安之道。

中孚卦第六十一

兌下　巽上

中孚①：豚魚吉，利涉大川，利貞②。

初九：虞吉，有它不燕③。

九二：鳴鶴在陰，其子和之。我有好爵，吾與爾靡之④。

六三：得敵，或鼓或罷，或泣或歌⑤。

六四：月几望，馬匹亡，无咎⑥。

九五：有孚攣如，无咎⑦。

上九：翰音登于天，貞凶⑧。

導讀

中孚卦由兌卦和巽卦組成，兌為澤，巽為風，兩卦的卦象合到一起，是風吹拂於澤水之上。澤水與坎水不同，坎水多指河水，被風吹動呈現出水波渙散之象，澤水則為水草積聚的低窪之地，微風吹拂，水澤中之生物皆有所感，內中有所信驗，生機萌動，因此稱為中孚。本卦卦爻辭皆與「內心與外界的交感信驗」有關。

譯文

中孚：祭祀江豚（水神）吉利，利於涉越大川，占問吉利。

初九：安寧吉利，若有變故，則不得安寧了。

九二：鶴在樹蔭下鳴叫，他的小鶴循聲而和地回應他。我有好酒，我與你歡暢共飲。

六三：戰勝了敵人，有的擊鼓慶祝，有的擊鼙助興，有的激動哭泣，有的放聲高歌。

六四：月亮將圓，馬兒跑了，沒有咎害。
九五：有卦兆顯示攜手並肩前行，沒有咎害。
上九：公雞振翅飛上天，占問有凶險。

注釋

①**中孚**：卦名。「中」指內在、內心，「孚」指徵驗、徵兆、信驗；「中孚」就是內心有所信驗。

②**豚魚吉，利涉大川，利貞**：祭祀江豚（水神）吉利，利於涉越大川，占問吉利。「豚魚」就是江豚。（吳澄《易纂言》）江豚也叫「海豬」，古人沒把牠當魚，反而認為是獸類，古代曾用海豬的活動情況預報海上的天氣變化，並將其奉為水神，舟行或從事漁業者行前祭之，以求順當平安。[1] 所以卦辭接著說「利涉大川」，卦象與卦辭相合。

③**虞吉，有它不燕**：安寧吉利，若有變故，則不得安寧了。「虞」在《廣雅・釋詁》訓為「安也」，「它」是意外變故，「燕」古同「宴」，指安閒、安樂。

④**鳴鶴在陰，其子和之。我有好爵，吾與爾靡之：**鶴在樹蔭下鳴叫，牠的小鶴循聲而和地回應牠。我有好酒，我與你歡暢共飲。「陰」同「蔭」，「其子」是牠的子，指小鶴，「和之」指與之相應和。「爵」指飲酒的酒器，此處代指酒。「靡」的本義為「無」，亦指分散、消失，此處指分享美酒，共同把它喝掉。

⑤**得敵，或鼓或罷（ㄆㄧˊ），或泣或歌：**戰勝了敵人，有的擊鼓慶祝，有的擊鼙助興，有的激動哭泣，有的放聲高歌。「得敵」指戰勝了敵人。「罷」讀為鼙，是一種小鼓，鼓和鼙都是古代軍隊中常用的樂器。

⑥**月几望，馬匹亡，无咎：**月亮即將滿圓，馬兒跑了，沒有咎害。「几」指將近，「亡」

---

1. 海豬，又名江豬、江豚、海和尚、砂滑。中國古代曾用海豬的活動情況預報海上天氣的變化，宋代孔武仲的〈江豚〉詩中，有生動地記述：「大川夷平，縞素不起。兩兩出沒，矜其頰嘴；若俯若仰，若躍若跪。舟人相語，驚瀾將作。亟人灣浦，踣檣布笮。俄傾風至，簸山搖嶽。浪如東輪，氛霧相薄；舟人燕安，如在城郭。先事而告，昭在爾功。」這段詩文把海豬繪色繪聲，寫得活靈活現，當人們看到海豬出沒在波濤間時，就收帆回港，躲過一場暴風雨的危難。難怪詩人要歌頌海豬，而且還要給牠記功。日本廣島沿海的漁民，把海豬視為天然紀念物，原因也在此。何軍、黃治，〈豬年話海豬〉，《中國航海》一九九五年第一期（上海），頁四二一。

是丟失。此爻的畫面是在將近陰曆十五的夜晚，月光明亮，馬兒在月色下跑出去了。不必去追尋，過幾天馬兒會回來。所以說，沒有咎害。

⑦**有孚攣如，无咎：**有卦兆顯示攜手並肩前行，沒有咎害。「攣」指互相牽繫，喻指攜手前行。

⑧**翰音登于天，貞凶：**公雞振翅飛上天，占問有凶險。「翰音」指公雞，《禮記・曲禮下》：「羊曰柔毛，雞曰翰音。」

賞析與點評

詩意爻辭

中孚卦的九二爻說：「鳴鶴在陰，其子和之；我有好爵，吾與爾靡之。」表達融融親情，其詩韻優美，有如《詩經》作品。同樣如詩句的爻辭，在《周易》古經中很多，表達豐富的感情和生活韻味，比如：屯卦爻辭「屯如邅如，乘馬班如」描寫前往娶親的路上受阻，騎著馬著急又徘徊的樣子；離卦爻辭「日昃之離，不鼓缶而歌」飽含對生命易逝的感喟；漸卦爻辭「鴻漸于陸，夫征不復，婦孕不育」，道盡征夫不返、獨守空閨的悲傷。這些詩句爻辭也是協韻的，作為古音的韻腳，與《詩經》類似。[2]由此足見編纂者的水準和匠心。

《周易》的經卦，最初是在詩萌生的時代氛圍中創制的，帶有原始文化的意象性、模糊性、混融性，具有神祕意味的原始詩意質。由八卦衍生而來的卦爻辭是殷、周之際的產物，當時距離原始社會未久，加之巫術傳統的作用，因此卦爻辭仍然保持並發揚了神祕的象徵性的詩化傳統。[3]

月圓之夜，馬兒跑出去了

六四爻：「月幾望，馬匹亡。」，是說在月亮即將滿圓之夜，馬兒掙脫拘束跑出去了。為什麼馬兒會在月圓之夜逃亡？月亮與馬兒的行為有什麼關係？

其實，月亮的陰晴圓缺，對地球有著很大的影響，最明顯的就是人們所看到的潮汐

2. 陳詠明，〈《易經》與占筮〉，朱伯崑主編，《周易知識通覽》（濟南：齊魯書社，一九九三），頁一一。
3. 袁行霈總顧問、張慶利主編，《中國文學史話．先秦卷》（長春：吉林人民出版社，一九九八），頁七〇。

現象，潮汐就是地球上的江河湖海受到太陽和月球的潮汐力作用引起的漲落現象，月亮也會對地球上的人類以及動物的生物鐘產生影響。據有關調查所示，馬是受月亮圓缺影響非常大的動物，隨著滿月的臨近，馬的情緒狀態會受到月亮的影響而波動。在古代，馬匹在即將滿月的夜晚跑出去是古人經常看到的現象，就像是馬兒受到某種神明的召喚一樣，月圓之後幾天，馬兒還會自己回來。因而，古人將這個現象作為卜辭記錄下來，一方面以現實生活中的現象表達失而復得之意，另一方面暗含著月亮與馬兒之間的感通呼應。

信驗——內與外的感通呼應、信實交融

《周易》卦爻辭中的「孚」絕大多數都是符合、應驗的意思，是動詞，跟甲骨文中的「孚」同義，「有孚」則是有符合、有應驗的意思。[4]「中孚」依此意則應為內有所虔信而外有所應驗，內與外感通呼應、信實交融的關係。《莊子．德充符》中所說的「德充符」，就類似於「中孚」。這裡所說的「德」，不是指日常的社會規範、世俗道德，而是指一種與宇宙萬物渾然一體的精神內涵，這樣的精神涵養充實於內，可使生命復歸於本原的自然狀態，會在形體之外得到外物的應合與驗證。

中孚卦的卦辭，祭祀水神是以內心的虔信感通於水神，得到水神的應合，占問吉利，利涉大川。初九爻是說人如果內心安寧，則外在的行事相應就會吉利，如果這種內心安寧出現變化，則內與外信實交融的狀態就會被打破。九二爻鶴在樹蔭下鳴叫，小鶴循聲也發出鳴叫回應牠，這是非常寧靜美好的場景，是內外雙方的感通呼應，就如同朋友之間以好酒共飲一樣，感情心意彼此交融，和樂且湛。六三爻表現的是戰爭勝利時的場景，戰士們內心的狂喜溢於言表，有的擊鼓慶祝，有的擊鼙助興，有的激動哭泣，有的放聲高歌，他們內心的情感酣暢充分地呈現在外在行為中，達到信實交融、渾然忘我的狀態。六四爻是月圓之夜，馬兒掙脫束縛跑出去了，就像是受到了月亮的召喚。九五爻是卦兆與人的行為間信實交融的關係。上九爻的公雞飛上天，不符合現實情況，這種信就成了脫離事實的狂妄，達不成感通呼應、信實交融的信驗，不會應驗，所以占問有凶險。綜觀卦爻，全部圍繞「信驗」——亦即「中孚」展開，從中可以看出卦爻辭的編

---

4. 張玉金，〈《周易》「有孚」新探——兼論《周易》卦爻辭的性質〉，《出土文獻》第三輯（上海，二〇一二），頁二三九～二四八。

纂者對於天道人事的觀察和聯想能力，以及蘊含其中的天道人事感通的思想意識。

《老子》十七章說：「信不足焉，有不信焉。」如果國君的誠信不足，百姓就不會相信。講的即是「信」與「驗」的關係，「不信」就是「不驗」。

《易》以道陰陽

中孚卦九二爻「鳴鶴在陰」，是《周易》古經中唯一一個「陰」字。陰、陽兩字的原始意義，主要是指日光的有無或日光能否照射的地區。「鳴鶴在陰」的「陰」用的就是原始意義，指樹蔭或山蔭等陽光照射不到的地方。由「陰」字的原始義，後來引申常用以指陰寒的氣候，「陽」與「陰」相反，指陽光照射的地方或溫暖的氣候。「陰陽」一詞並沒有出現在《周易》古經中。

陰和陽的觀念是從先民對於方位的認知開始的。商代先民積累了大量豐富的經驗，逐漸形成自己獨特的宇宙模式觀，其中最為核心的就是對於方位的強調和重視。進入商代以後，商人對東、西、南、北方位已經十分掌握，並用來劃分政治區域，以建立「天下為一」的秩序，從而為其天下觀增加了新的內涵。我們通過殷人重視與強調東、西方位，其蘊藏的深遠文化內涵，說明至少在商代已建立陰陽的信仰。[5] 到西周末年，伯陽父把陰陽作為天地之氣，並用以解釋地震的成因，[6]使陰陽具有一定的哲學意義，但還存留著西周天命神學的思想。春秋時期雖然出現了關於八卦的卦象說，卻沒有人用陰陽來解釋《周易》。

春秋末年，范蠡（前五三六—前四四八）把陰陽範疇提到天道的高度來論述：「天道皇皇，日月以為常，明者以為法，微者則是行。陽至而陰，陰至而陽。日困而還，月盈而匡。」使陰和陽具有更為普遍的哲學意義，但尚未上升為哲學範疇，直到有了老、莊的努力，陰陽才從具有哲學意義的概念發展成為重要的哲學範疇。[7]《老子》四十二章說：「萬物負陰而抱陽，沖氣以為和。」老子將陰陽抽象提升成為一對普遍性的哲學範疇，前面一句是將陰陽視為一對對立的範疇，意即萬物背陰而向陽，強調萬物本身存

5. 沈建華，〈殷代卜辭中所見地理空間思想觀念〉，發表於中央民族大學二〇二一交叉研究項目「先秦宇宙論與地理學思想研究」系列講座第一場，二〇二一年五月二十一日，修訂於二〇二二年四月二十四日。
6. 《國語．周語上》：「夫天地之氣，不失其序。若過其序，民亂之也。陽伏而不能出，陰迫而不能烝，於是有地震。今三川實震，是陽失其所而鎮陰也。陽失而在陰，川源必塞；源塞，國必亡。」
7. 余敦康，〈易傳概述〉，朱伯崑主編，《周易知識通覽》（濟南：齊魯書社，一九九三），頁一四二~一四五。

在對反的兩方面，陰陽是對立的概念；後面一句則是說陰陽兩氣相互交沖和合而化生新事物，陰陽彼此推蕩轉化，萬物生生，流行不已。《莊子．田子方》：「至陰肅肅，至陽赫赫。肅肅出乎天，赫赫發乎地，兩者交通成和而物生焉。」《莊子．天下》評論《周易》說：「《易》以道陰陽。」明確指出《易》道的核心是陰陽學說。《易傳》的作者把它們結合在一起，凝煉完成「一陰一陽之謂道」的哲學思想，建立了一個以陰陽學說為內容，而以《周易》的框架結構為形式的哲學思想體系。

小過卦第六十二

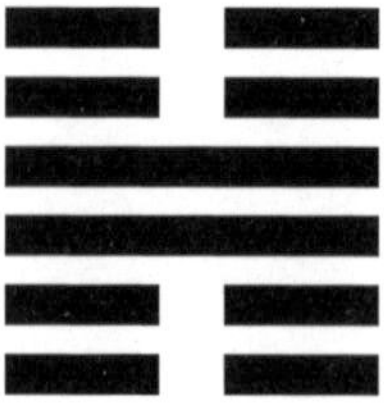

艮下　震上

小過①：亨，利貞，可小事，不可大事②。飛鳥遺之音，不宜上，宜下，大吉③。

初六：飛鳥以凶④。

六二：過其祖，遇其妣，不及其君，遇其臣，无咎⑤。

九三：弗過防之，從或戕之，凶⑥。

九四：无咎，弗過遇之，往厲必戒，勿用永貞⑦。

六五：密雲不雨，自我西郊，公弋取彼在穴⑧。

上六：弗遇過之，飛鳥離之，凶，是謂災眚⑨。

導讀

小過卦與中孚是陰陽爻相反的一對變卦。小過卦的卦義是指小有過越，超出常規，有所過越，但程度較小，造成的結果也是小的。小過卦的卦爻辭認為，稍有逾越而導致小過失，還算亨通，但不能以這種態度和做法去從事大事。如果已經有所過越了，則不宜上行，而宜退守。從整個卦形來看，很像一展開翅膀正在飛行的小鳥，上下各有兩個陰爻是翅膀，中間兩個陽爻是小鳥的身體。因此，小過卦以小鳥飛翔為象徵，揭示關於小有過越的議題。

譯文

小過：亨通，占問有利，宜於做小事，不可做大事。飛鳥留下叫聲（兆示），不宜於進取，宜於退守，可獲大吉。

初六：飛鳥帶來凶兆。

六二：越過祖父，見到祖母，沒有到達君主那裡，見到了臣僕，沒有咎害。
九三：不可過分防範他，但如果縱容或許會害死他，凶險。
九四：沒有咎害，沒有錯過而是恰好遇到他，前往有危險必須要有戒備，不用占問長遠之事（意謂長遠之事吉凶難料）。
六五：烏雲密布卻不見有雨降落，雲自西郊向東而來，王公張弓搭箭，用帶繩子的箭將躲在巢穴中的那禽鳥射取出來。
上六：沒有遇到而是越過了他，飛鳥自投羅網，凶險，這是自取災禍。

注釋

①**小過：**卦名。「過」有經過、超過、越過義，引申為過分、過度、過失。「小過」則指小過失、小差錯、小事越過常規或越過常規的程度小。

②**亨，利貞，可小事，不可大事：**亨通，占問有利，宜於做小事，不可做大事。「可」指宜於，「小事」謂求自安，「大事」謂有所進取。

③飛鳥遺之音，不宜上，宜下，大吉：飛鳥留下叫聲（兆示），不宜於進取，宜於退守，可獲大吉。「遺」是留下，「飛鳥遺之音」此為用鳥占所得卜辭，古代的占卜術以鳥的飛鳴占卜吉凶。

④飛鳥以凶：飛鳥帶來凶兆。「以」是「與」，即帶來。

⑤過其祖，遇其妣（ㄅㄧˇ），不及其君，遇其臣，无咎：越過祖父，見到祖母，沒有到達君主那裡，見到了臣僕，沒有咎害。「過」是越過、錯過、不遇。「遇」是相逢、不期而見，「妣」是祖母。「不及」指沒有達至，「君」是主，指主事者、上司，「臣」是臣僕、僕從。

⑥弗過防之，從或戕（ㄑㄧㄤˊ）之，凶：沒有過失但要防止他有過失，如果縱容就可能會害死他，凶險。「弗」指不，與「可」相對。[1]「過」是過度、過分，「之」是代詞，指他。「從」通「縱」，指放縱、縱容，「戕」指殺害。

⑦无咎，弗過遇之，往厲必戒，勿用永貞：沒有咎害，沒有錯過而是恰好遇到他，

1.《公羊傳・桓公十年》：「其言弗遇何？」注：「弗，不之深也。」

前往有危險必須要有戒備，不用占問長遠之事（意謂長遠之事吉凶難料）。「弗」指不、沒有。從主觀角度講，是主動「不」；從客觀角度講是「沒有」，有時是主客觀兩方面的因素都有。「過」是越過、錯過、不遇，「遇」指相逢、不期而見，「厲」是危厲、危險，「戒」是戒備。

⑧**密雲不雨，自我西郊，公弋（ㄧˋ）取彼在穴：**烏雲密布卻不見有雨降落，雲自西郊向東而來，王公張弓搭箭，用帶繩子的箭將躲在巢穴中的禽鳥射取出來。「弋」指用帶繩子的箭射鳥，「穴」是巢穴，喻指藏身之處。

⑨**弗遇過之，飛鳥離之，凶，是謂災眚：**沒有遇到而是越過了他，飛鳥自投羅網，凶險，這是自取災禍。「離」通「罹」，作動詞，指投入羅網。「災眚」指禍自外來為災，禍由己生為眚。此處「災眚」統指災禍。

賞析與點評

「祖、妣、君、臣」中的陰陽觀

小過卦中最難解的恐怕就是六二爻：「過其祖，遇其妣，不及其君，遇其臣，无咎。」《周易》六爻是由下而上的排序，從最下面的初爻開始，一爻一爻向上增長，最後形成六爻卦。在小過卦中，講的是關於小有過越的主題，因而每個爻都跟過越有關。初六爻以陰爻力弱，位置又在最低，小鳥的力量不足，向上飛越是有危險的，所以說「飛鳥以凶」。六二爻向上飛越，以之與上面各爻的關係，可以從陰、陽爻的性質不同和位置高低來看爻辭。爻辭以祖和君象徵陽，以妣和臣象徵陰。所表達的思想意蘊是：當「小過」之時，避陽而遇陰无咎。人作為陰陽觀念的象徵物在卦爻辭裡出現時，他們的陰陽屬性，或以性別劃分，或從政治地位著眼。依此類推：夫為陽，妻為陰；主為陽，僕為陰；君子為陽，小人為陰。用來象徵陰陽觀念的人都處於一定的社會關係中，有著特定的感性特徵，是具體的人、活生生的人。[2]

2. 袁行霈總顧問、張慶利主編，《中國文學史話・先秦卷》（長春：吉林人民出版社，一九九八），頁七〇。

精妙的卦序結構

《易經》六十四卦的卦序結構很值得玩味，精妙且有趣。小過卦從總體卦形上來看，上下為陰，中間為陽，是大坎之象；中孚卦的卦形，上下為陽，中間為陰，是大離之象；大坎為陽卦，[3]但卻是水卦；大離為陰卦，但卻是火卦，蘊含了陰中有陽、陽中有陰的妙義。中孚卦的卦辭中有豚魚，豚魚屬陰，水中游；小過卦的卦辭中有飛鳥，飛鳥屬陽，天上飛。從卦象、卦形來比照兩個卦的互補相異之處，則陰陽消長、屈伸進退、互為涵攝之理，盡在其中。品讀《周易》古經，觀象玩辭，妙趣橫生。

李振綱認為，取象於天地自然的「八卦」圖式源於遠古先民的生產和生活經驗，這個世界圖式用簡易的符號演繹了生命世界的創生原理與時空秩序。[4]

《老子》書汲取了《周易》古經辯證思維的內涵，並將它發揚光大。老子辯證思維的整體性、對偶性、層次性、滲透性，無一不受《周易》古經八卦模式以及卦爻辭變的影響。在古經卦爻辭中，雖然沒有陰陽對舉的辭彙，但古經所揭示出的陰陽對稱的符號，與陰陽相參的組合模式啟迪了老子。老子構想的「道生一，一生二，二生三，三生萬物。萬物負陰而抱陽，沖氣以為和」（四十二章），其宇宙、物體同一相應的構架形式，受啟於《周易》古經。他從古經陰陽卦爻的聯繫中，看到卦爻之間互相維繫的作用：「道沖，而用之或不盈。淵兮，似萬物之所宗。」（四章）老子所設想的宇宙生成的模式，以及萬物生態的形成，都強調「沖氣」的維繫作用。老子的「沖氣」說，也被以後的易學家們發展為「卦氣」之說。[5]

---

3. 八卦的三爻中，如只有一個陽爻，即以此陽爻為主爻，為陽卦；如果只有一個陰爻，即以此陰爻為主爻，為陰卦。
4. 李振綱，《儒道匯融大生命視域下的《周易》哲學研究》（北京：人民出版社，二〇二二），頁六。
5. 顧文炳，《易道新論》（上海：上海社會科學院出版社，一九九六），頁五三。

既濟卦第六十三

離下　坎上

既濟①：亨，小利貞，初吉終亂②。

初九：曳其輪，濡其尾，无咎③。

六二：婦喪其茀，勿逐，七日得④。

九三：高宗伐鬼方，三年克之；小人勿用⑤。

六四：繻有衣袽，終日戒⑥。

九五：東鄰殺牛，不如西鄰之禴祭，實受其福⑦。

上六：濡其首，厲⑧。

導讀

既濟卦由離卦和坎卦組成，離在下，為火；坎在上，為水，是水在火上之象。火性炎上，向上燒；水性潤下，向下流，如此上下交融，彼此交流溝通，都能起到各自的作用。用於烹飪之中，火可以讓水加溫沸騰，水可以讓火降溫而不至於迅速燒盡。水火相輔相成，所以稱為既濟，象徵著事情已經完成，大勢已定。但是這樣的組合也暗含著危機，如果運用不好，水就可能澆滅火，火也可能燒乾水。因此，既濟卦的卦爻辭不斷啟示提醒一定要居安思危。

譯文

既濟：亨通，占問小事有利，初始吉祥順利最後卻出了亂子。
初九：拖拽著綸繩（拉車過河），水浸濕了車尾，沒有咎害。
六二：婦人丟失了她的車簾，不用追尋，七日可失而復得。

九三：高宗征伐鬼方，用了三年才獲得了勝利，不要任用小人。
六四：河水浸濕了衣服，整天戒懼不安。
九五：東邊人鄰居殺牛舉行盛大的祭祀，不如西邊的鄰居以菜果進行簡樸的薄祭，這樣更能切實得到神的福佑。
上六：河水浸濕了腦袋，危險。

注釋

①**既濟：**卦名。「既」指已經，「濟」本義為渡河、過河，引申為事情獲得成功。「既濟」指已經成功渡河，事情已經完成。

②**亨，小利貞，初吉終亂：**亨通，占問小事有利，初始吉祥順利最後卻出了亂子。「小利貞」即「貞小利」，占問小事有利，即利於做小事。

③**曳其輪，濡其尾，无咎：**拖拽著綸繩（拉車過河），水浸濕了車尾，沒有咎害。「曳」是拖拽、拖拉。「輪」在帛書本為「綸」，指拉車用的綸繩，古代「輪」、「綸」互通。

此爻指既濟的初始階段，剛剛拽著綸繩勉強渡過了河，車尾還有餘濕，但還是成功渡過了，沒有咎害。

④**婦喪其茀（ㄈㄨˊ），勿逐，七日得：**婦人丟失了車簾，不用追尋，七日可失而復得。「茀」指車蔽，古代婦女乘車不可露面，車前車後設障以自隱蔽。此爻以婦人無車蔽而不能出行為喻，喻指條件不具備則不必急於追尋，時機成熟自然可從容行事。

⑤**高宗伐鬼方，三年克之，小人勿用：**高宗征伐鬼方，用了三年才獲得了勝利，不要任用小人。「高宗」是殷商王朝的殷高宗武丁，殷代中興之帝王。「鬼方」指殷代西北邊陲之國，是遊牧部族，《史記．五帝本紀．索隱》：「殷曰鬼方，周曰獫狁，漢曰匈奴。」一般時鬼方發生叛亂，高宗親自帶兵征伐，歷時多年才終於平定。此爻喻指既濟之後實現國定邦寧不容易。「三年克之」意味著曠日持久，耗費甚重，付出代價非常大。「小人勿用」與師卦上六爻「開國承家，小人勿用」義同。

⑥**繻（ㄖㄨˊ）有衣袽（ㄖㄨˊ），終日戒：**河水浸濕了衣服，整天戒懼不安。「繻」指浸濕、濡濕，古代「繻」、「濡」互通。「衣袽」指破舊的衣服、衣絮。此爻喻指衣服已經破舊，並且被水浸濕，猶如水浸其身，有漸衰將亂之兆。

⑦**東鄰殺牛，不如西鄰之禴（ㄩㄝˋ）祭，實受其福：**東邊人鄰居殺牛舉行盛大的祭祀，不如西邊的鄰居以菜果進行簡樸的薄祭，這樣更能切實得到神的福佑。「禴祭」是古代宗廟祭祀的名稱，夏、商二代為春祭，周代則改稱夏祭。《詩經．小雅．天保》：「禴祠烝嘗，于公先王。」漢朝毛亨《傳》：「春曰祠，夏曰禴，秋曰嘗，冬曰烝。」禴祭是四時之祭中最簡樸的祭祀。此爻喻指避免虛耗國力追求奢華的排場，而應真誠務實地進德修業，才能切實得到神的福佑。

⑧**濡其首，厲：**河水浸濕了腦袋，危險。此爻對應卦辭「初吉終亂」。

賞析與點評

居安思危的既濟卦

既濟卦六爻從初爻開始，一陽爻一陰爻，依次排列，井然有序，有條不紊，各居其位，是六十四卦中唯一一個六爻皆當其位、上下各爻都有相應的卦，表明矛盾已經全部解決，一切按部就班，出現了安定、平衡、各諧有序的局面。既濟卦的結構太完美了。

如此完美的一個卦，按理說應該已經達到了最理想狀態，大吉大利。然而，既濟卦的卦爻辭反復啟示：居安莫忘思危。事物的發展一刻都不會停滯，天地生生不息，宇宙大化流行，既濟卦完美實現的那一刻出現時，就已經預示著減損與缺陷的到來。《周易》的思維是前瞻性的、是動態的，其思維方式可歸納為六大思維：天人合一的整體思維、動態變化的發展思維、相反相成的辯證思維、普遍聯繫的關係思維、生克循環的平衡思維、執中用權的中道思維。[1] 這六大思維是對天地自然、人類社會運行規律的模擬，充分體現在六十四卦、三百八十四爻之中。每個卦都反映了整體中的一面，或是一個環節。了解了這些規律，當既濟到來時，也就不難理解為什麼既濟的卦辭會強調要「利貞」，為什麼要告誡「初吉終亂」了。

高宗伐鬼方之謎

既濟九三爻「高宗伐鬼方，三年克之。小人勿用」的記述，是王亥的後人殷王高宗重演其遠祖武功的故事。商湯開國，經十七代傳到盤庚。盤庚是商代一位有作為的君

1. 寇方墀，《全本周易導讀本》（北京：中華書局，二〇一八），頁二〇～二二。

王，他把首都從奄（今山東曲阜）遷移到殷（今河南安陽），因而商也被稱為殷或殷商。盤庚的侄子是帝小乙之子，是為武丁，也就是殷高宗。殷高宗是繼盤庚之後另一位有所作為的君王，他的事蹟在《尚書》、《國語》、《論語》、《史記》中都有記載。史籍說，殷高宗修政行德，取得了煊赫的政績，於是「天下咸歡，殷道復興」。（《史記・殷本紀》）

在各種古籍中，都沒有高宗伐鬼方的故事，《詩經・商頌》寫了高宗繼承商湯功業，在戰場上取得輝煌戰績，也沒有征伐鬼方的記敍，惟有《周易》明確提出「高宗伐鬼方，三年克之」的史實。近代史學家平心根據這個線索，考證鬼方與殷商長期為敵的史實，證明高宗時期的鬼方是姺邳，也就是甲骨文中常常提到的「蹇」方。

如此，《周易》的爻辭就從軍事活動方面充實了殷商武西時期的歷史記載，使我們了解到，在武丁時期中原民族與西北民族鬥爭也是非常激烈的。[2]

實受其福

既濟卦九五爻說：「東鄰殺牛，不如西鄰之禴祭，實受其福。」東邊的鄰居殺牛舉行盛大的祭祀，不如西邊的鄰居以菜果進行簡樸的薄祭，這樣更能切實得到神的福佑。

明確說明天神對人的福佑不在於祭品的薄或厚，而是由人事本身的善惡行為來決定。

有學者認為，這是在說周文王的小邦周與商紂王的大邑商之間的關係。西鄰的周文王由於善於治理國家，人民生活得到改善，雖施行薄祭，秉受上天福佑仍然很多；東鄰的殷紂王，腐敗荒淫，人民怨聲載道，雖施行厚祭，秉受上天福佑也不會多。表明殷末周初社會發展的明顯不平衡，小邦周將取代大邦殷是不可改變的歷史必然趨勢。[3]

商王和貴族們的活動，事無大小都求告於祖先，死去的先人在他們心裡占有極重要的地位，連作夢也以為是祖先降下的徵兆。商王自稱是神的後裔，以帝俊為高祖，依靠著先公先王的庇佑。他們用龜甲獸骨進行占卜，據說這是溝通人神的工具，占卜的吉凶體現著神和祖先的意旨。

---

2. 胡道靜、戚文編著，《周易十講》（增補本）（上海：上海人民出版社，二〇〇三），頁三九～四〇。
3. 唐明邦主編、評注，《周易》（武漢：長江文藝出版社，二〇一八），頁一五八。

《易》、《老》中的祭祀

《周易》古經中與祭祀明顯相關的卦爻辭有二十餘條，可見殷周之際對於祭祀的重視，體現了《周易》古經是一部以占卜祭祀為主要內容的典籍，今擇取幾條如下：

- 隨卦上六爻「王用亨於西山」。君王祭祀西山以祈祥和。
- 觀卦卦辭「盥而不薦，有孚顒若」，表現莊嚴的祭祀場面。
- 大過卦「藉用白茅」，在潔淨的白茅上擺放祭品。
- 益卦「永貞吉。王用享于帝，吉」，君王舉行享祭天帝的大典。
- 渙卦卦辭「王假有廟」，君王來至廟中祭祀神明，祈求禳除災禍。
- 家人卦九五爻「王假有家」，王者到家廟祭祀，祈求祖先的賜福。
- 姤卦九五爻「以杞包瓜，含章，有隕自天」，用杞柳筐盛著瓠瓜，筐內裝滿了各色祭品。
- 萃卦卦辭「王假有廟」，六二爻「孚乃利用禴」，皆言祭祀之事。
- 震卦卦辭「震驚百里，不喪匕鬯」，描述手持祭祀器具的主祭者沉穩應對突發情況。

- 歸妹卦上六爻「女承筐，无實，士刲羊，无血」，描述新婚的夫婦到家廟祭祀的場景。
- 巽卦九二爻「巽在床下，用史巫紛若，吉，无咎」，形容神職人員的卑伏巽順。
- 既濟卦九五爻「東鄰殺牛，不如西鄰之禴祭，實受其福」，描述東鄰殺牛之重祭與西鄰簡約之禴祭的對比，闡明神明的保佑在於人的虔誠與德行的觀點。

《禮記．表記》記載，[4]夏代的民眾尊上之政教，不以鬼神之道示人，蓋因夏承「絕地天通」之後，懲神人雜糅之弊，所以事鬼敬神而遠之，而專以人道為教，政令較寬和，民眾機智少，樸質而無文，簡單粗野。殷代救夏之弊，尊神尚敬，率領民眾事奉鬼神，殷人先鬼後禮，先罰後賞，政令嚴苛，馳心於虛無，畏懼於刑罰，因而民眾相競於

4. 子曰：「夏道尊命，事鬼敬神而遠之，近人而忠焉。先祿而後威，先賞而後罰，親而不尊；其民之敝：蠢而愚，喬而野，樸而不文。殷人尊神，率民以事神，先鬼而後禮，先罰而後賞，尊而不親；其民之敝：蕩而不靜，勝而無恥。周人尊禮尚施，事鬼敬神而遠之，近人而忠焉，其賞罰用爵列，親而不尊；其民之敝：利而巧，文而不慚，賊而蔽。」（清）孫希旦，《禮記集解》（北京：中華書局，二〇〇七），頁一三〇九～一三一〇。

機變以免於刑罰，卻喪失了愧恥之心。周代救殷之弊，尊禮尚施，事鬼敬神而遠之，賞罰不分先後，以爵位之等為輕重之差。此為以文勝，文勝則真實的心意就會被遮蔽漸衰，重於言辭、禮儀等文飾，其弊在於傷財害物。

三代之教各有利弊，是因為所處的時代不同，救弊之道不得不如此。這其中隱含的是「文」和「質」的問題，理想的狀態是「文質彬彬」。[5]

在《老子》中，「神」已經不是作為「神靈」、「上帝」等觀念來使用，而是一種自然界的造化功能。這種自然界造化功能之所以能靈驗，因為它體現「道」是唯一的，亦是最普遍性的原則。「神得一以靈，谷得一以盈，萬物得一以生」（三十九章），老子對於《易經》中「帝」、「神」進行了改造，把舊的鬼神觀念，消融在新的「神德交歸」的觀念之中：「以道莅天下，其鬼不神。非其鬼不神，其神不傷人；非其神不傷人，聖人亦不傷人。夫兩不相傷，故德交歸焉。」（六十章）通過這樣的一番論證，老子消弭了《易經》中「鬼神」的人格化作用，而以得道的聖人之德與自然物件的感應互通，達到和諧融洽，因而天地造化，萬物通達。這種「神德交歸」的觀念，是先秦道家形象思維的通俗方式。[6]

5. 《論語・雍也》：「質勝文則野，文勝質則史，文質彬彬，然後君子。」

6. 顧文炳，《易道新論》（上海：上海社會科學院出版社，一九九六），頁一九。

未濟卦第六十四

坎下　離上

未濟[1]：亨。小狐汔濟，濡其尾，无攸利[2]。

初六：濡其尾，吝[3]。

九二：曳其輪，貞吉[4]。

六三：未濟，征凶，利涉大川。

九四：貞吉，悔亡，震用伐鬼方，三年有賞于大國[5]。

六五：貞吉，无悔，君子之光，有孚，吉[6]。

上九：有孚于飲酒，无咎，濡其首，有孚失是[7]。

導讀

未濟卦與既濟卦既是一對覆卦，亦是一對變卦。既濟卦的卦象顛倒就是未濟卦，同時既濟卦所有的爻陰變陽、陽變陰之後，也是未濟卦。兩個卦的卦義也顛倒和相反，既濟卦的卦義是事情已經成功，未濟卦的卦義是尚未成功。未濟卦下卦為坎，為水，上卦為離，為火，火在水上，水往下流，火往上燒，不能協同助益，如果用於烹飪，火在上，水在下，不能把飯煮熟，因此稱為未濟卦。字面義為沒有渡過河流，象徵事情還沒有成功，需要繼續協調和努力。

譯文

未濟：亨通。小狐狸幾乎要渡過河了，卻浸濕了尾巴，無所利。

初六：初浸濕了尾巴，遺憾。

九二：拖拽那綸繩繼續努力前進，占問吉利。

六三：沒有成功渡過河流，出征必會有凶險，卻仍利於努力涉越大河（克服艱險）。
九四：占問吉利，悔恨消亡，振起軍威以出師征伐鬼方，三年將取得勝利獲得上天佑助殷商成為大國的獎賞。
六五：占問吉利，沒有悔恨，這是君子的榮光，有卦兆顯示，吉利。
上九：卦兆顯示有關於飲酒之事，（適量地喝酒）沒有咎害，但如果把酒喝到連腦袋也被酒浸濕了（醉酒狀態），卦兆顯示說這可就有失正道了。

注釋

①**未濟**：卦名。「濟」本義為渡河、過河，引申為事情獲得成功。「未濟」指尚未渡過河流，引申為事情尚未成功。

②**小狐汔（ㄑㄧˋ）濟，濡其尾，无攸利**：小狐狸幾乎要渡過河了，卻浸濕了尾巴，無所利。「汔」是幾乎、將要、非常接近，[1]「濡」指浸濕，「攸」指所。此爻形容事情即將成功時卻功虧一簣。

③**濡其尾，吝：**浸濕了尾巴，遺憾。「濡其尾」喻指渡河受到了阻力，後部出了問題，不能成功渡河。

④**曳其輪，貞吉：**拖拽那綸繩繼續努力前進，占問吉利。「輪」通「綸」，指拉車用的綸繩，與既濟卦「曳其輪」相應。

⑤**貞吉，悔亡，震用伐鬼方，三年有賞于大國：**占問吉利，悔恨消亡，振起軍威以出師征伐鬼方，三年將取得勝利獲得上天佑助殷商成為大國的獎賞。「震」通「振」，振奮、振起。「用」是以，「鬼方」可參看既濟卦「高宗伐鬼方」的解釋（頁五三九）。「有賞于大國」以大國為賞。

⑥**貞吉，无悔，君子之光，有孚，吉：**占問吉利，沒有悔恨，這是君子的榮光，有卦兆顯示，吉利。「光」指榮光。

⑦**有孚于飲酒，无咎，濡其首，有孚失是：**卦兆顯示有關於飲酒之事，（適量地喝酒）

1. 《說文》段注：「虞翻曰：汔，幾也。皆引伸之義。水涸為將盡之時，故引伸之義曰危，曰幾也。」

沒有咎害，但如果把酒喝到連腦袋也被酒浸濕了（醉酒狀態），卦兆顯示說這可就有失正道了。「是」指正道。

賞析與點評

「震用」是兩個人名

在大壯卦的賞析與點評中，我們通過〈喪羊于易——一個古老的故事〉（頁三〇八），介紹了王亥在有易國的故事。在未濟卦中，再次出現了與此歷史故事有關的記載。胡道靜、戚文編著《周易十講》對此作出一種解釋，《周易・未濟》九四爻辭所說的：「震用伐鬼方，三年有賞于大國。」對於這一則爻辭，歷代易學大師看不懂。他們有的把「震」解釋為畏懼，有的把「震」解釋為震主，有的把「震」解釋為協助殷高宗征討鬼方的西周大臣，後來因為戰功受到殷高宗的賜賞。直到王國維結合甲骨文對群書中的同名異文進行了考察，才知道原來「震」就是《史記・殷本紀》中的「振」，為契的七世孫，冥之子。振也作核、胲、該，原來他就是上面說的王亥。一人多名在古代是常見的事，亥、胲、核、該都是王亥一名同音，振、震則是他名字之外的別號。

那麼「用」呢？根據考證，原來「用」即洛伯用，也是個人名，這人就是史籍中記載的王亥的兒子上甲微。據此，「震用伐鬼方」就是王亥和他兒子上甲微兩人率領部屬攻打有易。在今陝西、甘肅、內蒙一帶的部落群體中，有易（即狄）是其中最大的一支。[2] 根據有關資料所示，上甲微應是在王亥被殺多年後率軍隊攻伐有易，此處將震、用兩個名字連在一起說，是用簡練的語言陳述一件完整的歷史事件，這個歷史事件由父子兩代前後經歷了多年，最終呈現為「三年有賞于大國」的結局。

三年有賞于大國——三年有商為大國

未濟九四爻在敘述震用伐鬼方之後，接著說「有賞于大國」。近代學者平心在一九六三年著文，說「賞」其實應讀為「商」，「有賞」即「有商」，「于」當訓為「為」，「有賞于大國」即「有商為大國」。就是說，由於震用在與鬼方的長期戰爭中，取得了勝利，使有商成為強盛的大國。

2. 胡道靜、戚文編著，《周易十講》（增補本）（上海：上海人民出版社，二〇〇二），頁三七。

一九七二年十二月湖南長沙馬王堆出土了一批具有重要學術價值的漢代《帛書》，其中未濟九四爻果然寫的是「有商于大國」。[3]

既濟和未濟

《周易》的六十四卦，以「既濟」和「未濟」為結束卦，兩卦不是無謂地編排，其中包含著深刻的哲理。《周易》六十四卦作為一個階段的流程來說，是有其終點的，「既濟」就表示這一階段的終結，但是作為大自然來說，時空是無窮的；《周易》對客觀事物的反映與概括，也是無窮的。所以在「既濟」的結束，也就是「未濟」的開始。在「既濟」中包含著「未濟」的因素，這是《周易》對自然規律深刻地反映，階段中也可以看出《周易》智慧的深邃。[4]

乾、坤兩卦是《易》之門戶，打開了一個紛繁複雜、變化萬千又妙趣橫生的世界，既濟、未濟兩卦是《周易》六十四卦之門緩緩閉合之處。未濟卦是《周易》六十四卦的最後一卦，最後一卦為何是事業沒有完成、心願沒有達到、仍然留有缺憾的未濟呢？可見世事滄桑，隨時變遷，永無止境。一個階段過程結束了，新的階段隨之開啟。就像冬日盡處，春天開啟，物不可窮，未完成的狀態也正是事物發展的動力所在。未濟，一個新的開端。

3. 胡道靜、戚文編著，《周易十講》（增補本）（上海：上海人民出版社，二〇〇二），頁三八～三九。

4. 顧文炳，《易道新論》（上海：上海社會科學院出版社，一九九六），頁四。

人文

易經導讀及譯註

從六十四卦透視道家人生哲理

作　　者 — 陳鼓應　寇方墀
發 行 人 — 王春申
選書顧問 — 陳建守
總 編 輯 — 張曉蕊
責任編輯 — 何宣儀
特約編輯 — 許瑞娟
封面設計 — 張　巖
內頁設計 — 林曉涵
版　　權 — 翁靜如
業　　務 — 王建棠
資訊行銷 — 劉艾琳、謝宜華
出版發行 — 臺灣商務印書館股份有限公司
23141 新北市新店區民權路 108-3 號 5 樓（同門市地址）
電話：(02)8667-3712
傳真：(02)8667-3709
讀者服務專線：0800056193
郵撥：0000165-1
E-mail：ecptw@cptw.com.tw
網路書店網址：www.cptw.com.tw
Facebook：facebook.com.tw/ecptw

局版北市業字第 993 號
初　　版：2023 年 11 月
初版1.9刷：2024 年 1 月
印 刷 廠：沈氏藝術印刷股份有限公司
定　　價：新台幣 630 元

法律顧問 — 何一芃律師事務所

國家圖書館出版品預行編目(CIP)資料

易經導讀及譯註：從六十四卦透視道家的人生哲理 / 陳鼓應, 寇方墀著. -- 初版. -- 新北市：臺灣商務印書館股份有限公司, 2023.11
560面；　14.8*21公分. -- (人文)
ISBN 978-957-05-3532-7(平裝)

1.CST: 易經 2.CST: 注釋 3.CST: 易占

121.12